汶南就是汶水之南，

汶水在山東境內泰山腳下，

現今寧陽縣的北境；

這一帶居民的祖先大都由山西洪洞遷來。

我要敘述的是：

**寧陽縣添福莊黃家的淵源。**

# 前言

重修家譜是很嚴肅的事情，志鵬畢生旅居海外，雖有此心，實不具備這個條件；無如以自己之見聞，加以歷年來返鄉探親對各地親故查訪所得，用個人敘事之體例，寫一本九十年來添福莊黃家近親的變遷，再將辛亥世譜附錄於後，庶可供後人明瞭其來源，也不枉一番修譜的心願了。

黃志鵬

於比京布魯賽爾　求是齋

2005 年 7 月 7 日

# 自序：縈繞心懷的黃氏家譜

1956 年我在台北讀書的時候，曾經去南港中央研究院歷史語言研究所查閱過山東甯陽縣的縣誌，並依據相關的內容草擬了一份黃氏五院近親的世系表（見本書第四章人物誌 P.74）。三十年後（1986 夏末）去臺灣經商，趁便再到南港重溫《甯陽縣誌》，並選錄了一些與黃家有關的篇章複印成《甯陽縣誌選輯》，印五十份分贈鄉親。在序言中我曾這樣說過：

「台北中央研究院歷史語言研究所存有吾縣縣志二種：一為咸豐版；一為光緒版。兩志之修訂相距三十年，均由先太高祖恩彤公主持編纂。志鵬在台北讀書時略有涉獵。其後羈旅海外對於此書每多懷想。近十年來曾多次回鄉探親，所見所聞，感慨良多。對於我鄉梓昔日之文明、吾先哲昔日之教化，倍增眷戀之情。

今年七月復攜妻女返鄉探望老母，回程取道台北接洽商務，便中曾三赴南港中央研究院重溫寧陽縣志；並恭錄先祖傳記及詩文一束以備客中研讀。志鵬不才難以繼志述事，惟願以之提供諸鄉親友好以為尋根之參考。

回首故國又是海天遙隔；惟盼時移勢轉俾天下離散之親人早得團聚之機會，共享天倫之樂事，不亦人道乎！

寧陽黃志鵬於台北旅次

1985 年 8 月 8 日

歲月如流轉眼又快二十年了，前年（2000）九、十月間再回故鄉、遍訪親故，無意中發現了《汶南黃氏世譜》的原本，商得主人的同意複印了十本分贈族人。

《汶南黃氏世譜》咸豐元年（1851 辛亥）第一次修訂是由曾高祖恩彤公經手。那年他五十歲、已從廣東巡撫任內告老還鄉。這時候正當黃家的盛世，人才濟濟。這部家譜修訂的非常嚴謹翔實。

恩彤公在世譜後序裏說：人活一百歲，也不過轉眼間的事。活著的時候辛辛苦苦、求名謀利、貽愛子孫；一兩代以後，湮沒荒草，再無人知道你的名字和來歷。為了淵遠流長、讓後人知道自己的來源，就要常修家譜，數十年必修訂一次。

光緒初年，師誾公以父親年近八十、第二次呈請辭職養親，從桂林知府卸任回家，為了重修家譜與族叔丕莊公邀集各族尊長在家祠舉行會議，委請族侄黃坦衢擔任採訪及纂錄。這時清朝末年天下大亂，地方上盜賊蜂起，恩彤公過世（1883）後師誾公經年臥病，十年後（1893）他也去了，幸賴坦衢公不負重托，鍥而不舍，銳意經營，完成了初稿。我的曾祖父力田公是長支的長子，念念不忘修譜大事，數年後再邀集族人重加審訂，終於重修了家譜，這就是宣統三年（1911 辛亥），一個甲子以後的這份《汶南黃氏世譜》（註：力田公的族侄坦衢（彥字輩）以修譜為志職，數十年如一日，乃底於成，貢獻最力。）

世譜中不僅祖父彥字輩、連父親麟字輩的伯叔都已出生記入。這些爺爺和伯叔我大都親眼見過，其中有幾位還曾親炙過他們的教誨；曲阜避難度過我的童年，1942 年遷回故鄉添福莊故宅，深入體會了五院的盛況之餘緒；以後就淪落天涯，想不到二十九年以後（1977）又重踏故土、再會親人；這時老母健在，許多親長兄弟也都重敘舊情。自 1977 年起經常回鄉探親，聯繫上各地的親朋故舊。每一兩年必返鄉探親一行，從歐洲到台灣、到北京、到濟南、到寧陽縣的窮鄉僻邑，探親訪舊、尋尋覓覓。午夜夢迴嘗想自己這一生豈不正貫穿了黃家這九十年的歷史，可以從宣統三年說起直到如今。這一份汶南黃氏的續譜工作，捨我其誰？

1911 年到現在九十年過去了，這中間在人類的歷史上發生了太多的事故和變遷：兩次世界大戰、日本侵華、國共內戰、新中國建立、東西冷戰、蘇聯解體、中國開放改革；這些變故和災難遠遠超過了前兩個世紀；在我們黃家這一族之內就更是歷經大變，四方播遷。為了不忘祖先來源，我們這一代子孫應當在《世譜》的後面填補一下這九十年來的空白。

中國的舊社會是講究慎終追遠的、講究收族敬宗而尊祖的。在今天的社會環境中，我們並不主張復古；但是選擇性的倡導一些傳統的美德，應該是有助於改善目前的社會風氣。

本縣（山東寧陽）自 1982 年起，動員了大量的人力和物力，投入重修縣誌的工作，迄至 1994 年、經過十二年的努力、完成了第一版一千冊《甯陽縣誌》。這是本縣的一大盛事。我們黃家也來敘述一下這些年來的經過不也是一族之內的大事嗎？官方的文獻記載國家大事，希望人民稱頌黨和領導人的功德；小民的敘述是民間苦樂、九十年的經過，他們這一個村莊、這一個家族、這一個階級的悲歡離合。雖然是薄薄的一個小冊子，自有其歷史上的意義。

寧陽黃志鵬

2002 年 11 月 15 日

# 目次

# 汶南黃氏世譜表

汶南黃氏世系表2003年9月25日製表

遷寧始祖黃鑑於明永樂二年 AC 1404 年由山西洪洞遷居山東寧陽黃家崦

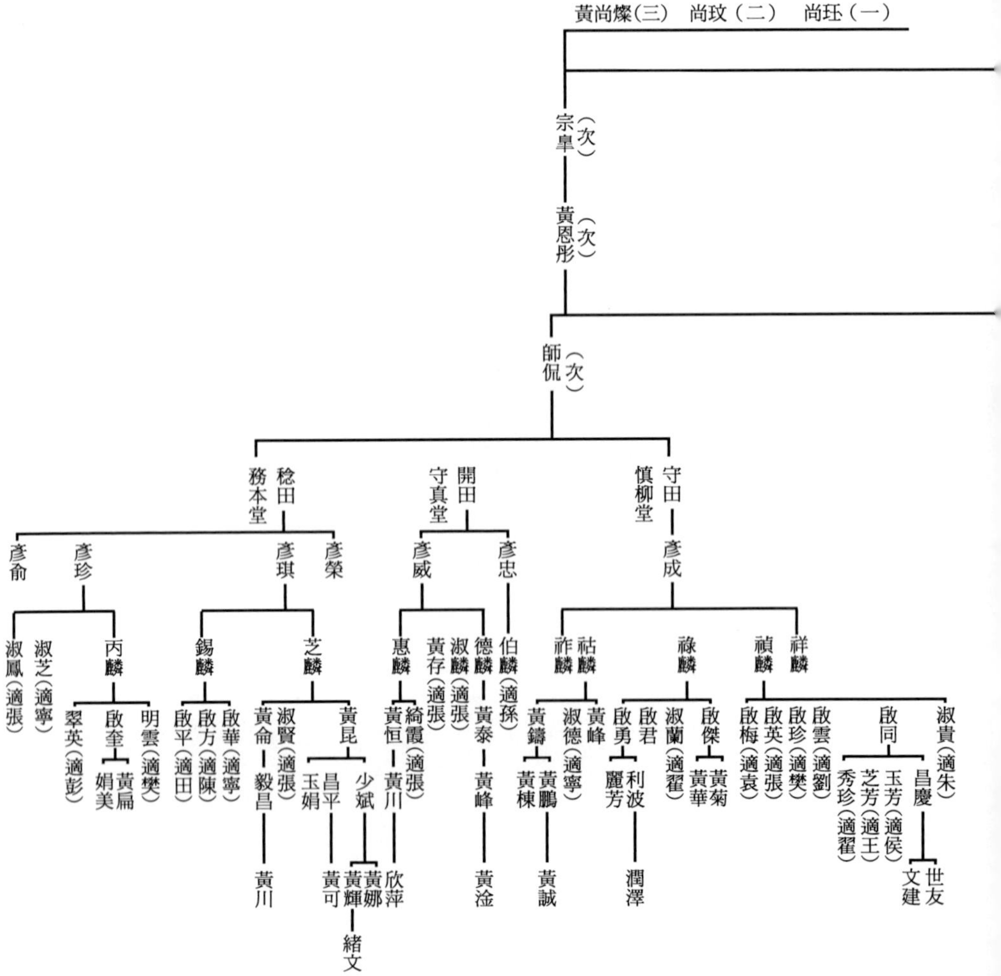

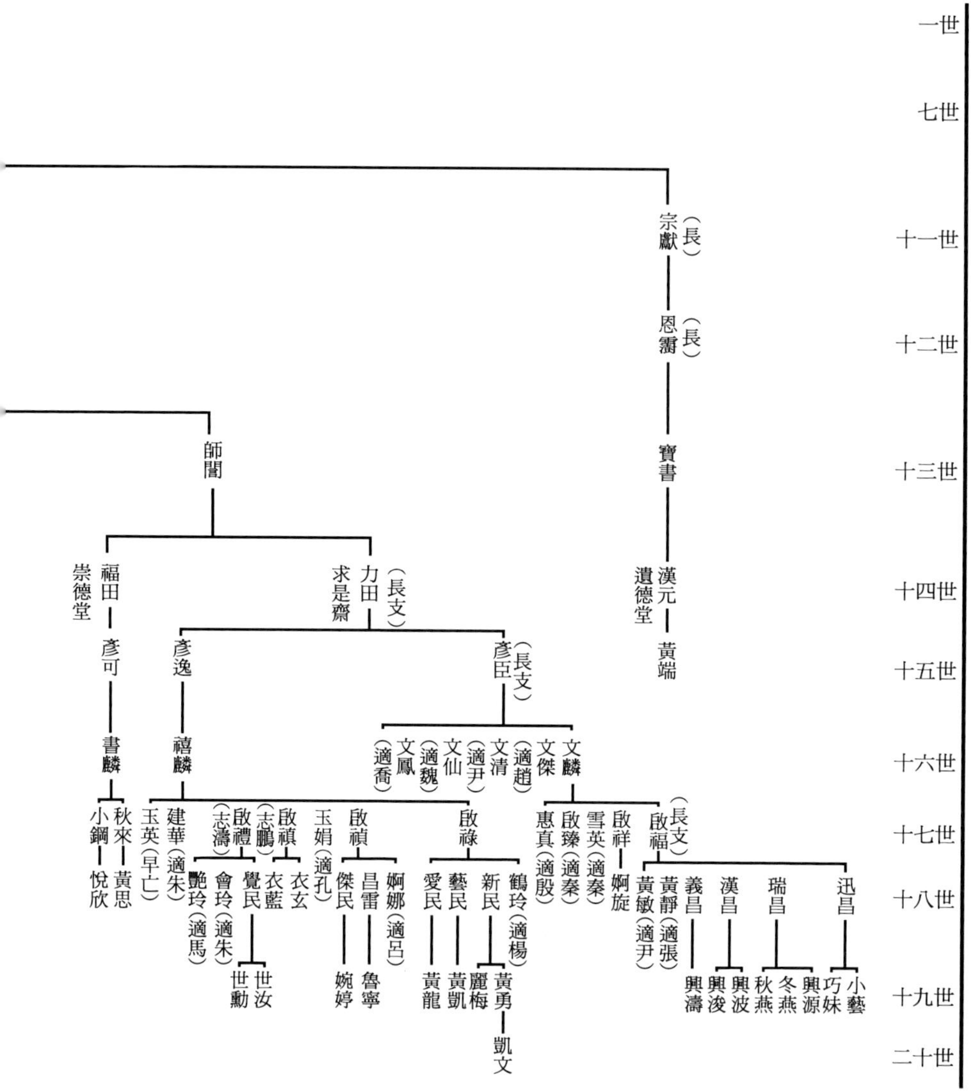
一世
七世
十一世
十二世
十三世
十四世
十五世
十六世
十七世
十八世
十九世
二十世
宗獻（長）
恩霨（長）
寶書
漢元
遺德堂
黃端
師誾
力田（長支）
求是齋
福田
崇德堂
彥臣（長支）
彥逸
彥可
文麟
文傑
（適趙）
文清
（適尹）
文仙
（適魏）
文鳳
（適喬）
禧麟
書麟
啟福（長支）
啟祥
雪英（適秦）
啟臻（適秦）
惠真（適殷）
啟祿
啟禎
玉娟（適孔）
啟禎
（志鵬）
啟禮
（志濤）
建華（適朱）
玉英（早亡）
秋來
小鋼
迅昌
瑞昌
漢昌
義昌
黃靜（適張）
黃敏（適尹）
婀旋
鶴玲（適楊）
新民
藝民
愛民
婀娜（適呂）
昌雷
傑民
衣玄
衣藍
覺民
會玲（適朱）
艷玲（適馬）
黃思
悅欣
小藝
巧妹
興源
冬燕
秋燕
興波
興浚
興濤
黃勇
麗梅
黃凱
黃龍
魯寧
婉婷
世汝
世勳
凱文

# 第一章　汶南黃氏的源流

## 一、汶南黃氏的源流

民間常說：我們是山西洪洞縣老鴉窩人氏。據恩彤公考證黃家的祖先原來世居山西洪洞縣的鵲喜村，明朝永樂二年（1404）遷來汶南的。明成祖起兵「靖難」，在兗州這一帶曾有大戰，老百姓死的死，逃的逃，這一帶成了沒有人煙的廢墟。朝廷就從別處移民來填補空地。

黃家的祖先名叫黃鑑的，帶了家小最早來到汶河南岸的黃家崦定居。大戰之後、赤地千里，田地無主，自由墾殖；這裏土地肥沃、水草茂盛，黃氏勞力操作，血汗經營，漸成富戶；子孫繁衍，自食其力。

到了明朝末年，地方秩序大亂，土匪出沒，打家劫舍。有個名叫秦景的土匪頭，在彩山聚眾、占山為王、最是兇殘。經常洗劫鄰村，殺人放火，村民四散逃命。只有黃氏家族聯合南海子村韓氏、孫家灘孫氏，守望相助，屢挫悍賊。秦景懷恨在心，出其不意，傾巢圍攻黃家崦，先祖 黃崇儒、黃罷、黃條等都力戰而死，土匪也傷亡慘重。黃氏家族糾合餘眾，退守村舍，血戰晝夜，土匪終不得逞。其後有本縣志士朱克配組織義勇軍，圍剿彩山土匪，黃氏族人踴躍加入，共同把秦景誅滅。

清朝底定，天下又見太平。而汶河沿岸風沙越來越大，於是黃氏家族大部份遷到三里以南的添福莊上。這時人口繁盛，支脈分歧；其中有先祖 黃廷弼一支最為旺盛。這一支的治家格言有八個字：

「敦本、力田、誦詩、讀書。」

敦本就是要務本、不忘本、確保老本，為人要敦厚老實，不投機取巧；力田就是努力種田，努力耕作，自食其力。誦詩是朗誦詩詞；人類最古老的文化就是詩歌，詩歌能啟發智慧，淨化心靈；中國人的老祖宗講「詩教」；黃氏的先人教子孫要誦詩就是遵循詩教的意思。至於「讀書」就不必憚述了。

## 二、先賢的行誼一黃氏家族的傳統性格

出外冒險找尋出路、行為本身就是進取性格的表現。二百年前英國去美洲的第一代移民就是這樣的。他們冒險犯難、飄洋過海，開天闢地、披荊斬棘創建了一個富強康樂的美利堅合眾國。

我們的遷寧始祖也是在類似的環境中、同樣的心志下帶著家小冒險出外找尋出路。他們在黃家崦安頓之後，勤勞操作自食其力、漸成富戶。

天下總是有不肖之徒要想不勞而獲，使用各種手段甚至強取豪奪，這就到了明末的天下大亂。黃氏祖先不光有冒險進取、克苦創業的精神；也有不屈不撓、不向惡勢力低頭的性格。別人四散逃命，他們聯合同志誓死抵抗，最後終於殲滅了彩山的悍匪。我們在這一章中講述幾位先人的生平來觀察他們的行事和為人。

### 黃尚燦（參見本書附錄縣志篤行傳 P.329）

從黃家崦南遷天福莊以後天下又歸太平，黃廷弼這一支守著祖先的遺訓：「務本、力田、誦詩、讀書」來教導子孫。兩傳到黃尚燦，兄弟三人從小父母雙亡，手足情深。尚燦最小，自幼喜讀書，乾隆年間應童科郡試第一。當時泰安有個大學問家

于瑄，尚璨跟他學習三年，極受器重。他生平慷慨好施、周人之急。有一回在泰山遇見一個窮學生，參加地方考試，初試已取，覆試時考官索取賄賂，學生拿不出來，眼看不能參加覆試，尚燦把身上的錢都掏給他。事後學生找他致謝，人已走了。施人不望報是他一生的行誼；可惜中年就去世了。

## 黃恩霨　1798—18（參見本書附錄 P.332）

原名丕節，是過繼給伯父黃宗獻的，宗獻去世很早，夫人朱氏十六歲守寡；當時祖母王氏（黃尚燦的夫人）還活著，恩霨天性敦厚，對祖母和繼母是出名的孝順。他和弟弟恩彤一起讀書、考試，經常名列前茅。他是道光四年（1824）中舉，五年（1825）成進士；派到四川當縣長，為了捉強盜，連夜入深山窮峪，受風寒而死。他生平慷慨樂施，好交朋友、肝膽照人，尤其注重操守和品格的修養。留有《淡如菊》文稿行世。

## 黃恩彤　1800—1883（參見本書附錄國史列傳 P.322）

原名丕範，五歲跟哥哥入家塾讀書，過目不忘，有神童之稱。十五歲縣試第一，二十六歲成進士（道光六年 1826）出任公職；四十九歲歸田，一共做了二十三年清廷的要員。這個時期正逢世界的大變局；他任職的地點南京和廣東正是東西文化衝突的焦點；他的工作就是面對船堅砲利、高度文明的蠻夷。他的作為已寫入歷史；史家自有評論，下面立專章論述。

## 黃師誾　1821—1889（參見本書附錄家傳 P.338）

師誾是恩彤公的大兒子，聰明好學，道光年中舉、咸豐年成進士；英年被選為翰林院編修，祖父母最為鍾愛。當時恩彤公已歸田養親，他為了孝敬父祖也請假歸里，十餘年如一日，親友都以為可惜，他說：

「報國日長、報親日短」，對於富貴功名淡泊如是。

咸豐年間有捻匪之亂，恩彤公兩次奉命督辦團練，師誾襄助父親，捐資築堡挖壕，親自指揮工程，訓練民眾，堅壁清野，賊無所掠。事平受獎加升五品。

同治己巳祖父母和繼母都先後去世，父親恩彤公督促才回京銷假。隨後派往廣西思恩府當知府，不久又兼桂林府事，疾力從公，政績卓越，加三品銜。但以父親恩彤公年近八十，請假終養，父親過世後讀書教子，優遊林下，不復出。

師誾公博學強記、胸羅萬有，下筆千言立就；英年入仕、意氣風發、前程似錦；但以孝親事重，一生的黃金時代都伴隨父祖左右。

### 黃寶書

寶書是恩霨公的獨子，十歲能讀七經詩文，父恩霨公早歲死于四川任上。叔父恩彤公歸田後親自教導，咸豐壬子中舉。叔父辦團練、築城堡，寶書不離左右；撚匪來犯，寶書與諸兄弟率眾日夜防守，炮擊近壕悍賊，安頓近村避難的群眾，處事英勇果斷。事平後奉派青州做學正，才上任突患寒疾去世。寶書幼有文采，又得恩彤公調教，下筆千言，風發泉湧，英年早逝，未能一展身手，非常可惜。

## 三、從先人的行誼看當時社會現象

從上面這些人物的出身、行事和為人中我們看到一些社會現象、道德標準、行為規範。第一代創業的人不僅是布衣出身白手成家；常常比一般人的條件更差，很多是挺而走險、冒險犯難的；可是一旦到了一個可以自由發展的環境他們就開天闢地創建出一番事業。美國人的祖先、五月花船上的一百零二個英國移民中有四十二個是遭受清算的清教徒；同樣地從山西洪洞縣出外逃荒大都是在本地活不下去的。想想看一個家族四散奔逃之際把飯鍋打破、每人拿一片作為將來尋親的信物，是何等悲壯蒼涼的場面。

黃鑑帶著家小到黃家崦安頓先與天爭、開闢出一片田地；再和土匪拼命保護他的血汗成果；到南遷添福莊已經是太平盛世，各家都積累了一點財富他們就「誦詩、讀書」，仍然是平民百姓、種田的老農；可在一個公平競爭的社會他們的兒孫也能做大學問、當大官、辦國家大事。這就是中國歷史上行之久遠的科舉制度，這個制度有很多弊端，但能施行許多朝代當然也有它的長處。

清朝統治中國三百多年，生活在國土上的人民當然以清廷為正朔，遵守清朝的法制。在這樣的社會制度下老農的兒孫做了朝廷重臣、處理軍國大事的黃家先人並不是得天獨厚絕無僅有；有清一代的名臣中，布衣出身的所在多有。遠的不說濟寧的孫家比起我們黃家既早且顯。

## 四、布衣入仕的典型—寧陽黃家和濟寧孫氏

濟寧孫家不僅是黃家山東的鄉親；也是山西洪洞的老親。他們的祖先也是明初從洪洞遷來。從布衣入仕途孫家早了幾代，恩彤公還在應童科縣試的時候（1815）、孫玉庭公已經做了湖廣總督；從乾隆到咸豐孫家人才輩出，歷任御史、尚書等殿前要職；孫子毓溎道光二十四的狀元，這還只舉几位最顯要的。

恩彤公與孫玉庭公的為官歷程有許多相似之處：玉庭公曾

任浙江巡撫、廣東巡撫、處處與英國人踫頭。二十年後恩彤公做江寧布政使（南京市長）、廣東巡撫，幾乎無日不在與英國人周旋。英國人要啟開中國的門戶處心積慮早已著手，鴉片戰爭南京條約是一個總結。

中英外交史上有著名的「磕頭」問題，在這個事件上（見P.44 註 6）孫玉庭公就參與了對皇帝的疏導。他以在廣東與英人交涉的經驗說：「英使免冠躬身聆聽聖旨、並於離去前再度鞠躬這與中國的叩頭禮同，拒絕叩頭非不敬也」。

中英接觸是近代史、中西交通史、文化史上的大事，是中西文化的對決。這兩個山東來的鄉下人前後四十年充當了「對決」的尖兵。依據史料記載：他們對外不亢不卑；對上委婉疏陳；對下良知無愧。他們的作為在當時的情況下可說是「恰如其份」。

這樣的為官之道、處事的態度，其來有自：來自於傳統的性格、來自於家風家教：他們是務實的、進取的、富貴不能淫、貧賤不能移、威武不能屈的！

晚清重臣中汶南一帶尚有汶上縣的劉韻珂，嘉慶十八年拔貢，官拜浙江巡撫，也參與過對英交涉。

小小的汶南一帶，農民子弟竟出了這些朝廷大員，這都拜公平考試之賜。

## 五、黃氏家風

從以上諸人的行誼中我們可以歸納出黃氏族人的幾點特質：他們是務本的、足踏實地、不尚浮誇的；他們是樂觀進取的、不因循苟且、虛擲韶光的；他們是倔強的、拼命到底不向惡勢力低頭的；他們是慷慨好義、愛交朋友、肝膽照人的；他們是輕名利重孝悌的⋯⋯。

在這些特質中我們還要進一步觀察他們家庭內部的倫理關係：

黃尚燦有才華、急公好義、施人不望報，在泰山義助貧生的故事說過了，可惜他去世早撇下兩個兒子宗獻和宗皋，宗獻早逝，尚燦的二哥尚玟就加意培植宗皋。宗皋才高力學，但由於他是一門的獨子，生計為重，只好放棄科舉的事業；全力培養自己的孩子，親自督促恩霨和恩彤的課業。

恩霨過繼給伯父宗獻（早卒、母朱十六歲守寡）有自己的父母（宗皋夫婦）、有祖母（尚燦夫人）；他和弟弟一樣是「天才兒童」，從小又特別孝順老人。不幸的是他才出道就死在四川任上，撇下了年幼的兒子寶書，恩彤公就親自教導，也成大器；可惜也英年早逝。

最值得一提的是恩彤公的長子師誾，他的才學直追乃父，青年中舉成進士，英年入仕做翰林院編修；自幼受祖父母（宗皋夫婦）喜愛；為了陪侍祖父母就辭職在家，說「報國日長、報親日短」；祖父母去世後回京銷假，不久派往廣西當知府，又兼桂林府事、政績卓越。但以父親恩彤公年近八十，請假終養，父親過世後讀書教子，不復出，對功名富貴竟淡泊如是。

從上面的事例中我們看到父慈、子孝、兄友、弟恭的家庭倫理關係；尤其是手足之情，尚燦早卒他哥哥尚玟就全力培植他的兒子宗皋，恩霨早卒恩彤就親自調教寶書。這樣的兄弟之情在中外古今都是令人稱道的：至於封建社會中婦女的愚忠，那是時代的風尚、當時的道德標準；論事論人不能「以今非古」，禮教作為中國社會的道德標準有兩千多年的歷史，上面所舉的事例在現代固然不足為訓，可在當時卻是普天之下的道德模式、為人稱道的。

讀了先人的行誼，黃氏後人應當知所取法，不可妄自菲薄看輕了自己。在家要孝順、要友愛，尤其是手足兄弟要互相扶持。在社會上要做個堂堂正正的國民；對自己要求上進、要充分地發揮發展自己、不停地完善自己！

## 六、民國以來的黃氏家族

1911 年中華民國建國以後，內戰不息、軍閥割據，地方秩序大亂，盜賊蜂起，天福莊老家連遭洗劫。大約在二十年代初期、五院中的求是齋、崇德堂和務本堂三院都遷到曲阜避難。這個避難時期竟延續了二十年之久。曲阜是個文化古城、聖公府所在地，治安良好、學校水平很高，這幾院的後人也沾了逃難的好處。

求是齋是長支師閭公的長子力田公這一支、他有二子彥臣（啟福大哥的祖父）和彥逸（我的祖父）兩家祖父母都早逝，到曲阜逃難的就是伯父文麟和父親禧麟兩家。

大爺（文麟）家住東門大街，啟福大哥、啟祥二哥都是生於天福莊老家，大妹秀春、二妹啟珍以下都在曲阜出世。

我們家大哥啟祿、二哥啟禎都在老家出生，姐姐玉娟以下我和四弟、六妹、七妹都生在曲阜。我們原住考棚街孔家小五府的後院、曲阜師範和附屬小學的緊鄰，大約在 1938 淪陷（日本人佔領）前後、遷到南街八府後院。

崇德堂是師閭公的次子福田公一支，他的獨子就是三爺爺彥恪、北京書麟四叔之父。他們一家遷到曲阜住古畔池附近（池坑崖），後遷五馬祠街孫（靖宇）家的前院。三爺的獨子就是書麟四叔。

守真堂（以下凡涉及堂號均參見世系表）是師侃公的次子開田公一支。師侃公有三個兒子：守田（長、慎柳堂）、開田（次、守真堂）、稔田（三、務本堂）。開田公有二子：彥忠二爺爺、孫大姑伯麟之父，彥威三爺爺、德麟大叔之父、黃泰的祖父。二爺爺去世早，三爺爺帶他們一支也到了曲阜。他們一家三爺爺夫婦外還有二奶奶、德麟大叔、惠麟二叔、淑麟二姑、黃存三姑、小麟哥黃泰。

他們這一家也住五馬祠街，德麟大叔參加地下抗日工作，在曲阜從未見過，淑麟二姑原在泰安念書去了西南聯大，在曲阜也沒見過，最常見的是三姑、二叔和小麟哥黃泰。

## 七、曲阜逃難期間各家的遭遇

### （一）啟福大哥因共產黨嫌疑被日本特務抓去

亡國之民沒有任何保障，生命財產都任由日本人生殺予奪；而最可怕的是日軍的憲兵特務。他們隨意抓人、把不馴服、有嫌疑的人抓去施以非刑、判以重罪。

大約在 1939 年間、曲阜師範的課堂上發生一件愛國激情爆發事件：老師講到亡國之痛，全班師生痛哭失聲，引發了日本特務大舉捕人。他們懷疑是共產黨人的策動，抓走了任課的音樂老師孔序冰和一些學生，啟福大哥是其中之一。

孔序冰老師正是我們小五府的房東，我叫他表叔、是一個天才音樂家，人很斯文有高雅的氣質。他被抓走的第二天特務押他回家收查，背綁著手、混身血跡斑斑。他曾企圖跳井自殺未遂，最後還是死在日本人手中（這個事件我曾目睹將在回憶錄中詳述）。

啟福哥當時已婚、小虎（迅昌）剛才出世，他被抓走天下大亂，大爺和父親到處奔走，他們想花錢贖命。有個來自東北偽滿的明老師、兒子叫明憲春也是學生會說日語，常與日本人往來，他帶父親去濟南找人疏通，闖進黑社會，一路驚險，錢被騙走人沒見著，父親為此終生懊惱。

## （二）書麟四叔參加共產黨到沂蒙山區打游擊

書麟四叔是崇德堂彥恪三爺爺的獨子，也在曲師讀書，他受左派親友的影響讀了大量共產主義的書籍，1938 年參加共產黨到沂蒙山區打游擊。那時他上有父母、下有妻女。父親對山東省長韓復渠的退守痛心不已。母親叮嚀不要猶豫。有人勸他去延安，他迫不及待，決定就地抗日。

經地下共黨援引走了四天摸黑到沂蒙山區據點，山東中隊徐向前接見，委以支部書記；他自幼熟讀孫子兵法，一心想學軍事，卻走上政治路線是終身遺憾。他帶著一隊女兵在山區與日軍周旋，出生入死，多次瀕臨絕境。

## （三）德麟大叔代理寧陽縣長組織游擊隊伍。

德麟大叔是守真堂彥威三爺爺的長子。1931 年北京朝陽大學法律系畢業後到山東省政府教育廳當秘書，受知於廳長何思源。日本打來他奉派到地方軍區當參議，協調抗日游擊隊，也是在淪陷區打游擊。

## （四）黃泰大哥參加反攻緬甸血戰為國立功

德麟大叔的妹妹淑麟二姑是泰安三中的學生領袖，組織學生抗日活動。淪陷後逃亡後方、進西北聯大。大叔的獨子黃泰本來跟二姑去念書，但響應蔣委員長「一寸山河一寸血，十萬青年十萬軍」的號召、十八歲參加青年遠征軍反攻緬甸、出生入死、為國立功。

## 八、天福莊的夕陽時期

啟福哥在濟南坐牢四年，日本投降前放出來，那時我們都已從曲阜遷返故鄉，這是件天大的喜事。他們夫妻志趣相投，相愛至深。大哥是胡琴的高手、大嫂唱青衣花旦都好，抗戰勝利前的一兩年時間，在天福莊老家竟安享了一段承平歲月。

這時曲阜逃難的各家都陸續遷回，日軍忙於太平洋戰爭，淪陷區已無力顧及，地方上相當太平。黃家後人、包括一直留守家園的各支、已無人種田，都做了靠祖產過活的地主。

守真堂的惠麟二叔辦起一所「天福小學」，網羅了他在曲阜的好友加上黃氏兄弟，學校辦得有生有色，天福莊的適齡兒童大體都上了學；當然窮苦農家的孩子入學的依然很少。這有許多原因，貧困的環境自是最根本的；但傳統的保守觀念也起著一定作用。

黃家子弟年齡稍長的都去縣城讀中學：我於 1944 年曲師附小畢業後考進寧陽縣中：我二哥啟禎大我六歲已生了婀娜、也立志讀書、同時考進縣中，他念初一甲班、我念乙班；慎柳堂的啟杰大哥、務本堂的黃崑大哥、都進了縣中讀書。

在這裡要補充敘述的是恩霨公的一支：他與恩彤公親兄弟二人、併為神童、同為道光進士、出繼宗獻公長支，英年去世，獨子寶書由恩彤公親自調教，也是英年死於任所。寶書遺有一子漢元（遺德堂）、也是早逝留下遺腹獨子黃端。黃端的母親（漢元公的遺霜）是我母親的表姐[1] 和我們家來往較多。黃端像貌英俊、大我一兩歲、也進了縣中讀書，常常玩在一起，我叫他六爺爺（不知他如何排行第六）。

## 九、國共戰爭中的黃氏族人

二次世界大戰結束、日本投降，中國血戰八年終獲勝利，舉國歡騰。但接著來的是國共內戰。這個戰爭是全面的：有慘烈的熱戰場血肉橫飛，像東北的四平街之役、准海大戰；有險惡的政治較量，像聯合政府、和平談判以至延伸到國際外交層次：一邊有山姆叔叔撐腰；另一邊有蘇聯老大哥幫忙。至於文場上左翼右翼、學校裡的學潮更不在話下，這個戰爭延續了三年，直到 1949 年秋，國民黨撤退到台灣；人民共和國建立。

戰爭的雙方都是為了人民，而人民得到的是什麼呢？雙方都要糧、都抓伕（抓農民去抬擔架、挖戰壕），他們問被抓的族兄：「你說國軍好？還是八路軍好？」族兄說：「還是你們好」，因為他不確知他們是什麼軍。

在共軍佔領區內跟著解放而來的是政治鬥爭，對地主來說他們並不怕土地收歸國有，卻害怕群眾清算鬥爭。1945 年，日本投降不久，共軍就佔領了寧陽縣城，抗日英雄張子明是國民政府委派的縣長，他帶領四、五百人馬在縣境活動，我親見過他馬上的英姿：白鬍子飄飄、精神抖擻。這位鬍子縣長保定軍校出身，做過旅長，日軍進關他組織游擊隊，神出鬼沒狙擊日軍、蒐集情報。日本調正規軍圍剿把他俘虜而寧死不屈，日軍

---

[1] 見本書第三章「黃家的親屬關係」

敬他英勇，把他軟禁，抗戰勝利，成為英雄人物。

地方上展開清算鬥爭，黃家從曲阜遷回的幾家又開始逃竄。我們家父親、兩個哥哥和我都先逃到濟南，他們又轉到兗州，最後逃不動了就只好回家接受改造。我從濟南逃到江南、再到台灣；德麟大叔也由青島轉到台灣，這是黃家流落到海外的兩支。

書麟四叔抗戰勝利後從沂蒙山區轉進到東北發展內戰基地，他從縣委坐到黑龍江省委，再調中央組織部，一帆風順，成為黃氏家族中最高的京官。

慎柳堂的啟傑大哥 1946 年和我在濟南一起當兵，濟南解放戰爭期間他們的軍隊起義，投效共軍、參加解放戰爭，其後又支援韓戰、抗美援朝，解甲歸田做了本縣公路保養工作。

我四弟啟禮（志濤）和務本堂的黃崙二弟都參加抗美援朝志願軍，在軍中學習醫療護理，退役後也都得到國家的優遇：四弟進了上海政治學院，畢業後在縣城當教師；崙弟做了縣檢疫站長。

1948 年陰曆八月中秋濟南解放，我回到家中再繼續南下，經過大伯集給老娘家辭行，遇到啟祥二哥正在老娘家避難。我和他通宵長談勸他參軍，送他上路，自己也接著上路。他參加解放戰爭有功，建國後奉派福建廈門大學當校委，在那裏安家落戶。

## 十、亡命海外的兩支

我從濟寧經徐州到南京，加入流亡學生行列到湖南，最後到廣州，面臨抉擇：一是回頭參加共黨南下工作團；一是當兵到台灣，我選擇了後者。

德麟大叔濟南解放後隻身逃到青島，隨山東省政府撤退到台灣，做了國文教師；他撇下了妻子和一大家人在濟南，自己局促在高雄郊區的工職學校單身宿舍裡；當時國民黨是驚弓之鳥，安全第一，厲行白色恐怖，人人禁若寒蟬，他的心情非常鬱悶。幾年以後生活安定下來，基本上他的性格豪爽開朗，眼看台海形成長期對峙的局面、回家無望，也有再成家之意；五十上下的年紀，高級知識份子，有穩定的工作，找個合適的老伴不難；許多同鄉親友在台灣重組家庭、生兒育女，再樹一支的比比皆是；可惜大叔竟中年而逝，天不假年奈何！

我於 1949 年 9 月到台灣，1966 年 11 月離開，共計旅台十七年，到比利時迄今三十六年，把哥哥和弟弟的孩子接來成家立業，在這個西歐小國建立了三個黃氏分支。

在辛亥世譜中常有「外出」的記載，某一支某人外出就是出外謀生之意，嘉慶年起就常有人外出，甚至註明某人去南洋，可想黃氏族人分布在海外的所在多有，何止我們這幾支。在台灣名叫黃啟╳（如黃啟方）人數不少。

## 十一、人民共和國治下的黃氏家族

1949 年 10 月 1 日毛主席站在天安門上宣佈：「中國人民站起來了！」打動了全國人民的心。全國上下不分出身背景都要報效祖國、為國效力。全國充滿了朝氣和希望。學生回到學校，農民安心種田，地主接受改造，資本家走上民主資本家新生之路。北京的書麟四叔接他父親去北京養老，由啟禎啟祥兩個二哥護送，喜氣洋洋（見本書第四章〈人物誌〉黃彥恪傳 P.67）。

但好景不常，政治運動開始，一波接一波，全國上下無遠弗屆、無人能免。建國初期為了清除國民黨的殘留勢力，鎮壓反革命運動是可以理解的，殺人不少[2]；但接下來的反右鬥爭就非常人所能理解了，「引蛇出洞」把上百萬人劃成右派，發送邊疆勞改，妻子兒女跟著上路，一去二、三十年，平反歸來，垂垂老矣！1958 年大躍進、三面紅旗、人民公社……大哥啟祿、二哥啟禎相繼送命，姐姐和七妹也非自然死亡，都發生在這幾年；這以後連年災荒死人無算[3]，毛主席退居二線，劉少奇、鄧小平出來收拾殘局。他們施行安定政策，三自一包、包產到戶，人民生活逐漸安定。高層開始路線鬥爭，日益嚴重，到了 1966 年終於爆發了「文化大革命」。

什麼是「文化大革命」？說穿了就是奪權鬥爭。毛澤東要把他讓出去的權力奪回，使用了最險惡狠毒的策略和手段。劉少奇、鄧小平、彭德懷、賀龍……這些建國功勳、方正之士無一幸免，遭遇之悲慘難以形容。國家主席劉少奇受盡精神和肉體的折磨而死、彭老總和賀元帥亦是；鄧小平的兒子跳樓自殺摔斷雙腿終身殘障、名作家老舍在湖邊徘徊三天不敢回家接受批鬥投水而死……這些事例罄竹難書。現在來看看黃家後人的景況：

黃泰原在濟南工作，發回老家批鬥，吊在樹上拷打，混身留下疤痕；他母親熬不住痛苦上吊自盡。

四弟志濤在縣城一中做教師，受不住身體和精神上的痛苦

---

[2] 什麼是國民黨的殘留勢力說不清楚，於是就定出指標：每一地區、單位殺多少人。大陸上的旅美學者有人做專題研究。並參見本書〈人物誌〉「黃書麟」P.77。

[3] 也有人根據官方資研究統計在兩千萬到四千萬之間。

折磨，服劇毒自殺被救，落得終身殘疾。父母和兩個寡嫂都掛著牌子做苦工勞役，受盡屈辱折磨。

文麟大爺是地方上的名醫，活人無算，文革時早已去世，但因用棺木土葬，這時把死人從棺材中倒出來。

整人者被運動激發出獸性做出傷天害理之事、以滿足他們的獸慾，事例不堪下筆，全國進入野獸世界。

這是一場人類歷史上的浩劫，對於中國文化的摧殘、世道人心的破壞、自然生態環境的破壞，史無前例。是誰設計、領導、坐鎮執行的？鄧小平事後對毛作過「三七開」的結論，說他建國有功，晚年有罪；其實何止晚年，從他登上天安門城樓那一天老百姓就開始遭殃了。他留下的後果在黨政組織中、社會風氣上、自然生態環境方方面面繼續發酵。

## 十二、重返家園及開放改革

我於 1966 年到達比利時魯汶大學，第一件事就是寫一封家信寄去老家，因為在台灣無法與大陸親人聯絡，那是觸犯戒嚴法的，來到外國迫不及待寄出這封信。不到一個月竟然接到母親的回信。這是 1948 年離家十八年後第一封家書。這封信是由侄兒黃新民帶到上海投寄，他是紅衛兵去上海串連的。

原來我被劃定為國民黨反革命分子、不知隱藏在那裏，現在竟在歐洲出現，公安機關放心了；而且我將成為外匯的來源。

母親的信帶給我無比的激動，熱淚滿眶、混身戰慄。從此開始積極接濟家人，把一部分獎學金按時寄去添福莊，改善了他們的生活；最重要的還是精神的安慰；母親信佛、只有拜泰山老奶奶之賜。

隨著我的經濟環境之改進、接濟的數量和範圍也逐漸擴大，家人親故都能受到一點照顧。可是要想回鄉探親，還得耐心等候。我向中國駐比大使館提出多次申請，1974 年曾經拿到簽證也買好機票，後因周總理逝世引發的天安門事件而被取消，機票也損失了。這個旅行團是在大使館僑務秘書呂某指導下由一何姓華僑出面組成，行程延期後，機票存在何某手中，此人是個賭徒竟把機票退款潛逃，僑胞的錢財和使館的形象都受到損害。

## （一）1977 年第一次重返故鄉

連年申請、終於在 1977 年 11 月回到闊別二十九年的故鄉。第一次行程是由香港坐火車經羅湖入境，踏上國土一草一木都能觸動淚水的源泉：「這就是我的祖國、闊別了三十年的游子回來了」。

從廣州搭飛機到北京再轉火車到濟南。入境之日便有一位中國旅行社的董同志陪同，他幫辦一切手續、安排交通工具和旅館。到了濟南住進南郊賓館，他建議接家人來此會晤不去寧陽，因為不是開放地區。經與四弟聯絡、他很快來旅館見面，知道母親拒絕來濟南，只好請董同志疏通去寧陽會晤家人。董要請示上級。我在濟南等候期間找到了守真堂惠麟二叔的女兒小如（改名綺霞），她和丈夫來賓館看我，他們在本區供銷社工作。

一星期後才得到達寧陽縣招待所，母親已住進招待所等候。

母子相見自是萬分激動，在這裡連續會晤了兩個寡嫂和眾侄輩以及一些親故包括妗子（舅母）和表弟、黃泰大哥。

## （二）1979 年 8 月第二次返鄉之旅

第二次返鄉探親是帶老伴鳳西同行，這期間聯繫了黃、郭兩家在北京的家人，同時帶了德麟大叔的骨灰歸葬故土，這是我在台灣時許下的心願。

北京一下飛機即被郭家的親人包圍，鳳西有四個伯叔、三個兄姊和他們的眾多家人子女、從各地趕來北京相會不下二三十人，從外地趕來會親的家人都有公假和各種方便，他們的歡宴設在有名的仿膳飯莊；在政府部門安排下才能有這樣盛大的歡聚。原來這都基於岳父郭岐將軍的統戰價值，他是黃埔四期的老將、蔣經國的忠臣、台灣省議會兩屆議員，現在是歐洲退伍軍人聯誼會主席。統戰部把他在大陸上的親人都送去北京會親。中國旅行社派一位傅同志陪同我們夫妻、他也擠在來歡迎的家人中。

我受了許多台灣同鄉親友的囑託，替他們看望家人，第二天就搭機飛往長春看望孫表哥的母親（守真堂二爺爺家的大姑伯麟）和妹妹；回到北京就和書麟四叔、淑麟二姑兩家聚會；啟福大哥的長子迅昌在北京工作，也去他家看到他們一家人。再到寧陽探母並看望親故，此後這條路常年往返不厭。

## （三）黃氏近親概況

八十年代以後鄧小平的政策落實：治理、改革、平反，階級鬥爭息鼓、政治運動不再，人民生活逐漸安定。黃氏族人的分佈情況如下：

添福莊老家：求是齋的啟福大哥一家，他的長子迅昌，解放初期考上北京工藝學校，畢業後在北京工藝部門工作，在北京定居；他的兩個女兒留學德國，取得學位後在當地成家立業；次子瑞昌守在添福老家種田，有兩個女兒冬燕、秋燕。他父親啟福最後幾年都由他夫婦照料；老三漢昌蔣集中心小學校長、地方幹部；老么義昌寧陽八中英文教師，他愛人是數理教師，兒子興濤就讀武漢理工大學。

慎柳堂的黃鑄早年在泰安讀書成績不錯，但成分不好回家種田，兩個兒子黃鵬、黃棟出外打工。

務本堂黃崑大哥的兒子少斌在縣城經營餐廳；黃崙二弟參加過抗美援朝、做了本縣衛生檢疫站長，他的子女接班。

守真堂三爺爺家黃泰在東莊落戶；黃恆在濟南定居。

崇德堂的三爺爺在北京壽終、書麟四叔一家變成道地的北京人。

我們求是齋這一支大哥家的長子黃新民（大排行老二）一家定居比利時。大哥家次子藝民（老五）在縣城做工；三子愛民（老六）在黑龍江發展。二哥啟禎家長子（大排行老大）昌雷在保安煤礦工作；次子（老四）杰民在鄒縣煤礦機械修理廠工作。四弟志濤的兒子覺民在比利時完成學業，受僱比國公司派駐香港，有一子一女。

我於 1966 年冬來到比利時，迄今已歷三十六年；自 1977 年第一次回鄉探親之日起，經常來來往往；身在海外、心繫故國，這條路已走過不計其次數。

# 第二章　黃恩彤的志業

這張油畫像 1845 年前後所作，出於名家之手，原來掛在黃家祠堂、現存寧陽縣文物館。

# 一、為官

## （一）刑部主事、精通律律

恩彤公是道光六年的進士，抽籤分配到刑部當主事。潛心律例之學，審理訴訟、平反冤獄、沉浸於刑事理論與實務先後十餘年[4]，不畏權勢，治重大疑獄無算；以刑事專家身份佐理熱河都統三年，蒙民悅服；每隨欽差大臣去各省查辦事件深得信託與倚賴；這期間還做過順天府和廣西省的鄉試主考官；道光二十年授命江南鹽巡道，處事果決、改革積弊，表現卓越，二十二年升任江蘇布政使，兼江寧布政史，漸漸接近了問題最大的地區，也到了全國最危險的時候，英軍入侵，清兵失利退至江寧，南京城兵臨城下，恩彤率守令清查保甲、肅清內奸；遣老幼婦女出城避兵，揀壯丁分守衢巷備戰。

## （二）防衛金陵、參與談判

其實這時清廷實際上已經接受了投降條件，命欽差大臣耆英和都統伊里布來到南京談判細節和簽訂條約而已。他們先叫地方官當代表登英艦談細節 [5]。

恩彤公一生最重要的業績是參與南京條約的談判、簽訂和執行。南京條約是喪權辱國的條約、是兵臨城下的投降條約；投降條約也得有人出面談判，也得有人據理力爭，地少割一點；款少賠一點；賠款償清就要討回質當之物，不還不行。

---

4 著有《大清律例按語根源》104 卷，是研究法制史的重要文獻。

5 《近代中國史事日誌》記載：1842（道光二十二年）8,9 英軍大隊到南京；8,14 耆英伊里布接受璞鼎查所開條款、牛鑑亦備文說明和好誠意。江寧布政使黃恩彤，待衛咸齡，及張喜與麻恭，馬禮遜羅伯聃（Robert Thom） 正式會於儀鳳門外靜海寺，互示委任狀。

恩彤公當時是江寧布政使（南京市市長），戰爭期間他在兩江總督手下協防金陵。戰敗后，大學士伊里布和欽差大臣耆英主持談判，他們把英國人要求的重點條件接下來以後，談判細節才由司衛咸齡和江寧布政使黃恩彤出面。

歷史學家郭廷以的《中國近代史》對這一段史事有詳盡逐日的記載；還有一位隨從僕役張喜略通英語、是一個有心之人，逐日記錄會談經過成為重要的史料《張喜日記》(原稿存在台灣中央研究院歷史語言研究所)。

英國近代史學家的《國際關係與中華帝國》( International Relation and Chinese Empire )也有詳細的論述。南京條約於 1842 年 8 月在南京靜海寺簽訂，上面這一張簽約的照片在許多著作和展覽中出現，黃家祠堂中也有一幅、我小時候見過。

## （三）駐節廣東、籌措賠款

訂約後為了後續工作耆英受命兩廣總督；黃恩彤升任廣東巡府。除了籌備防務、安撫粵民；恩彤公的重要任務是籌措六百萬兩銀子賠償英國人的軍費。

## （四）據理力爭、索回舟山

廣東的三年是黃恩彤為官最艱辛繁重的日子；也是他大展身手的時期，四十出頭正當盛年。從下面「致港督的信函」中可以看出他是怎樣忠貞體國、機智雄辯：

久別

光儀時殷懷想。日前 耆中堂自香港回省言及貴公使福祉增加，閩港景物豐旺；並悉連日互相酬酢、賓主盡懽，彌覺神往。惜未能追陪末座、暢敘胸懷為歉然耳。我兩國三年之事將次完成；萬年之好永永無斁。貴國之貿易日見昌隆，中國稅餉亦臻充裕。現在銀項指日交清，舟山指日如約退還。我兩國信義和好，昭布中外在此時矣。曷勝欣快。昨於 耆中堂署內得見

貴公使來文一件，諄諄以固守和約為言；但細玩語意、似欲緩交舟山。或弟之愚昧不能看明來文詞句，以致有此過慮亦未可知；但此事所關於兩國者甚重，既經見及不能不以一言奉達左右也。舟山及鼓浪嶼同為交銀之質當，以交足銀項之日為撤兵退還之日。成約具在、中外咸知；今若交銀足而地不還，於貴國並無所益，英軍兩次佔據舟山並非力不能取，而所以留兵暫守交銀即退者，以其地不足貪也，留兵久駐徒滋糜費而已，何益之有。

於中國大有所損，舟山一隅之地本無關中國之大小輕重，但以二千一百萬圓之銀如數交足，而不能收回質當之物，其吃虧莫大於此矣。譬如一人有房一所因欠銀約期未還，將房暫給債主作押，言明交銀後將房退還，若銀已交而房不還，房主豈能甘心，況兩國之盟約乎！

而於耆中堂甚有所害。我兩國罷兵講和當時朝中大臣議論

不一，全由耆中堂一力擔承，今若舟山不能如約交還，則歷次奏案均不足信，大皇帝必治 耆中堂以欺誑之罪，即使從寬暫緩治罪，亦不復聽信其言，而 中堂亦無顏面自立於人世，必不能復安其位，此理勢所必然可為預定者。夫我兩國所以釋干戈而敦和好者，全賴中國之耆中堂及貴公使與前任璞公使和衷共事，相信以心，方可安靜無事，且中國大臣如 耆中堂者實無幾人，若一旦得罪撤職、另換別人前來接辦，則後事不可料者正多，弟心實憂之。尚望貴公使守成約、踐前言，勿爭小節、勿聽浮論，於收足銀項後退還舟山，以彰信義於天下，而耆中堂亦不致無以對大皇帝而受欺誑之罪，則幸甚！幸甚！不止中國之利也。至英人進城一節，本非官為設禁，實由粵民扭於三百年來之聞見、過多猜疑，以致屢經傳諭士紳宛轉開導，而眾論總不以為然；若強行逼迫，又慮激而生事。千難萬難實非紙筆所能攄寫。現又委大員傳集紳士曉諭矣。試思禮尚往來，華官屢次出城見英官，不以為煩；而英官進城來署請見則拒而不納，有是理乎？數百里之香港中國宰相兩次前往拜會英國大臣，不憚風濤之險；而安坐城中以待英官來見，則轉以為不便，有是情乎？且江南之請英官進城者非 耆中堂乎？何以至粵東而不欲英人進城哉？此事必須寬以時日，妥為辦理，免致愚悍之徒、聚眾滋事，有傷兩國萬年和好之誼，方為美善。弟因兩國大事將次完成，倘因舟山而生出枝節，則此後又成不定之局，所關甚大，用是披肝瀝膽、據實直陳，倘有一字虛誑

上帝不祐，幸

貴公使悉心採覽焉。即候

福祺不一弟　黃恩彤拜

在這樣的交涉之下英國人退還了佔領的鼓浪嶼和舟山群島，解決了英人進城問題。上面這封親筆信函目前存放在「香港海防博物館」第五號館中。五號館展覽的是英國統治時期 1842–1848 年期間的重要文獻。標牌上寫著「廣東巡撫黃恩彤於 1844 年 12 月 18 日致港督戴維斯之信函，信中提及歸還舟山以及英人入廣州城的問題」。

這是 1997 年香港回歸、英國人移交的政府檔案；香港的史學家認為意義重大闢專館陳列供人觀瞻。

香港租借給英國，九十九年後回歸祖國，這是當年南京條約談判的結果；可是這也是幾經折衝、要價還價才得到的；要不是那幾個出面對談的清廷官吏反覆辯折，也許還沒有那樣的結果。

## （五）戰略思想、不合當道

積於這些年與敵人親身對壘的經驗，他深知他們船堅砲利、在海上、在沿海無法挫其鋒；但他們不能深入內地；不能持久作戰。基本的戰略思想上他是主戰派，受到朝中妥協派的非議和中傷；妥協派是既得利益者，他們在這個腐朽的政權中分得了權益，不甘革新，保權要緊，保住中央才能保住自己的特權；不能打，更不能深入後方作戰。

在許多奏議中恩彤公屢屢提到「慎固海防、簡練軍實」；又多方設法籌款修海防、充戰船砲台。他不但直接與洋人打交道、洞悉他們的伎倆；而且直接參與過沿海和南京的防衛戰爭，深知敵人船堅砲利而我們的土法萬萬不及，必須改弦更張，從戰略上尋求救國的良策，下面的論文可見一斑：

〈撫夷論〉

英夷不清已三年矣，無論昔之言戰言防，均成畫餅，即今之言造船、言鑄砲、言練水勇、言築砲台者，亦復毫無把握。大約言戰守者均未與該夷接仗，不能悉其伎倆，而但參考成書如《練兵實紀》、《紀效新書》、《金湯十二籌》、《洴澼百金方》所云云者以為可以施之今日，甚或誤信稗史以周郎江上之火，鄂玉湖中之草，乃水戰之秘訣。而不知該夷之船堅砲烈，斷難力敵。亦無術破。以肉身禦大銃，雖銅筋鐵肋，立成齏粉，往往備之累歲敗之崇朝；夷船在海中、浪湧如山束薪灌脂之小舟豈能攏近？即近矣，而彼隨帶杉板多隻，不難即時撲滅；至以草網輪之法，或可施之小小輪船，若近日內地所造之水輪船耳，夷人以十餘丈之火輪船，大船水激輪飛，奮迅飄忽，木簰大鍊且不能遏，而欲以盈尺徑寸莖柔幹弱之腐草投諸茫茫巨浸之中，將以縛其輪而膠之，此真夢囈之語，不還值一噱者也…。

但是他們「負船為穴不敢深入、得城旋棄不能固守」，不能深入內地作戰是敵人最大弱點。他輸陳洋務的奏章中說：

「欲靖外侮，先防內奕。粵民性情剽悍，難與爭鋒，亦難與持久。未可因三元里一戰，遽信為民可禦侮也。該夷現雖釋怨就撫，而一切駕馭之方與防備之具，不可一日不講。但當示以恩信，妥為羈縻，一面慎固海防，簡練軍實。尤必撫柔我民，所欲與聚，所惡勿施，以固人心而維邦本。遮在我有隱然之威，因以折彼囂陵之氣。」

這種基本理念和謀略違反了皇上的心意，「上韙」，道光二十六年遂遭褫職。名義上是因疏請年老武生給予虛銜違例，其實是欲加之罪何患無詞，褫職後交耆英差遣，後又以同知銓選。這期間他仍留在廣州，耆英隨時找他議事。這些事實都載諸清史《黃恩彤傳》[6]。

## 二、為民

### （一）田園生活、躬親農事

道光二十九年（1849）告老養親，時年四十九歲，他回到故鄉，堂上父母（宗皋公夫婦）健在，就開始他的退休生活。在添福莊陪伴父母，教育子弟，研究學術，把自己一生所學和經驗供獻鄉土。

黃恩彤的父親是黃宗皋，恩彤公回到家中、事親餘暇為學益勤；並親自陶冶百家子弟，從游者眾，經其噓呵，皆知名當時。最有成就的有以下二人。

他的胞兄黃恩霨死在四川任上，留下獨子寶書，天資聰敏，教導哥哥留下的獨子便成了恩彤公的重任。同時他的長子師誾更是少有的質材，在他悉心調教下都脫穎而出。咸豐壬子（1852）這一年雙喜臨門：黃寶書中了舉人；黃師誾進士及第。

### （二）組織團練、捍衛鄉土

「捻」是一種宗教式的地方組織，發生在十九世紀中葉的淮北地區。起初受清廷節制，到咸豐末期公開反清，同治二年老巢為清軍蕩平。此後的數年殘餘的捻眾在淮北各省流竄，攻城劫舍，造成地方上的大禍。恩彤公號召地方聯合抵抗，倡「築

---

6 《清史稿校註》第十五冊 p.9766，國史館（台灣）1991 年；本書附錄 320 頁〈國史列傳〉

堡聯防」之法。親率子弟保衛鄉土。

## （三）吾土吾民、念茲在茲[7]

我們再看看這些年來他在外做官、辦國家大事、折衝樽俎；回到家中奉事親長，調教後人、研究學術、著書立說。他心中想的是什麼？做的是什麼？

一、他在南京當市長的時候，到鄉下訪問民情，看到人家養蠶營利，便想到自己的家鄉。回到家鄉參考徐光啟《農政全書》關於養蠶的資料，寫成《桑蠶錄要》五卷。（山東省博物館存書）

二、對捕蝗及治蝗的研究

當時蝗蟲為害，他在家鄉親自參加捕蝗的工作，並和老農民研討整治的辦法，寫成《去蝗必效錄》二卷。總結並推廣老農民的治蝗經驗。

三、介紹養鵪鶉的方法

研究歷代飼養鵪鶉的方法並敘述其源流，寫成《河幹贅語》七卷。養鵪鶉不僅是農村正當娛樂，而且可以發展成副業，富裕農民。

四、對於本縣地理、風土之考證與研究

他寫下了〈成郊辨〉、〈汶陽說〉、〈陋地辨〉、〈甯陽龔邱兩故城之說〉等論文，對家鄉的地理、歷史詳加考證，這些工作前人沒有做過。

---

7　本節取材自寧陽縣政協編纂資料。

五、對家鄉風物的讚美

他寫了很多詩詞，讚美他熱愛的故鄉，寫山水風色的有〈甯陽八景〉〈古淄水〉〈彩山賦〉；寫物產風貌的有〈沁圓春·花生〉、〈水調歌頭·薑〉等等。他的詩詞有許多名家評論過。大體上認為亦如其人：「平實自然、不事雕琢」。

六、躬親農事，瞭解農民的辛苦

黃恩彤歸田以後經常帶著家人到田間幹活。他寫田園的詩篇是實地進入了角色，反映出農民真實的感情；這與以旁觀的角度寫田園樂趣的詩篇自是不同。這裡我們摘錄他的田園詩作兩段略窺他對民間疾苦的心懷：

……

盛夏火傘張、泥淖沾衣裳

破笠不覆額、三日雨不歇

白汗流如漾、閉門臥繩床

苦渴甚苦飢、有時招鄰里

烈焰燔中腸、剪蔬傾壺觴

……（知止堂續集、田間雜詠）

……

年來苦牛疫、苦矣轆車夫

無能出人車、人力充騾驢

一車二百筋、上納逾一萬

重載奔長途、收止三千餘

驕陽灼肩背、任意為輕重

血汗沾衣裙、高下任猾胥

遇雨泥沒踝、長跽欲有言

委棄填溝渠、哮怒張髯鬚
努力向前去、爾敢違吾令
困憊敢言劬、馬棒垂爾軀
一朝達二所、敢怨不敢爭
釋負亦足娛、忍淚徒唏噓
……（餘霞集、採料謠之三）

七、兩度修訂《甯陽縣誌》，供獻桑梓文獻事業

第一次修縣誌是咸豐初年，他才從廣東卸任回到家鄉。第二次重修縣誌是三十年以後光緒五年，他已是七十九的高齡。縣長高某人看他精力甚好、文采不衰；抓緊機會亟力委請主持編纂。這兩部縣誌修訂的觀點如何？水平如何？我們先不作評論，光看他殫精竭慮的任事態度，還不值得感佩嗎！（連《兗州縣縣誌》也是他修訂的）

## 三、為學

上面所舉的著作和詩文只是與家鄉福祉有關隨興之作，而真正的學術論文、國是論文、經世之學的著述和其他的詩文，在省縣圖書館可以看到的有二百卷以上，數百萬言。

同治四年（1865）他已經六十六歲，為了歷史存證他收集資料完成了《道光撫遠紀略》一書，概述了辦理各項外交的始末，成為外交史上的重要文獻[8]　他在序文中說：

「計自二十二年（1842）壬寅秋至二十六年丙午秋，前後五年。初與余共事者，侍衛咸公齡，嗣擢道元去，繼之者按察

[8] 中國史學會主編「鴉片戰爭資料」收入此書第五冊，1957 年上海人民出版社出版

使趙公鶴齡，中間一赴香港再赴澳門，剛柔迭用操縱互施，雖有時俯順其情，要未敢稍失國體，蓋亦不料其幸底於成焉。惟是此事雖累經入告，而樞廷密牘，外間罕得而窺，其留於羊城節署者，又因咸豐之變，燬失無存，自惟年來心力漸衰，每憶舊事十不記一，恐世人悠悠之口，無從徵信，爰於暇日檢核文案參以默識所及，芟煩錄要，粗加排比，手繕成書，名曰：「道光撫遠紀略」，聊存篋衍，用示后昆云爾。」

在那個時代中國對國際關係的認識還很粗淺，黃恩彤從他的工作經驗中對英、美、法等國卻有這樣的認識：

「當時議者皆以英為禍首，而弗（法）、米（美）素與不睦，故弗每進助順之說（法國人常有好的建議），米亦深以英為可恨，以為資二國之力可制英人；而粵民屢與洋人鬨，若可恃以禦侮。余每謂三國外若水火，內實狼狽，在西洋則不無蠻觸之爭；在中國則隱有輔車之勢，必不肯戕同類以媚天朝；而粵民見利忘義，剽悍輕浮，難與爭鋒、亦難與持久，必不可倚以為用。聞者往往心非而目笑之，詎意曾不十年，竟不幸而言中哉！此所由繕錄終篇，不禁擲筆三歎也。」

這是他在《撫遠紀略．後序》中寫的。

關於學問與功名的卓見，他在《知止堂集．序言》中說：

「士人束髮就外傅不得不專心科舉之學…一行作吏又未免徵逐疲其力，案牘勞其神，馴致頓荒故業而不復收拾，則亦時勢使然。余五歲入家塾，十一應童科，二十六成進士，中間角逐名場者十五年，放八比之文、八韻之詩嘗殫心竭力為之；偶有餘暇輒旁涉諸古體，恐妍妨舉業弗能專也，中年以後復從事於此…以性之所近不計工拙為之…」

這真是古往今來讀書人最大的困惑：為了功名不得不全力

應付考試，一旦功成入了仕途，又要全力從公、案牘勞形。至於他自己在角逐功名和全力從公之際也沒忘了學問，更有幸能在宦途中急流勇退，中年便開始從事不受功名利祿影響的自由研究，乃有大成。

## 四、黃恩彤的評價

山東寧陽縣小農村裡，一個老農的兒子，書念得很好，憑公平競爭做了清朝的大官，辦了國家大事；有見識、有志節，有所不為；國是日非，拂袖而去；回到家鄉、奉養雙親、教育子弟、把一生所學供獻鄉梓。

在那樣的政治及社會制度下，農村子弟質材好的可以進京做大官、下放到各地區做地方官、辦國家大事；前面說過在同一時代，寧陽縣附近就出了幾個巡撫、總督，都是布衣出身的農家子弟。到他們退休以後又都回到故鄉，把一生的經驗帶給家鄉、造福故土。林語堂在他的名著「吾土吾民」中對這個制度稱頌不已：中央從地方上選拔人才，把農村純樸的氣質帶到京城；他們退休後又把一生經驗帶回農村。新中國建立以後農村出身的幹部一旦進城，決不肯再回鄉村，叫他們退休以後，回到鄉村供獻鄉梓，不可思議！

## 五、黃恩彤著作目錄

八十年代中寧陽縣政協作過查證，他們列出以下的清單：

《知止堂集》十三卷，收集了三十歲至五十歲的詩文。

《知止堂續集》六卷，五十至六十的作品，清家刻本，寧陽縣博物館存。

《知止堂補集》六卷，其他散見舊作，山東省圖書館存。

《名宦傳》二卷，山東省圖書館存。

《離騷分段約說》一卷。

《余集詩》一卷。

《飛鴻集詩》四卷。

《秋聲詞》一卷。

《飛鴻集文》一卷。

《憩亭詩稿》一卷。

《使粵詩草》一卷。

《忘余詩草》一卷。

《鑑評別錄》六十卷。

《兩漢史斷》六卷，寧陽縣存一冊、光緒三十一年孫培益校刻。

《三國書法》十卷。

《大清律例按語根源》一百零四卷。

《稀齡追憶錄》四卷。

《稀齡追憶錄續》一卷。

《于文定公讀史漫錄》二十卷，寧陽縣存八冊。

《制義續存》一冊光緒刻本，這是奏牘公文集為個人的備忘，不公諸於世。

《余霞集》一冊，寧陽縣存、宣統元年濟南國民報館石印。

《撫遠紀略》一冊，寧陽縣存宣統元年刻本。

# 六、有關黃恩彤的學術評論

本書排印期間發現兩篇有關恩彤公的學術論文：

一篇是煙台師範學院金鑫女士寫的〈黃恩彤與南京條約的善後交涉〉。文中對恩彤公在中英南京條約的談判和條約執行，以及在整個對外事件中所起的作用，有客觀的分析和公正的評論。（就讀武漢理工大學的孫子黃興濤轉發來的）

另一篇是泰安教育學院劉順興教授的〈黃恩彤與彩山賦〉。這篇文章雖說是從文彩入手，卻涉及了恩彤公的出身、為學、入仕和最重要的對英人的交涉談判。對恩彤公的學養、才識、以及維護國家利益做出的貢獻，諸多肯定。（家鄉堂侄黃漢昌轉發來的）

經商得兩位作者的同意收錄如下。

## （一）〈黃恩彤與《南京條約》的善後交涉〉

金鑫（煙臺師範學院歷史與社會學系／山東煙臺 264000）

摘要：黃恩彤是鴉片戰爭時期參與中外交涉的一位重要人物。他對時局有清醒認識，提出了更具實效的處理中外關係的策略，是近代中國開眼看世界的先驅者之一。

對於《南京條約》，史學界關注較多的是其具體內容，關於條約背後的交涉，著述並不多。至於黃恩彤與條約的關係，後人只是簡單地把他歸於伊裏布、耆英等「撫夷」派。筆者認為這樣評價過於簡單，黃是《南京條約》及善後交涉的重要人物，在接觸西人的過程中認識到中外力量的差別，試圖找到與西人接觸的新途徑，提出了「以商款夷」的思想，展現了不同於傳統的處理中外關係的新思路，體現了在中外力量對比懸殊的背景下求變的思想。

一、黃恩彤初涉外交

黃恩彤（1801—1883 年），原名丕范，字石琴，山東甯陽人。1826 年（以下時間均為西曆）中進士，授刑部主事，累遷郎中。1840 年任江南鹽巡道，遷江蘇按察使署江寧布政使，在此期間參與《南京條約》的議定。簽約後赴廣州辦理善後事宜，因功升任廣東按察使、廣東布政使，1845 年 2 月任廣東巡撫，1847 年 1 月被革職，1848 年 8 月以同知候選，1849 年 3 月辭職回鄉。後因在籍剿捻有功，被賜予三品封典。

黃恩彤參與的對外交涉包括《南京條約》談判及善後事宜談判，中美、中法、中比條約的議定；從時間上跨 1842 年至 1849 年，這正是戰後中國與外國被迫頻繁接觸的時期。按當時的慣例，朝廷大員出於身份和安全的考慮，是不與西人直接接觸的，而英國人要求與信守諾言的高級官員談判，黃恩彤臨危受命，成了與西人交涉的中流砥柱。

《南京條約》的草草簽訂中，伊裏布、耆英、牛鑒作為撫夷大員，在炮火威脅下對英人的要求全部應允。黃恩彤從 1842 年 8 月 14 日開始參與交涉，雖然大局已定，但他仍然在諸如是否加蓋皇帝印璽、戰後賠款、英軍佔領定海、鼓浪嶼、招寶山等問題與英人力爭，今天看來所爭問題有些捨本逐末，但體現出黃恩彤在強敵面前的過人膽識，與朝廷大員的唯唯諾諾相比，他勇敢地爭取國家利益，迫使英國作了一定程度的讓步。《南京條約》簽訂後，英國軍隊仍然騷擾民眾，黃恩彤「親赴夷船，囑夷酋禁約各夷，勿得滋擾百姓，酋即命將炮位兵械悉運回船，其佔據之民房，概令退出，並禁各夷無事不許登岸，沿江居民使得稍安」[1]，3（p · 118）。他的出色表現不僅贏得了朝野上下的稱讚，參加條約簽訂的英國人也讚揚黃恩彤「是中國最重要的將要起來的政治家之一……他同外人接觸，不卑不亢，恰如其分，和其他中國人頗不相同。」[1]，5（p507）由於表現出色，黃恩彤成為耆英唯一始終任用的對外交涉官員。他不辱使命，在赴廣州的善後交涉中，主動頻繁地接觸外國人，用自己敏銳的眼光和犀利的口才，盡可能地維護著民族利益，贏得了外國人對中國官員的尊敬，為廣州爭取了短暫的和平，並大膽上書，提出革新性的實效策略，他對西人情況的客觀分析，改變了以往處理中外關係中「天朝獨尊」的舊觀念，屬於較早的開眼看世界並用於政治實踐的知識份子。

## 二、《南京條約》善後交涉中的黃恩彤及其外交觀念

《南京條約》只是一個大概的輪廓，黃恩彤被奏請派往廣東繼續處理善後事宜，主要內容是稅率與行商的談判。

戰爭的起因是鴉片，實際上英人是要用戰爭來打破以往在對華貿易中的被動局面，尤其要求取消公行對貿易的壟斷，這一點從英國人當時的文件和後來的政策回顧中都可以看出。所以與通商有關的問題成為談判重點。

黃恩彤到粵後，積極作談判準備。一方面熟悉海關業務，由粵海關監督將對外通商的各項事物包括合法的正稅和非法的但已制度化的附加費徹底清查上報，黃恩彤逐條細細研究，很快掌握要領。針對英人提出的裁撤公行的問題，黃恩彤對伊裏布（時任廣州將軍、欽差大臣、負責在廣州查辦通商納稅的一切事情，1843 年 3 月 5 日病故後由兩江總督耆英接任）提出兩

個辦法：一是裁撤公行，把原來的正稅及各項附加費用一併歸海關徵收，每年的海關收入可以增加三倍；二是保留公行，將出入口的大宗貨物如茶葉、湖絲、棉花、洋布之類的稅額逐件加增，冷僻貨物如鐘錶、洋參、洋緞之類逐件議減，那麼所增之數百倍於所減之數。伊裏布採納了黃的第二個建議，照會璞鼎查，提出公行相當於英國的擔保會，起著貨物中轉和貿易擔保的作用，只要「仍留舊商但不存官行之名，任憑英商自投」，就會減少貿易過程中的弊端，並非一定要裁撤公行[4]。這一照會在英商中引起了關於是否裁撤公行的長時間的爭論，雖然結果仍是裁撤公行；但在開關後的中外貿易中，舊商行和新商行一起參與經營，實際還是按照黃恩彤的設想運作。黃認為，問題的關鍵不在於公行的存在，而在於實際操作過程中的貿易壟斷，只要取消壟斷，任憑外商自由尋找合適的商行，清政府各級官吏的敲詐勒索和各種陋規自然就會消失；顯然，他已經隱約認同了先進的自由貿易的思想。另一方面，黃恩彤十分注意查訪英商的經營情況，比如得知英商運茶葉回國後，每擔須納稅洋錢 25 圓（相當於紋銀 17 兩 5 錢，而戰前中國的出口稅是 1 兩 3 錢），比中國所徵多數倍。在香港談判通商輸稅章程時，他根據掌握的情況與英方代表羅伯丹據理力爭，佔有很大的主動性。經過談判，議定新稅率約為值百抽五，但茶葉一項例外，因為茶葉是中國的天然壟斷產品——允許徵收約百分之十的出口稅。稅率談判依照黃恩彤提出的「大宗增稅，冷僻貨物減稅」的原則，「於粵海關原定稅則，議增五十六種，議減六十四種，並原例未載新增十三項……各項浮費全行割除，以杜弊端。」[1]，6（p355）改定後的新稅率與舊稅率差別並不是很大，受益最多的是英商，其次是清政府，利益受到嚴重損失的是徵稅的官員和管理洋船營運的官兵，因為之前自總督以下的廣州官員都是中外貿易乃至鴉片貿易的受益者。中國學者對此批評很多，認為黃恩彤等人受了英人的愚弄和欺騙。

本文認為，英人發動戰爭的主要原因是英國資產階級對中國公行壟斷制度的不滿，就像西方學者認為的「主要的變革並不在於帝國的舊稅率方面，而是在於要努力掃除深深植根於廣州貿易中的撈外快和收小費等一整套敲詐勒索制度」。[5]（p243）戰爭以英人的勝利結束，不達到最基本的目的，英人是不會善罷甘休的，再者公行壟斷的廢除，不僅有利於中外貿易的正常進行，更有利於政治清廉，堵塞腐敗之源，對於整個清政府的官僚體制不是一件壞事。儘管由於不熟悉國際法，在談判過程中放棄了一些國家利益，但黃恩彤在國勢衰弱的情況下作出了一個封建官員的最大努力，新稅率也確實給清政府增加了財政收入，「新章自七月為始稅課，歲增舊額百余萬」[6]（p4），海關收入承擔了戰後賠款的大部分。咸豐後，廣東海關收入除留本省軍費外，另解戶部、內務府、山東、湖南、江西、雲南、江南大營、廣西等處[7]（p152），改變了清政府不重視海關收入的舊觀念。

耆英將黃等人的表現列表上奏，稱讚黃是「多方設法，辯論在在」，「一乎經理，恩信相孚」，對黃推崇備至[2]（p2739）。道光帝對耆英所奏均給予嘉許，1845 年 2 月，黃恩彤被任命為廣東巡撫，他的仕途生涯達到了高峰。

黃與英交涉的另一個問題是鴉片問題。戰爭因鴉片而起，《南京條約》與附件並未有關於鴉片的條款。關於這個問題，黃恩彤是這樣記載的：稅則既定，馬禮遜前來談判鴉片問題，說中國名義上禁止鴉片貿易實際難以禁止鴉片走私，鴉片走私等於免稅貿易，不如納稅以增加收入。耆英躊躇不定，黃恩彤認為即使馳禁，也很難避免受重利誘惑下的走私，皇帝也定不會答應；嚴厲禁煙一時也難以讓狡猾的英人答應，不如以重稅為難英人。遂向馬禮遜提出「先納稅銀 500 萬兩作為一年定額」，馬禮遜以鴉片成本重為藉口嫌納稅太多，雙方僵持不下，最後不了了之[4]。但是，璞鼎查在 1843 年 8 月告誡英商：鴉片一項並不能如他們所建議的那樣進行物物交換，也沒有被包括在那些「未列入稅則而按值百抽五交納關稅」的商品之內，所以鴉片交易仍然是違法而受禁的，英國臣民從事於此項交易將不受支持和保護[3]（p356）。在黃參與議定的中美條約中，卻明文禁止鴉片貿易，而在附於中法條約的稅則裏鴉片被認為是違禁品[3]（p357）。黃恩彤沒有讓鴉片貿易合法化的企圖得逞，一定程度上維護了清政府的利益，但在這個問題上的模糊態度體現了其作為封建官僚處事的圓滑。

在中英《五口通商章程》及《海關稅則》簽定後，美法比等國聞訊而至，提出簽約通商要求，一時間「以夷制夷」成為輿論主流。黃恩彤認為古代「以夷制夷」，必須是對夷人能夠駕馭，而現在情況不同於古代，對各國恐難控制，反對「以夷制夷」。在《復劉玉坡督部論米夷情偽書》中，黃對美國的「越十萬里重洋遠來中國而稱不敢效英夷之所為」表示懷疑[8]，1（p142）。對於借師於法國和美國的說法，黃恩彤斷然拒絕，認為「三國外若水火，內實狼狽，在西洋則不無蠻觸之爭，在中國則隱有輔車之勢，必不肯戕同類以媚天朝……聞者往往心非而目笑之，拒意曾不十年竟不幸而言中……不禁擲筆三歎也」[9]後序。

三、黃恩彤與廣州反入城鬥爭

黃恩彤在粵花費精力最多的是英人入城問題。該項原不屬於善後交涉的內容，但由於是履行條約的過程中引起的對抗，所以 1846 年後成了中英交涉的重點。關於英人是否該入城，這裏不再贅述，只對黃恩彤在此問題上的態度做一下剖析。

黃恩彤認為不應該簡單抵制英人進入廣州城。他收集了各種關於西人的情報，認為英人對廣州的要求主要是通商而非有領土要求，而「通商於彼此有利」，「粵之所以富甲諸省者，為通商也，實通洋也，即通夷也」[8]（p145）。黃恩彤反對容易失控的「以民制夷」，認為這種方式簡單粗暴，容易造成衝突，要求人民仰體聖意，恩准各國自由經商，因為「今勿論我閉關絕市，即使彼忽然斂舶而去，羊城無業之若干萬人從何安頓」[8]（p145）。根據當時的實際，他認識到中外之間經濟上的互相依賴的關係，認為中外「相愛而相忌」，如同有冰則有炭，冰無則炭撤[8]（p145）。這種認識改變了傳統朝貢貿易體制下的「天朝施恩於外夷而許通商」的觀念，實質上，從經濟層面認同了中西的平等地位，承認了通商對中外雙方都有利，衝擊了傳統的「華夷觀」，以民眾的實際需要和地方政務為根據，肯定了中外通商是東南沿海不可缺少的經濟活動，體現了注重實效的施政思想，可以說是近代經濟思想的先驅。後來一批經世致用的知識份子將這種近代國家利益觀更明確化，如王韜認為「通商為國家之根本」，郭嵩燾對傳統的「華夷觀」提出挑戰，正是這些在當時看似「悖逆」的思想，漸漸推動了中國的近代化。黃恩彤在一首詩中稱「重持玉節到江鄉，籌海先儲活國方」[9]卷 3，表明已經認識到了救國的根本在於「活國」，比魏源等更早地意識到封建國家的危機，並思考著擺脫危機的良方。

黃不支援反入城鬥爭，但反對英人用武力強入城。當德庇時（從 1844 年 7 月接替璞鼎查擔任英國公使）帶兵進入廣州城要求交出同英人衝突的粵民時，黃嚴詞以拒（黃恩彤當時已經被革職，但仍奉旨隨耆英辦理洋務）:「以禮進城，地方官尚可曉諭紳民酌量妥辦，若以兵進城，更有何說，但和議從此決裂，貿易從此禁斷，不知何人任其責」[8]，1（p145），言辭之間鋒芒畢露，德庇時不得不退出廣州。在此期間，廣州民眾多次與英國人發生糾紛，黃恩彤屢屢照會英領事，要求「在兩國交往中，必須不偏不倚……必須約束英國商人，使其勿使用暴力，任意壓制別人」[11]（p406），黃恩彤對國家利益堅決維護，使英人放棄了強行進入廣州的做法。在中英衝突一時難以圓滿解決之際，黃提出兩年後進城，並不是推委責任，而是認為兩年後，中英衝突或許會緩和。他任職廣州期間，緝捕盜賊，平定治安，以閒置官銀貸給商人生息以備調撥，曾上書道光帝「該夷現雖就撫，一切駕馭之方，與防備之具均不可一日不講，但當示以恩信，妥為羈縻，一面慎固海防，簡練軍實」[6]（p5），積極為炮臺與兵船籌備錢糧，並勸民紳捐銀在九龍地方修築石城和衙署炮臺以抵禦在香港的英人。黃恩彤剛柔相濟的對外交涉暫時阻止了英人進入廣州城，民夷鬥爭也僅僅限制在小範圍衝突上，在一定程度上滿足了廣州人民的願望，為東南沿海贏得了短暫的和平。相比之下，繼任的廣州巡撫葉名琛一改黃的做法，鼓動民眾強硬反入城，並故意多次不理睬英公使的訪問，使中英衝突更加激烈，給國家人民帶來了更大的災難。

黃自稱「千回百折，直至心力交瘁」[4]序（p145），時人梁廷楠評價黃在廣東「相與委屈調停，事事彌縫，不使稍生釁隙」[10]（p143）。梁是當時廣東人民反入城鬥爭的領袖之一，能這樣評價對反入城鬥爭並支援的黃恩彤，一方面反映了梁的胸懷，另一方面也足見黃恩彤的苦心經營。黃恩彤在反入城中的態度引起部分士紳的反對，遭到彈劾，此時已經罷兵息戰，雨過忘雷，「剿夷派」抬頭，道光帝因為《南京條約》對天朝尊嚴的傷害耿耿於懷，加上廣東的反入城鬥爭的氣勢頗盛，認為民心可用，對「撫夷派」開始不滿，1846 年 9 月藉故將黃恩彤降職三級。其上司耆英晚年獲罪，罪名之一卻是「在廣州時惟抑民以奉外，罔顧國家……崇洋媚外，上乖天道，下違人情」[1]，6（p355），被咸豐帝賜自盡。時任首席軍機大臣的穆章阿也因此事被咸豐帝革職，永不敘用[1]，6（p343）。黃的仕途並未跌落到極點，聖諭仍讓黃辦理洋務，足見皇帝的心情是複雜的。

在整個的對外交涉過程中，黃恩彤作為首批參與外交事物的封建士大夫在今天看來確實放棄了一些國家利益，但在天朝上下都昧於世界大勢的情況下，他主張順應時勢，發展中外貿易，力倡「以商款夷」，體現了其作為地方官員對於國家安危的強烈責任心。後世的學者認為這是黃妥協投降的表現，本文認為「以商款夷」雖然不能徹底解決晚清政府面臨的西人入侵問題，卻並不是因懼怕外國而無原則的妥協，黃在赴香港談判期間，逗留二十餘日，對英炮臺的設置有初步瞭解，《上督部祁公論粵東炮臺戰船書》中，分析英海軍和我水師弁兵的差別，強調以我之長攻敵之短。後來有學者論述黃的意見是正確的，但當時未被採納[7]（p83）。可見，黃並不是一味地把國家安全寄託在通商上，他的戰略思想更深更遠，主張以通商為主，但必須以相應的軍事準備為後盾，以備不測，為處理中外關係提供了新思路。正如《澳門月報》1844 年 9 月號所載的：「像耆英和黃恩彤這樣的人，在一切有機會和他們相識的人的眼裏，抬高

了他們國家的品格，並使外國人對於統治這個國家的人才有一較高的概念。」[3]（p361）

黃恩彤承旨議撫，為不堪戰亂的東南沿海贏得了暫時的和平，部屬在他被革職後評價他「公忠報國，盡力籌邊，紓九重宵旰之憂，奠七省苞桑之固……久已威懾蠻夷」[1]，4（p307）。黃恩彤雖被降職，仍奉旨留任辦理洋務，耆英多次上奏摺對他進行褒獎，當年又被賞給六品頂戴，1848 年 2 月，耆英離任赴京後，黃又隨總督徐廣縉差委，並被肯定辦理夷務尚能圓通和勤勉，1848 年 8 月，上諭加恩以同知歸吏部候選。後來由於與當政官員徐廣縉、葉名琛政見不和，加上其兄病故，黃恩彤心灰意冷，請求回鄉奉養雙親，1849 年 3 月返回家鄉。第二次鴉片戰爭後，黃恩彤奉旨隨耆英去天津議和，到時條約已簽，黃又返鄉，之後無意官場，專心於著述。撚軍起義之時，黃作為在籍官員，奉旨組織團練抗擊撚軍，使所在地區免遭戰亂，因辦團練有功，1881 年（光緒七年）奉旨赴鹿鳴宴。

黃恩彤仕途的波折反映了清政府的對外態度長期徘徊，舉棋不定，時戰時和，我們對於「撫夷派」不能簡單斥之為「投降派」，必須把他們的放在歷史環境中進行評價。黃恩彤對皇帝時戰時和猶豫不決的態度非常不滿[9]卷 3，雖無力扭轉大局，但並沒有只顧保全官職而拘泥於成法，而是積極主動地瞭解西方的情況，並敏銳地覺察出外人入侵引起了數百年來的一大變局，他的思想無疑是進步的。黃柔中有剛的靈活的策略貫穿於與西人交涉的始終，自稱「剛柔疊用，操縱互施，雖有時俯順其情要，未敢稍失國體」[4]序。由黃恩彤開始的外交策略的得與失，為中國近代外交提供了借鑒。《南京條約》及其附件裏，英人並沒有得到他們想要的一切，後來藉口修約發動了第二次鴉片戰爭。

作者簡介：

金鑫（1971－），女，山東萊陽人，1993 年畢業於煙臺師範學院歷史系，現為煙臺師範學院歷史與社會學系 2003 級研究生，學習方向為中外文化交流史。

參考文獻：

[1]中國近代史資料叢刊．鴉片戰爭[M]．上海：上海人民出版社，1978．

[2]籌辦夷務始末（道光朝）第 5 冊[M]．北京：中華書局，1964．

[3]馬士（美）．中華帝國對外關係史 1[M]．上海：上海書店出版社，2000；英國對華政策：1930 年 1 月 8 日英國外交備忘錄[R]．

[4]黃恩彤．撫遠紀略[M]．濟南：濟南國聞報館，光緒元年．

[5]康橋中國晚清史，上卷[M]．北京：中國社會科學出版社，1985．

[6]汶南黃氏世譜[Z]．

[7]茅海建．近代的尺度[M]．上海：上海三聯書店，1998．

[8]中國近代史資料叢刊，第二次鴉片戰爭 1[M]．上海：上海人民出版社，1978．

[9]黃恩彤．知止堂集[M]．濟南：濟南國聞報館，光緒元年．

[10]梁廷楠．夷氛聞記卷五[M]．北京：中華書局，1959．

[11]廣東省文史研究室．鴉片戰爭史料選譯[M]．北京：中華書局，1983．

## （二）〈黃恩彤與《彩山賦》〉

劉興順（泰山學院教育系）

黃恩彤像

說甯陽當言彩山，說彩山當言黃恩彤，可以說，甯陽－彩山－黃恩彤構成了一個三位一體的歷史敘事模式。

### 黃恩彤簡介

黃恩彤（1801——1883），原名丕范，字綺江，號石琴，別號南雪，晚年自號「保壁遺民」、「魯西野人」，甯陽添福莊人。生於 1801 年三月初三日。

黃恩彤的一生明顯分為三個階段：

一、早年求學階段（1801－1826）25 年

黃恩彤自幼穎悟，5 歲入家塾，11 歲入童科，15 歲縣試第一，以優等選為廩生。1822 年（道光二年）中舉。1826 年（道光六年）中進士。

二、建功立業階段（1826－1849）23 年

黃恩彤中進士後，先後任刑部主事、熱河理刑司員等，曾隨刑部大臣往江蘇、安徽、浙江等地辦案，累遷為刑部郎中。1840 年任廣西鄉試正考官。1842 年（道光二十二年）遷江蘇按察使。從此進入其事業的巔峰時期。選其重要行述簡介如下：

1842 年 7、8 月間，黃恩彤隨耆英、伊裏布與英國侵略軍談判議和事宜。並於 8 月 29 日與英國全權代表璞鼎查簽定了《南京條約》。

南京締約後，黃恩彤又隨耆英、伊裏布赴廣東，與英國簽訂中英《五口通商章程》。1843 年，先後任廣東按察使、布政史。

期間香港，1843 年 4 月同欽差大臣耆英等到香港，與英方面定通商章程及輸稅事例。29 日，耆英、璞鼎查簽訂《過境稅聲明》。《南京條約》在香港互換批准書，是日香港政府正式成立。(《清通鑒》)6 月 23 日再赴香港，與英方在香港舉行互換《中英南京條約》批准書儀式。10 月 8 日耆英與璞鼎查在虎門簽訂中英《五口通商附粘善後條款》(即《虎門條約》)。

1845 年正月初八日，升任廣東巡撫。1846 年十二月被解職。1849 年，即道光二十九年，黃恩彤以親老遵例歸養，返回甯陽。

這段經歷，引起了人們對黃恩彤的詬病，多數人認為其參與了多項喪權辱國的條約的簽訂，認為他「不惜出賣國家、民

族的利益,來討好外國侵略者」。客觀講，這有失歷史的公允。

首先，黃恩彤並非決策者，而是執行者。在他職責內他力所能及地完成了應盡職責。黃恩彤是鴉片戰爭時期參與中外交涉的一位重要人物。他對時局有清醒認識，提出了更具實效的處理中外關係的策略。如黃恩彤在《撫夷論》中認為，「該夷之船堅炮烈，斷難力敵，亦無術破」。中國即使造炮製船，也是「萬萬不及」、「無制彼之術」。「而中國之所以控制而羈縻之者惟在通商」。「撫夷」論與「封關」論不同，它在某種程度上承認變局，主張通商，有若干合理因素。請看歷史描述：「直接參與交涉的黃恩彤等人也不是心無定見」遇事隨人擺佈之輩。談判桌上『口講指畫、推誠開導』所不能挽回者，決非黃恩彤等心智不濟，實由於時勢多艱。因此『我們萬不能為申一己之說，而苛求前人之過。反之，則既乖史實』亦背公論。」其優秀的表現，贏得了對手的高度尊重，「黃恩彤年約三十七八，是中國最重要的將要起來的政治家之一。他的舉動言談是一個十足的紳士，即在英國，我還不記得曾經遇到這樣舉止文雅、恭而有禮、文質彬彬的君子。他同外人接觸，不卑不亢，恰如其分，和其他中國人頗不相同。」〔《締約日記》（英）利洛著、齊思和譯〕

其次，黃恩彤是近代中國開眼看世界的先驅者之一。《康橋中國晚清史》認為：「廣東巡撫黃恩彤認識到，中國已經面臨幾百年來最大的一次變化。認識到中國面臨著幾千年未曾見過的新情況。」並把這種情況叫做「變動」，從而與王韜等人一起成為中國最早睜眼看世界的人。並進行了早期的對外關係的行動和思考。

三、晚年的著述與家鄉文化貢獻階段（1849－1883）34 年

這一階段，黃恩彤的主要貢獻歸為三個方面

（一）地方文化建設

1851 年(咸豐元年)，黃恩彤在家鄉總纂《甯陽縣誌 》。1859 年，黃恩彤主持編纂《滋陽縣誌》，3 月而成。1879 年，黃恩彤再次重修《甯陽縣誌》。

（二）著述立說

居鄉期間，為黃恩彤著述之高峰時期。1853 年 5 月，黃撰成《兩漢史斷》6 卷。1857 年，又將其《三國志》讀書箚記彙為一編 10 卷。1860 年著成《知止堂文集》24 卷。1870 年（同治九年），黃恩彤年屆 70，著成《鑒評別錄》60 卷等。黃恩彤居鄉期間，關心農事，著有《蠶桑錄要》5 卷、《農書錄要》十四卷、《河幹贅語》7 卷等，對農業生產頗有裨益。黃恩彤一生著書甚豐，所編及雜著百餘卷數百萬言。

（三）護衛故里

1860 年 9 月，捻軍大舉進入魯南地區。黃恩彤自號「保壁遺民」、「魯西野人」，在添福舉辦團練，並親自籌劃築塢堡，堅壁清野，倡率連村築堡，人共為守，以對抗捻軍。捻軍由添福莊一帶經過數十次，均未能接近該堡。朝廷以黃恩彤「剿捻有功」，予以三品封典。

1881 年（光緒七年），鄉舉重逢，清廷賜鹿鳴宴，賞還二品頂帶。次年，卒於鄉里。

綜觀黃氏一生，可以說是外交家、政治家、文學家、歷史學家多位一體的大家。

〈彩山賦〉賞析

黃恩彤於彩山可謂情有獨衷，在〈彩山賦〉前小序中，他說：「登覽既頻」，可見他多次登臨此山，而且黃恩彤將〈彩山賦〉置於《知止堂文集》首篇位置，也足見黃恩彤對〈彩山賦〉的珍愛。

在這篇賦中，黃恩彤以政治家的胸懷，文學家的筆觸，用華麗的賦的形式從四個方面對彩山進行了文學與文化的描寫與闡釋。

第一，瑰麗的山川美景

作者以「瑰麗」二字高度概括了彩山的景色特點，「夫何茲山之瑋麗兮，儼鳳翥而龍蟠。」，作者由外到內，從遠到近，描寫了彩山東、南、西、北美景，「東則群峰崢嶸，紛蔥蔥而鬱鬱；南則濃陰晝昏，鳥呀呀而朝噪，獸踆踆而宵奔；西則墨點遙村，石屋皴鱗，冥迷野渡；北則洞壑深閟，古雪夏結，清汶一曲。」寫了彩山的岩壑。「飛泉激而成瀑兮，拖白練於天紳。架虹梁而度　兮，拾五色之玢璘。」寫了寺觀。「庭花簇座，砌草疊茵。掇瑤英於潛穴，汲玉乳於幽濱。」高姑洞：「初餌術而茹芝，卒驂鸞而跨鳳。白日飄以上升，靈風颯兮相送。」藤蘿澗及彩山紅葉等。

第二，優秀的地理文化內蘊

「爾其標奇魯甸，孕瑞齊垌。考徂徠而肖體，祖泰岱而分形。弟石閭而兄社首，儔云云而侶亭亭。通氣則洙泗遙連夫道脈，分野則奎婁上應夫文星。」黃恩彤認為，彩山以其奇特與祥瑞矗立在齊魯大地，是泰山徂徠山的分形支脈，並且與石閭、社首、云云、亭亭等為兄弟。《史記・封禪書》：「昔無懷氏封泰山，禪云云；虙羲封泰山，禪云云；神農氏封泰山，禪云云；炎帝封泰山，禪云云；黃帝封泰山，禪亭亭；顓頊封泰山，禪云云；帝嚳封泰山，禪云云；堯封泰山，禪云云；舜封泰山，禪云云；禹封泰山，禪會稽；湯封泰山，禪云云；周成王封泰山，禪於社首；皆受命然後得封禪。」泰山及以上諸山皆是歷代帝王封禪之處，寄託著濃厚的文化底蘊，黃恩彤以此類比，顯示了他對彩山文化內蘊的看重與崇敬。洙泗是魯文化的代名詞，文星即奎星，是吉星，象徵文人輩出，這樣，彩山又是魯文化的代表，是人傑地靈的象徵。

第三，超越精微的天人感應

山不在高，有仙則名，在賦中，黃恩彤著力描寫了寺觀與高姑洞，「誦黃庭而忘暮，撫焦桐而向晨。齊千齡於一瞬，等萬事於輕塵。別訪仙蹤，試探古洞。昔有高姑，莫紀唐宋。初餌術而茹芝，卒驂鸞而跨鳳。白日飄以上升，靈風颯兮相送。石室扃而草荒，丹房闃（寂靜）其雲重。恍惚兮環珮之重來，依約兮笙簫之餘弄。儷（配偶，耦也）寒女于南充（白日成仙的傳說〈謝自然詩〉韓愈：「果州南充縣，寒女謝自然。童騃無所識，但聞有神仙。輕生學其術，乃在金泉山。繁華榮慕絕，父母慈愛捐。凝心感魑魅，慌惚難具言。一朝坐空室，雲霧生其間。」）《集仙錄》載：「謝自然者，其祖先是兗州人。父寰，居果州南充，舉孝廉。年十四，其年九月自此絕粒。七年之後，不食柏葉。九年之後仍不飲水。自然絕粒凡十三年。感人天之一夢。」在亦真亦幻，亦虛亦實的敘寫中，傳達出了身處彩山超世脫俗、超越時空，淡泊永恒的感覺，體驗到了天人感應、天人合一，與自然一體、與神仙際遇的超越精微的境界。

第四，卓越的甯陽首山

「夫右提龜鶴，左挈瓏玲，三峰插天而拱揖，九頂拔地而伶俜，神爵傍樓而引咮，鳳凰高舉而梳翎，要不過兒孫之羅列。」在與周圍群山比較中，作者展示了彩山的領袖地位與氣度，在山嶽崇拜中，實為甯陽的首山，第一山。

# 第三章　添福莊黃家的親屬關係

## 一、與石家集周家

恩彤公的次子師侃公的女兒嫁給石家集周家，生子周玉吉、女周玉芳，周氏女嫁到大伯集，她就是我的外祖母。石集周家的發跡地方上有流傳的軼事很有意思：

大約在同治年間（1862—1874）周家已經家值萬貫，但主人（外祖母的祖父）自奉很儉、布衣粗食、樂善好施。當時民間用煤做燃料，煤從膠東新泰縣運到魯西南一帶，運煤的車隊動輒幾十輛上百輛都要從石家集經過。一天車隊在鎮上路邊休息，車伕吃煎餅、邊吃邊說笑，煎餅花撒了一地，剛好被老人踫上，就走上前勸說「不可暴殄天物」。車伕出言頂撞，說他既不買煤別管閑事。老人說不光想買還想全部買下，只要是價錢好。領隊的說現金買賣，你拿錢來，我照進價給你不加運費。老人把車數清了，帶幾個頭目來家取錢。除了煤錢還賞了三天飯錢，車隊的人傻眼了，生意一句話不能反悔，可是他們不明白這麼多煤放到那裏？做什麼用？

原來老人早有主意，村東有一個無底深坑是幾百年前大地震留下來的，淹死過許多人，老人要用煤填平。重新議價算上車隊的運費和工資，整個冬天不停地拉煤填坑、直到填平；在上面打地基蓋房子，就是周家的大樓。老人的想法是煤是民生所需，永遠有用；煤是壞不了的可以永遠儲存。解放以後石家集開了個煤礦據說就是當年的存貨。

## 二、與大伯集崔家

出生在石集這樣殷實的周家，外祖母從小常去添福莊老娘家小住，深受書香世家的影響，吸取了黃家廣博的見聞；加上自己的聰明智慧、嫁到大伯集崔家，相夫教子使崔家步上富裕文明的家風，外祖父中年早逝，外祖母輔佐舅父持家、厚植善德、崔家日益富足而澤被鄉里[9]。

## 三、與葛石店張家

曲阜淪陷之初我曾在袁怡如老師的家館讀書，這個家館設在五馬祠街張家，就是葛石店來的張家，他家兩位姑娘我稱表姑；1948 年前後母親帶著姐妹二次逃難借住在張家的空院。至於詳細的親屬情況不得而知。

## 四、與鄉尹曹家

曲阜逃難時期有位鄉尹來的曹傳安表叔，1948 年秋濟南解放我隨流亡學生南逃，途經徐州，正蘊釀大戰，我在傳安表叔家借住兩天搭上最後一班撤退列車。

1944 年寧陽縣中讀書時期，高兩屆的曹如砥、曹如靜兄妹我稱表兄妹，他們的母親稱大姑，也是鄉尹的曹家。

## 五、與濟寧孫家

汶南黃氏（辛亥）世譜六（69 頁）載恩彤公繼配孫氏。孫夫人是孫善寶公的姪女，孫善寶（清史有傳）做過江蘇巡撫、

---

[9] 本節取材自崔怡矩表弟「崔氏家傳」

署兩江總督、禮部尚書是孫玉庭公的長子，孫玉庭是清廷的大員前面已經說過。孫善寶的墓銘便是恩彤公寫的，節錄如下以供後人研讀（原版是大陸簡體，文字轉換可能有誤差）：

篔谷孫公暨德配喬夫人孔夫人合葬墓誌銘

皇清誥授資政大夫，江蘇巡撫，賜封光祿大夫，禮部尚書，篔谷孫公，暨德配誥封夫人，賜封一品夫人喬夫人、孔夫人，合葬墓誌銘。

賜進士出身，誥授資政大夫，前兵部侍郎，都察院右副都御史，廣東巡撫、廣東布政使、廣東、江蘇按察使、江南鹽巡道、刑部四川司郎中、直隸司員外部主事總辦，秋審處律例館提調，己亥順天同考官，庚子廣西鄉試正考官，愚侄婿寧陽黃恩彤撰。

咸豐三年正月望日，光祿大夫，前江蘇巡撫孫公卒於江莊里第，時年八十有一。越日，恩彤往哭之，哀其嗣子奉直君泣血曰：「日月有時將葬矣，知先大夫者莫若吾子，敢請為銘而揜諸幽吁」恩彤何足銘公哉，顧念與公同里，仕同朝，又余之外伯舅也。公遇余厚，余侍公亦最久，誼不容以不文辭。謹按年譜孫氏祖居洪洞，明萬曆中，有偉諱得實者，始由夏津來遷濟寧，故公世為濟寧人。高祖諱芳、舉人，候補內閣中書，曾祖諱文丹、庠生，祖諱擴圖，明通進士，歷知烏程、縉雲、嘉興、錢塘四縣事。三世並誥贈光祿大夫。考諱玉庭、字佳樹、由翰林累官體仁閣大學士，國史有傳。母張太夫人，懿德載家傳，生三子，公其長也。公諱善寶，字篔谷，天稟穎異，孝友風成，少承家學，克自振厲，與弟贈通議大夫仁榮，今戶部尚書瑞珍，并以文行著稱，初由國子生中式，嘉慶丁卯本省鄉試舉人，道光初用任子例官刑部員外部，號為稱職，擢山西道御史，改陝西道，轉吏科給事中，改戶科，晉掌兵科印。…擢雲南按察使、湖北布政使……

未幾英夷不靖，竄擾浙洋，大帥統兵進剿，特旨起公督理糧台，攻戰所需應機立辦。旋授浙江布政使，調江蘇布政使，晉江蘇巡撫，再署兩江總督。江南國家外省征賦轉漕，夙稱繁鉅，維時夷氛甫息，民困未蘇，一切報銷防後各事誼，觸手麻集，公裳擘口講，早作夜思，寓整頓於鎮靜之中，施補救於張弛之表，其大政則修海塘以資保障增炮台以制奔突，改戰艦以壯聲威，嚴清查以杜虧空，蒞官四年百廢俱舉，馴致比閭，按堵江海晏然，而公亦老且病矣。

歲乙巳，公七十有三，引疾得請，遂歸老於家。公為人昂軀鶴立，秀目疏髯，胸次光明洞豁、曠若灑谷而岳岳自持，人莫敢干以私。讀書不喜為章句之學，每鉤考古今，治忽肯綮，及隨相國宦進遊南服，足跡幾遍天下，類能周知其山川隘塞道途夷險，與夫民生休戚之原，吏治沿革之故，為政如良工醫疾相其緩急、時其標本，務求一是、而不泥成法。

論兵惟取南塘紀效新書，每謂增兵不如練兵，統練兵莫若先籌餉，議欲減名額、法冗援、募精卒、申軍律。惜以疾去位，未獲竟其施。里居八年無日不系念國事，曾因江南水災捐錢五千緡，又因軍需捐銀三千兩，均奉旨優敘。自去年冬舊疾增劇，適值粵匪突陷武昌，大兵合剿，公呻吟伏枕，每聞軍報，輒嚄唶強起，及易簀，語不及他第，連稱防江防江云，聞者悲之。今以公卒之年三月八日葬於李家營村北原先塋之次。爰為志。

清末以來孫氏後人不再涉足官場，而轉入商界；經商又以玉堂醬園為老本；玉堂的由來可以推溯到玉庭公時代，他做兩江總督的時候與濟寧巨商冷氏合買下姑蘇人經營的老字號醬園，一直聯合經營，到了中華民國、後人孫培厚（字篤承）革新整頓、開拓營業範圍，並進入國際貿易，做了多個外國公司的總代理；而對玉堂醬園的經營不遺餘力。

新中國建立以後，私人企業納入國有；而且玉堂的業務本質屬於資產階級服務，其命運可想而知。改革開放以後，各種老字號的營業紛紛復業創新，而玉堂醬園並沒有充分發展，誠屬可惜！

添福莊黃家守真堂二爺爺的長女黃伯麟嫁給篤承先生做繼室，衍續了黃孫兩家的姻親關係。篤承先生有四子三女：後裔分佈在南京、上海、重慶、濟寧、天津、長春、台北及海外各地，各有專長專業、欣欣向榮。（本節取材自〈濟寧孫氏曲阜分支家考〉2000 年，孫序東、孫沂主編）

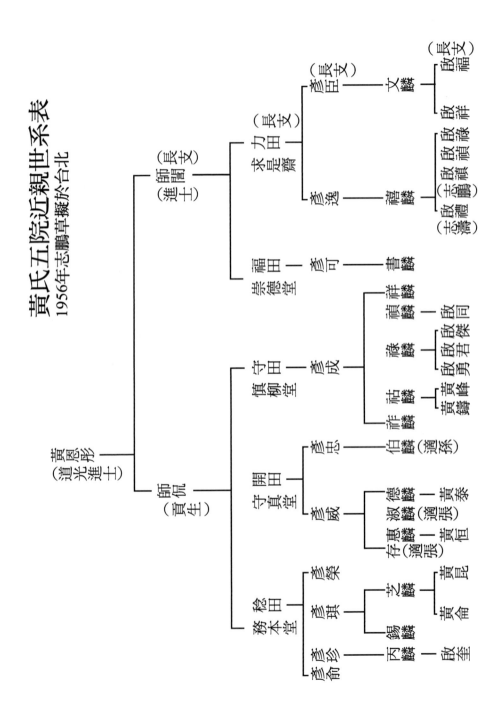

# 黃氏五院近親世系表

1956年志鵬草擬於台北

- 黃恩彤（道光進士）
  - 師誾（進士）（長支）
    - 力田（長支）［求是齋］
      - 彥臣（長支）
        - 文麟
          - 啟福（長支）
          - 啟祥
      - 彥逸
        - 禧麟
          - 啟祿
          - 啟禎
          - 啟禛
          - 啟鵬（志鵬）
          - 啟禮（志濤）
    - 福田［崇德堂］
      - 彥可
        - 書麟
  - 師侃（貢生）
    - 守田［慎柳堂］
      - 彥成
        - 祥麟
        - 禎麟
          - 啟同
        - 祿麟
          - 啟傑
          - 啟君
          - 啟勇
        - 祜麟
          - 黃峰
          - 黃鑄
        - 祚麟
    - 開田［守真堂］
      - 彥忠
        - 伯麟（適孫）
      - 彥威
        - 德麟
          - 黃泰
        - 淑麟（適張）
        - 惠麟
          - 黃恒
        - 存（適張）
    - 稔田［務本堂］
      - 彥榮
      - 彥琪
        - 芝麟
          - 黃昆
          - 黃侖
        - 錫麟
      - 彥珍
        - 丙麟
          - 啟奎
      - 彥俞

# 第四章　人物誌

我沒見過自己的祖父母，近親中直接接觸過的彥字輩的尊長就只有兩位三爺爺：崇德堂的黃彥恪和守真堂的黃彥威；1934年前後，在添福莊生活期間見過後院的六爺爺和八爺爺，但沒有交往。遺德堂的黃端也是這一輩和我是童年之交也收錄在內。

父輩的人不少，女性也盡量收入，同輩的亦是。

## 一、祖輩（彥）

### （一）黃彥恪

恩彤—師閭—福田—彥恪—書麟—秋來

黃彥恪字慎之（189?–196?）科舉功名秀才（庠生）。他是師閭公次子福田公的獨生子，書麟四叔的父親。在他這一輩人中學問和修養最好。1943—1944 年我讀曲師附小六年級借住在他們家，這時已從古畔池搬到五馬祠街孫家的前院，書麟四叔已去沂蒙山區打游擊，三爺爺和三奶奶健在，我和他們相處一年半之久，記憶中三爺爺相貌清逸，下顎豐圓；他總是衣冠整齊，經常在庭院中散步，背誦詩文或自言自語。日寇入侵他對當時山東省主席韓復渠

的退守痛心不已。鼓勵獨子就地參軍抗日，有詩為證：

半壁山河淪異域，
滿城風雨進重陽；
井行道上無韓信，
肥水河邊思謝郎。

建國以後四叔任職北京，其時三奶奶早已去世，1953 年接來北京養老，當時是由兩個近房的孫子（求是齋）護送來京的。晚年就住在月壇南街八號這個單元，這裡去兩個國家圖書館都近，月壇公園就在對面；湖濱公園也只有二十分鐘行程。他經常去圖書館讀書、公園散步；在兒孫環繞下安度了晚年。

## （二）黃彥威

恩彤—師侃—開田—彥威—德麟—黃泰—黃峰

黃彥威（189?–1948）號重臣，是恩彤公次子師侃公一支。師侃公有三個兒子：守田（慎柳堂）、開田（守真堂）、稔田（務本堂）。開田公有二子：長彥忠（大排行第二），次彥威（大排行第三），就是德麟大叔的父親。

我童年在曲阜讀書時常去他們家走動，彥威三爺爺的樣子很像德麟大叔在台灣的那幾年，也有文采和幽默感，還記得他給我講過一個故事：

說有個窮苦的老人每天在河邊吃飯，拿出珍藏的一只鹹鴨蛋下飯，只用筷子蘸一蘸再放起來，久而久之鴨蛋乾空了，一天剛擺出來，一陣風給吹進河水裡，老人竟心痛而死。冤魂不散，月黑風高之夜、河上隱約傳來「風吹鴨蛋殼」的嘆息，一天被一個過路的名士聽到接了一句「財去人當樂」，從此就安靜了。

1946—1948 年我在濟南期間也常去看他們，這時大叔住在省政府分配的一棟三進的房子（城裡東西菜園子街），情況很複雜，連遭幾次喪事，三爺爺就在這期間過世。

## （三）黃端　1929—1951

黃尚燦—宗獻—恩霱—寶書—漢元—黃端

恩彤公的胞兄恩霱公出繼，繼承伯父宗獻公一支。他和弟弟並為神童，可惜早年死在廣西任上，遺子寶書由叔父恩彤公親自調教，英年入仕奉派青州學正，才上任突患寒疾去世，嗣子傳宗字翰園（漢元）亦早卒，留下遺腹子就是黃端。

黃端相貌英俊，大我一歲長我兩輩，稱他為六爺爺，不知如何排行的，和我同在寧陽縣中讀書。他母親年輕守寡帶他長大，十四五歲就給他成家，母親把小夫妻當孩子照顧，無微不至；黃端在縣中讀初一，周末假日回家，媳婦在莊頭（東門）迎候，他一把抱起抱回家去，村人引為笑談。

家鄉解放、地主逃避清算鬥爭是一般情況，黃端也逃來逃去；這時國民黨的勢力也不時出現，情勢混雜；全國解放以後，黃端回到家中，鎮壓反革命時遭處決了，恩霱公這一支至此而絕。[10]

---

[10] 黃端的母親是石家集名醫周玉吉之女，和我母親、大娘（啟福之母）三人是表姊妹，其間關係見「添福莊黃家和大伯集崔家、石家集周家的親戚關係」

# 二、父輩（麟）

## （一）大爺黃文麟

五院長支力田公有兩個兒子：長子彥臣有子文麟（我的大爺）；次子彥怡有子禧麟（我父親）。大爺文麟和父親禧麟是堂兄弟，兩個爺爺都去世早，大爺和父親都年青自立。兩家都在二十年代遷到曲阜避難。大爺學中醫，學針炙，他的啟蒙老師是石家集的名醫周玉吉。周先生是他的岳父也在曲阜避難；其時曲阜城人才薈萃，名醫尚有張大膽其人。大爺這一輩習醫者中，才高而專執的還有一人就是我的舅父崔會之。周玉吉是崔會之的親舅（我舅父的舅父）也是他啟蒙的，崔氏不涉針灸，專研內科，做了長年的寧陽中醫院院長，活人無算。

大爺黃文麟在曲阜學針灸另有老師，他每天下午在小五府對面一棟房子做實習義診，許多人排號接受治療，我見過的；這個地方靠近一條小河邊上。

回添福莊後大爺已成為中醫和針灸的高手，為村人服務，不但義診還常貼補患者。解放後西醫的資源被封鎖，毛主席推廣中醫針灸，大爺成了地方上的救命恩人，許多運動都脫過去，文革時他已過世，但由於佔用了一口好棺木土葬、竟把尸骨扒出揚棄。

至於上述的「好棺木」的原委是這樣的：崇德堂的三爺爺彥恪早有一付好木料，書麟四叔把老父接去北京養老，老家存留這付木料就贈送給大爺，不料竟因福得禍。這件事四叔親口告訴我。

## （二）父親黃禧麟　1900—1976

我的父親名禧麟字吉甫，少失怙恃，祖父彥怡去世時他十八歲，祖母服毒殉節。幸而母親已過門，她有智慧而賢德，襄助父親主持家務。父親念過幾年私塾，沒進過學堂，他的學問就是看了一些章回小說。逃到曲阜他很多時間化在麻將桌上，他的牌藝很高，有牌神之譽；可是牌神並不一定贏錢，反而輸的時候多。他抽煙是裝在煙嘴上一支接一支地燒，並不吸進肚裡。至於喝酒、兩餐都不能少，小酒壺用開水燙熱，兩三杯而已，我從不記得父親喝醉過。

父親對我特別嚴格，因為兩個哥哥都成家了，姐姐受全家喜愛，弟妹幼小；而我又最頑皮，我常受體罰。

從曲阜遷返老家，住進荒蕪了十八年的房子，學屋院和家祠裡堆滿了一疊疊的木刻版，我現在想有可能就是辛亥世譜的原版；再就是滿地的手寫文稿，都是工筆小楷：有書信、有公文、也有奏章，都可能出自恩彤公以下師誾公等人的親筆。父親帶著兩個哥哥整理這些文件，清理出三大疊，送到曲阜去裱裝成三大冊，我的印象很深。

曲阜逃難以前地方上很不安寧，父母親曾把一些老瓷器裝成一缸埋在院子裡、上面種了一棵石榴，這時候也查證了一次。這批瓷器直到文革時期四弟報請縣府挖出捐獻了。

1946 年寧陽縣城解放，地方上各種勢力往來衝突，民不聊生、尤其地主，他們不怕共產，卻怕清算鬥爭、群眾公審，只好再逃。1945 年 11 月父親帶我從大汶口上車逃往濟南。我們是先投奔大姨夫張巨川，他和汶上的表姐夫孔令溪先來濟南借住張家親戚的房子。不久我入營當兵，父親搬進寧陽同鄉會當起香煙小販，這大概是他一生中惟一的謀生記錄。不久二哥也來到，他們父子共同做這個生意，大約不到一年，都回家了。

解放後各人都回到老家，掃地出門以後父母親被分配在樓後面的廚房，各種運動都熬過去，1966 年以後受到我的接濟，也過了幾年較好的日子。有一年我寄回家中的舊衣中放了一塊手錶，在那個年代手錶是很寶貴的，父親每天帶在身邊。

父親於 1976 年 1 月 20 日在添福故宅去世，是睡過去的，當時父母親住添福莊，孫子昌雷住附近，四弟在城裡教書，孫女艷玲三歲睡在爺爺腳頭，給爺爺暖腳，早晨發現爺爺過去了。周恩來也是這一天逝世。

## （三）族叔黃德麟　1905─1957

恩彤─師侃─開田─彥威─德麟─黃泰（守真堂）

德麟大叔是守真堂三爺爺（彥威）的長子、字公望，1905 年 5 月 12 日生於故鄉添福莊、1957 年 7 月 23 日卒於台灣高雄市。娶妻王氏，生一子黃泰。

二十年代前後地方上盜匪橫行、守真堂三爺爺、崇德堂三爺爺（書麟四叔之父）和我們這一支（求是齋、兩位祖父早卒只有單傳的伯父文麟和父親禧麟）、都逃進曲阜城裡避難。

大叔北京朝陽大學法律系畢業後（專門部法科 1927—1931）接著就到山東省政府教育廳工作，廳長何思源；他做文案、編纂、秘書方面的工作。日本人打來他到地方軍區當參議，聯絡抗日游擊隊，代理寧陽縣長（1939）。

淑麟二姑輾轉到西北聯大讀書；書麟四叔參加共產黨去沂蒙山區打游擊；啟福大哥因愛國活動被日本特務抓去坐牢。當時我小小心目中的大人物是大叔；英雄人物是四叔；同輩中最心儀的是小麟哥黃泰。

曲阜城孔孟桑梓之邦、是一個小資產階級的社會，日本人來到亂了一陣又漸漸恢復秩序。大叔家住五馬祠街東頭，家中有三爺爺、三奶奶、二奶奶、三姑、二叔（惠麟）、小麟哥等人。

抗戰勝利大叔隨省政府復原到濟南，官職是教育廳主任秘書，何思源做省主席。國共內戰正式開幕，共軍佔領面、鄉村；國軍佔點、城市。家鄉解放了、清算鬥爭很可怕、地主紛紛逃命，大家都湧進濟南。

1945 年冬我跟父兄逃到濟南去見大叔、這是第一次見面，他把我托付給打游擊時的好友武營長照管；同去的還有啟杰大哥和曲阜的孔祥勳，他們二人比我稍長當了戰鬥兵，我做了營長的小勤務。在當時的景況下已經很難得了。

1948 年秋共軍攻打濟南，守軍武化文兵變，只放了幾砲就解放了。大叔化裝逃出經青島到台灣；大嬸子走不開，小麟哥黃泰陪母親，就這樣永別了。我從學生宿舍冒著砲火逃出城，經過家鄉追上流亡學生的列車、一路到廣州二度當兵到台灣，不久就和大叔相遇，已經是 1949 年年底。

我在高雄要塞當學兵，大叔在高雄工業職業學校教國文。我和孫九哥（一道入伍、最早溜走）去看他，劫後重逢感慨萬千，此後的几年每逢年節或假期有便去看望他，漸漸熟悉、建立了感情（在濟南很少接近）。

1956 年的春節和九哥一道南下來團聚，九哥這幾年在紡織業混出點名堂、春風得意；我已是名牌大學的學生、兄弟兩挺體面，他也深以為慰。同事中相交最深的老友是毛儀庭老師、他是濟南時期五臨中校長、帶學生逃難，他娶了他的學生、大叔常去他家喝酒聊天、作詩填詞；當年也有些詩作惜未收存。

1957 年暑假忽接急電說「發現食道生瘤、要來台大醫院治療、安排接待」，立即和九哥作了準備；接著又告知「為了爭取時間已決定在高雄陸軍二總院動手術」。九哥帶上替他經管的錢又多帶了一倍、二人搭快車趕到醫院，他正接受手術前的各種準備。精神很平穩，說從過年以後就有時咽物不順、該早點檢查；又說每年夏天腳氣病發作流濃流水、今年忽然好了、怪事。

九哥生意忙留下錢趕著回去、我在病房侍候。兗州的蘇佩言先生老親加老友當時任職高雄市社會服務處也常來醫院相陪。這天進手術間我和蘇老伯守候在外，從上午九時進去、下午二時許主治大夫劉青嶂出來說「手術完畢、等候醒來，癌細胞已擴散、割除的很多，一切順利可以再活五年」。

我們等了幾個小時後來見醫務人員穿梭進出非常緊張、最後劉大夫出來告知「休克死亡」手術後未能醒來。遺體移到太平間，和蘇老伯商量後事：決定不追查責任、遺體火化、骨灰帶去台北舉行公祭、通知九哥速來。蘇先生回去，我在醫院過夜，這一夜我在日記上給黃泰哥寫了封信詳述經過；在我從台北趕來的那天也在日記上給他寫信、大叔看過的。

清理完宿舍裡的遺物、捧了骨灰搭火車到台北。寧陽同鄉、山東省政府同事許多人在月台迎接。公祭是民政廳長彭國棟先生主祭，致祭的約二百人。參與籌備儀式的有苑覺非、張克強、梁希哲、蘇佩言、徐殿軍諸先生。

寧陽縣同鄉會的負責人張竹泉先生是大叔的世交、從濟南就管同鄉會的事、還辦過報、他在同時期也患食道癌，在台大醫院動手術，事後我去看他，他說「如果你叔來台大治療就不至把命送了」。可是他不到半年再動第二次手術、三次開刀受盡了折磨，去世時人縮成小小一團。幸與不幸究竟是誰呢？

## （四）黃惠麟

恩彤—師侃—開田—彥威—惠麟—黃恆

惠麟二叔是彥威三爺爺的次子、德麟大叔的胞弟，在曲阜逃難時期與大他五歲的表姐結婚，生了個女兒小如；生第二胎時難產而死，孩子保住了。他的姐姐、三姑黃存擔下了扶養兩個孩子的重任。

1942 年前後他們也搬回老家，惠麟二叔網羅了幾位同學好友在家鄉辦了一所「添福莊小學」，新建的校舍就在五院大門前的方場上，座西朝東，印象中朝氣蓬勃。抗戰勝利不久，內戰開始，地方大亂，學校停了；這時德麟大叔任職山東省政府教育廳秘書、在濟南安家、把他們一家接去濟南。他心情鬱悶，借酒澆愁，肺病去世，約在 1947 年前後。惠麟二叔相貌英俊，有才華、重情感，英年早逝、未得發揮非常可惜。

## （五）堂叔黃書麟

恩彤—師門—福田—彥恪—書麟（崇德堂）

書麟四叔是崇德堂三爺爺彥恪的獨子，1918 年生。曲阜逃難的時代他們家原來住在古畔池附近。他的原配夫人是做過曲阜縣長的江南名士宋文川的長女宋允淑，素有才名、她的剪紙藝術貫絕一時。

他父親的相貌很像油畫上的恩彤公、總是衣著整齊、舉止文雅；母親孔氏（續絃）、瘦長身材、手裡常端著她的水煙袋、聲音洪亮很有權威；他上面有三位姐姐是前一個母親鄭氏所出。

七七事變日軍入侵（1937）、熱血青年紛紛投入抗戰行列，他撇下父母和愛妻參加共產黨到沂蒙山區打游擊。

母親受岳傳「精忠報國」的啟示，兒子臨行叮嚀「不要猶豫」、把五十元縫在衣服裡。父親痛心韓復渠（山東省長兼總司令）的退守、作詩壯行。

四叔在校讀書時就有從軍報國之志，醉心《孫吳兵法》、《讀史兵略》等典籍；另一方面他受左派親友的影響讀了大量的共產主義書籍，1938 年走上抗日衛國的行列。當時有人勸他去延安，他迫不及待選擇了就地抗日。經地下黨同志引援行四天入夜到沂蒙山區據點，改名鄭學孔參加革命。山東中隊徐向前接見，同行孔德公入軍校；自己走了幹部的路子；未能學軍事是他終身憾事。

在山區帶女兵反掃蕩、出生入死。女兵多為膠東姑娘很勇敢；但夜間行軍就怕掉隊；涉水過河有時要背人。一日他害了傷寒病重住入農家，稍愈喂稀飯主人拿來屋上吊的一指頭大的小魚佐食終生難忘。

費縣北部姜莊，敵人大掃蕩十幾人逃避到一戰士家中，戰士的老母把同志掩藏、大門敞開唱空城計，日軍未進門。夜間回到蒙山，主隊反被包圍。

參加創建泰南專區，敵人瘋狂掃蕩，同志上午見面下午不知生死。人民用鳥槍土砲與敵人火拼多半遇難。敵人掃蕩後編組設堡退去，他與同志三人進入敵後據點在民家夾牆中工作，女同志生產也安排在敵後民家，時值荒年人吃樹皮度過難關。

1945 年抗戰勝利奉派黑龍江創建根據地、支援解放戰爭。這時家人仍在國民政府治下；自己繼續隱姓埋名、不與家中連絡。1946 年任海倫縣縣委書記，地方曾經偽滿時代，留下封建勢力，土改遇到困難，整治地主惡霸起初經過審判手續處決，後來左的風氣來到乃有「掃堂子」群眾運動，向上反應意見，省認為保守遭受批判。土改在全國範圍進行、如火如荼、南方（廣東）尤烈，常有殺人（地富反壞右）指標；1948 年任黑龍江省委擔任三反大案審批、打大老虎，遇到困難，屈打的也有，良心不安。

建國之初在濟南遇到革命戰爭中的帥孟奇大姐，聽他的安排改回黃書麟本名；並與家人取得連絡。1954 年調中央組織部遇上高饒反黨事件，高饒的要員二人都曾是上司，在運動年代他是東北紅人這時非常危險；幸而鄧小平兼組織部長，了解情況，驚險過關。

1958 年大躍進、大煉鋼鐵把原來的規章都燒了，奉命去鞍山蹲點，目睹災禍向中央反映碰壁。派去河南學習大煉鋼鐵經驗，一位工業部副部長據實匯報「所煉非鋼」，立被下放。

1960 年進華北局，到大同煤礦蹲點。組織五級工作團：華北局、煤礦部、山西省…身為工作團領導，調查報告要說出問題又不能犯忌，叫苦無門。

1966 年文革爆發遭受迫害，1967 年初下放勞動；被定為李立三反黨集團重要成員，幸而兩個造反派頭子都曾為部下受過照顧，雖被批鬥下放尚可過關。（慶幸改回本名；否則光「鄭學孔」這個名子就不堪設想）。

1973 年二月恢復工作，華北局撤銷調任天津外經局書記兼革委會主任，天津第一部賓士車即為該局所有。

唐山大地震、天津災情嚴重、住的木造樓幸免；對面大建築都倒塌，尸橫遍地。

身為幹部數十年執行命令、領導運動、甚感厭倦，乃於 1978 年自請調中科院，希望接近學術環境韜光養晦、充實自己。

1982 年奉命在懷柔創辦經濟管理學院，本屆離休之年又應重任創辦此一培訓幹部及發展學術之重鎮，以應時代之需要。

以上是四叔的出身及工作歷程。1977 年 11 月我第一次回國探親、從廣州搭機到北京再轉山東；在北京與他取得聯絡、他來華僑大廈看我。他的職務我知道的是科學院第二組（植物所）第一把手（黨委書記）。

2000 年攝於北京中科院植物所宿舍、四叔夫婦和小鋼之女悅欣

我對他的印象是十歲以前在曲阜留下來的，四十年後的第一次見面，外表上還挺符合陳年的記憶；我老提往事；他則多談目前：說他這一組下面有 23 個研究所分佈全國各地；雲南西雙版納的一個馳名世界。這些研究所和全世界的相關研究單位都有往來。

他非常忙碌，要趕回去等一個訪客、一位去上任的大使來看他。

我回比利時不久有一位好友、華裔地質學家錢憲和博士、應邀去北京科學院交流訪問，從他的日程表上得知將與四叔見面，我託他帶個小禮物作引介，他們夫婦回來一再稱讚「你這位叔父很有地位和風度」。

1979 年夏天我和鳳西一起回國、在北京與四叔、二姑歡敘。此後每次返鄉探母總要路過北京與他們一敘。

他退休以後也常邀我在科學院的宿舍與家人團聚。這位嬸母是他到東北創建根據地時期的革命同志。生長子秋來搞藥物科研項目，留學日本；女兒黃毅專科醫生；老三小鋼搞科研，夫婦與二老同住。

歲月如流轉眼二十多年，上次看他是 2000 年 10 月雖然老態龍鍾，而思路非常清晰。我從北京去老家往返過京，四次和他傾談盡吐胸懷。但願能照他的意思記錄下來，不負所望。

## （六）我的母親　1900─1993

母親和父親同歲，都是與世紀同年 1900 年生。母親是老娘的次女，上面是大姨、二舅、大舅；下面有三姨、三舅夭逝。母親很有智慧、最像老娘。她讀書不多，可以看書信小說，十八歲嫁到添福莊管家務。自幼信佛、心地慈善、待人寬厚。生育七個兒女：大哥、二哥、四弟都自幼體弱多病，她一生經歷了眾多的苦難，大哥、二哥、姐姐、七妹都死在她懷抱裡。她熬過了黑暗的歲月以後，晚年進入佳境，在兒孫、親朋環侍下安享了二十年太平歲月。

1977 年冬我第一次回鄉探親，三十年後回到母親的身邊，此後每一兩年回來偎著母親住上十天半月。有時也帶妻女回來，母親很喜歡鳳西和孩子，四弟的兩個女兒和我們的兩個同歲，四個孫女擠在奶奶床前聽奶奶講故事，這都是甜美的回憶。

整個八十年代末期、也就是母親八十多歲的那些年，是最豐盛的年代、最幸福的年代，母親身體壯實，雖然瘦弱，但無病痛；國內實行開放改革，形勢一片大好，人人心情舒暢；世界上經濟繁榮，我的出口貿易暢旺，常常把業務旅行帶上家人配合上探親訪故。

母親住在弟弟學校宿舍，兒孫圍繞，平時愛看電視廣播劇，看通俗小說，和鄰居老師們打麻將；逢年過節嫂們帶孩子來請安問好。大家都摘了帽子、安排了工作、遷移了戶口，叫做「落實了僑務政策」。

母親不愛出門，莫說外國、連住過十八年只有一小時車程的曲阜，她也決不回顧。她愛清靜、愛平淡的生活，清心寡欲；她的座右銘是：知足常樂、能忍自安、心靜自然涼。

## （七）孫大姑黃伯麟

恩彤—師侃—開田—彥忠—伯麟

大姑伯麟是守真堂二爺爺彥忠的獨生女，1929 年左右嫁給濟寧玉堂事業的總裁孫七爺（孫培厚字篤承 1897—1965）為繼室。生子孫錫鈞（孫衡）、女孫鑫（欣）；其時篤承先生的事業鼎盛，子女眾多已能襄助他的事業；他們常住曲阜五馬祠街、

八哥孫序東，大姑，淑麟二姑、三妹孫欣 1978 知前後長春

和守真堂兩家是對門鄰居。

大姑有智慧、有尊嚴，心存厚道，在這樣一個大家庭中做繼母、掌家務，而能面面具到、恰如其份，難能可貴；她一生歷經大變，尤其在國共戰爭和中共建國後的各種運動中為孫氏家族忍辱負重，鞠躬盡瘁，贏得子女孫兒的衷心敬重。

大姑胸懷坦蕩、臨危不懼，在接受整日公審批鬥後回到家中，「仍然談笑風生，好像並未發生過什麼事情」[11]，這樣的風

[11] 孫兒孫治的回憶「濟寧孫氏曲阜分支家考 281 頁」。

範非大智大勇之人不能。

大姑晚年由女兒孫欣伺奉住長春市，生活優裕，環境舒適；欣妹是婦產科名醫，妹夫是醫院院長，外孫和外孫女都在她膝前承歡長大，又都當了醫生，她這樣度過了幸福的晚年。

錫鈞表哥（孫衡九哥）長我一歲，我們一同流亡逃難、一同從軍到台灣，我在歐洲和家人取得聯絡後，不久就替他聯絡上大姑；1979 年 8 月返鄉探親，從北京先去了長春探望大姑，當時台灣還是戒嚴時期，我成為台灣同鄉親友轉信轉錢的中心。也就與大姑保持了長時間的聯繫。台灣開放大陸探親，她終於盼到分離四十年的兒子回到身邊，一生再無遺憾，從此撒手塵寰，時為 1989 年秋。

## （八）二姑黃淑麟

恩彤—師侃—開田—彥威—淑麟

2002 年 12 月，住在美國加州的張嬰表妹發來電子郵件，告訴我二姑已於 7 月 31 曰在大連去世，由於種種原因未能及早相告。二姑生於 1914 年 5 月 21 日，享年 88 歲，高壽正寢，未受長期的病床之苦，應是福氣。

我小時在家中並未見過二姑，只聽說有這樣一個卓越的姑母，三十年以後 1977 年 11 月回鄉探母路過北京才得第一次見面。那時她和姑夫都剛下放回來，她因在工廠勞動處理化學毒素中毒、落下白血球過低的毛病。

此後我經常回鄉探親，這條路一兩年總會走一趟，每次總要和北京的幾位老人歡敘多次，直到今年 3 月 15 日還去了她住的農業大學的宿舍。她的行動依然自如，思路和語言表達都有條理，可究竟是 88 歲老人，身心憔悴，到了風燭殘年。

二姑是守真堂彥威三爺爺的女兒，若從恩彤公算起是次支師侃公之後，師侃公有三子：守田（慎柳堂）、開田（守真堂）、稔田（務本堂）。開田公有二子：二爺爺彥忠、三爺爺彥威。二姑是姊妹大排行，大姑伯麟是二爺爺的獨女，三姑黃存是親姐妹。二姑的胞兄是在台灣病歿的德麟大叔，還有一個胞弟惠麟死在濟南，留下一女黃綺霞，一子黃恆。

二姑在泰安讀書時正值日本一步步蠶食中國，她投入學生的救國活動，最後成為學運領袖，帶頭走上街頭，五三慘案抗議日本殘殺同胞。日軍打來，她就逃亡後方，愛國活動誤了她兩年學業，入西北聯大化工系，1938年畢業留校任助教。讀書期間結識機械系同學張洪錫，同時畢業留校任助教。雙方系主任潘承考及蕭連波作介紹人及主婚人結成終身伴侶。

姑夫、三妹張嬰之子、二姑、鳳西 1979 北京

1950年回山東，公公尚在，回濟南張家，夫婦均在山東工學院當講師。

1953年北京就醫手術後留在北京的化工研究院任研究員。

1957年姑夫也轉調北京農業機械學院，從此終老在北京。

老一代的學者都有深厚的國學基礎，二姑的文筆流暢，書法工整，舊詩也寫得很好。我保留她的几封書信和詩詞，希望能蒐集起來。

1998年8月18日在泰安市海外交流會上，遇到一位美國加州回來的老教授程松友[12]，他說黃淑麟是當年他們學運的頭頭，「黃淑麟造反」 泰安城無人不知。

二姑有四個女兒各有專長，分佈在海內外各領域。

長女天立北京林學院畢業，曾任大連風景區管理處高級工程師。次女天競北京第二醫學院畢業，任職大連海事大學校醫院醫生。三女張嬰清華分校電子技術系畢業，任職美國加州儀器公司技術員。四女張軍任職北京。

## （九）三姑黃存

黃存字素之，守真堂彥威三爺爺的次女，德麟大叔的幼妹；守真堂二爺爺彥忠只有一個女兒，就是孫大姑伯麟，二姑淑麟、三姑黃存都是彥威三爺爺家的；不分男女的排法、惠麟叔最小，所以我們也叫他五叔。黃存三姑濟南女師畢業，曲阜逃難期間她做小學教師，我念曲師附小常受三姑指導；在崇德堂三爺爺家寄居時三姑常來走動（兩家都住五馬祠街）、更多接近的機會。她的弟媳（惠麟叔的妻子）難產而死、孩子保住了，撇下了兩歲的女兒小如（濟南的黃綺霞）和初生的嬰兒小朋（濟南的黃恆），三姑接下了撫養的擔子，先帶他們回老家，再逃亂到濟南。

他們一家從曲阜搬回添福莊比我們稍遲，抗戰勝利德麟大叔在濟南安家、把一家都接去。我也到了濟南，又和三姑相逢。濟南解放後她又回復了教師的職位，1954 年與張姓同事結婚(守真堂的女兒都嫁給姓張的：二姑、三姑、連綺霞妹都是適張）一直帶著兩個孩子，1955 年生一女名叫張海立，1974 年去世。

---

[12] Sung You Cheng, C M D , Ph.D. Professor & Clinic Instructor of The California Acupuncture College; 4070 W. 3d Street, Rm 216, Los Angeles, CA 90020 T 213 3880286

1954 年我在台中霧峰讀高中時，英文老師李升如泰安人、李師母是三姑濟南女師的同班同學。

1977 年 11 月第一次返鄉探親，在濟南停留多日，找到了綺霞，她帶了愛人張同志來賓館相會，此後每過濟南都找他們姐弟來敘敘。

2000 年我專程去濟南與黃恆、綺霞會晤；三姑的女兒海立也來了[13]。

2002 年 3 月再與他們姊弟四人歡敘[14]。

# 三、平輩（啟）

## （一）堂兄黃啟福 1918–2002

恩彤公—師誾—力田—彥臣—文麟—啟福

啟福大哥是大爺文麟的長子，大爺和父親是叔伯兄弟、同一個祖父（長支的力田公）。我們和大爺家的兄弟叫做堂叔伯兄弟，兩家的兄弟大排行：大名是福、祿、禎、祥、禛、禮；小名：佑、住、仲、保、停、四。

---

[13] 2000 年 10 月重修世譜遍訪親故。

10／6 旅館的早餐特別豐盛，飯後去機場，看她過了海關，就搭車進城找到恒弟替我訂的舜天大酒店。這家旅館很有水平。房間雖小，而設備和管理都好。好好休息一下等侯下午的約會。

下午濟南的弟妹們（務本堂）如約而至。惠麟二叔的子女，黄恒夫婦、綺霞、張海立（黄存三姑的女兒第一次見面）。解放後他們都住在濟南，三姑 1954 年結婚，嫁給張姓教師。1955 年生海立（因二姑的長女叫天立而名），1974 年過世。

[14] 2002 年 3 月三訪親故。

24／3 Su 09h00 縣府派車送去濟南，惠玲隨車去濟南購買學校用藥物，送到舜天酒店分手，這個店是國營，正經，218 元人民幣包括豐富早餐。中午恆弟家餐敘，晚餐請他們姐弟四人在外面吃飯，回房間聊天，當晚約大雁溫武輝來店早餐。

啟福大哥很有才藝，也有愛國的情操。大嫂是曲阜廟西劉家、也有才華，是一對恩愛夫妻；大嫂的兄弟都是有新思想的知識份子。

日軍進佔曲阜時（1937）他正在曲阜師範讀書，第二年學校在日本統治下復課，有一天他們課堂上觸及亡國問題，師生痛哭失聲，引發了日本憲兵大舉捕人，任課的音樂老師孔序冰被抓走，學生也抓走多人，黃啟福便是其中之一。

他坐了四年半的監牢獲釋（1943），這時我們都已回到添福莊老家，我已進寧陽縣中讀書，跟趙明星老師學了一點樂曲，假期回來，跟他學胡琴、用口琴與他合奏〈老十翻〉、〈三潭印月〉等曲子，一起去汶河游泳（黃家庵旁邊，我們叫洗澡）。大嫂的京戲唱得很好，青衣花旦都行，大哥操琴她唱戲是最好的家庭娛樂，這期間他弟弟啟祥娶了我大舅家的大表姐（曲阜孫二表姐的姐姐），好像是老娘的壽辰，大家都去祝壽，他們夫婦即席演唱助興，全場哄動，記憶猶新。

解放後二人都在添福莊教學，他曾替共產黨坐過日本大牢，父親是地方上的救命醫生，弟弟是廈門大學黨委、復原的解放軍，許多運動都平安過關。文革時仍受隔離審查。

他有四個兒子：老大迅昌北京藝專畢業，在北京任專業藝術師。老二瑞昌在老家種田、老三漢昌是幹部、小學校長。老么義昌英語教師。

每次返鄉探親總要來看看他們，曾經托人給他們帶過胡琴，其實他們早已不彈此調；也不止一次帶妻女同來看望，有一年我們一家四口到添福莊他們住了多年的茅屋，收拾得明窗淨几，院子裡花草瓜果，大哥以冬瓜為枕頭，兩個女兒羨慕不已。這時大嫂還很壯實，和兩個女兒有些話題，她正忙著為哪個兒子蓋房子。

1992 年我在縣城與文物館約好去參觀恩彤公的畫像和其他有關文物，原定接他們夫婦同去，臨時大嫂身體不適，只有大哥同行；大約不久大嫂就過世了。此後他就跟兒子過活，不久害了老人癡呆，2000 年秋他住在三兒漢昌家我去看他，忽然清醒談了一些早年在曲阜的舊事，非常可靠；2002 年春他住在添福莊二兒瑞昌家，情況大不如前，一切都不能自理，幸而有這個種田的兒子媳婦伺候，直到過世，時為 2002 年 12 月。

啟福大哥自 1943 年從日本監獄出來、回到老家，終生守在家鄉培育子弟；他們夫妻都受過現代教育，有高尚的學養和情操，一代精英終老故土，令人欽敬。

## （二）我的大哥啟祿 1920─1961

大哥屬猴 1920 年生，性情耿介而心地仁厚，曲阜師範肄業。自幼與曲阜廟西趙家姑娘訂親，日軍進城匆匆成親，大嫂是女扮男裝來的。大嫂自幼父母雙亡，叔父撫養成人。

大哥為人忠厚、尤重親情。1947 年春，我在濟南讀書，學校體檢發現疑似肺結核，家中聞訊，籌措了四百斤黃豆油，大哥押運到濟南變賣，帶錢到學校看我，兄弟相見抱頭痛哭。家鄉解放後、起初大哥逃亡兗州，也賣香煙為生，時逢德麟大叔在兗州擔任魯西南行署第一組（行政）組長，大哥常去看他，孝敬他一點香煙。

大哥為人小心謹慎，一介不取，建國後回到添福莊當教師，死於 1961 年。他有一女三子：女兒鶴齡在黑龍江定居，長子新民移民在比利時經營書報生意，次子藝民一家在寧陽民營工廠工作，三子在黑龍江做個體戶。大嫂性情溫和，身體瘦弱，在大躍進、大運動中只做些清潔服務工作，迄今健在。

## （三）我的二哥啟禎　1924—1960

二哥啟禎字介文 1924 年二月二日生（屬水、鼠），聰明英俊。七八歲時與啟祥二哥爬上古畔池中的亭子頂摸小鳥，跌下來摔昏，幾乎送命（啟福大哥曾對我詳敘經過）。

少年時得了胃痛之病，痛起來滿地打滾，中西醫束手，只好求救於巫醫神棍；二嫂借給他三十年陽壽，他真的好了。生了婀娜（長女黃新），再發奮讀書、從小學六年級念起，和我同年考進寧陽縣中。建國初期他變得身強力壯，母親曾摸著他的脊背說像「案板」一樣（新民的話），在家鄉做教師、薪資雖低但對弟妹讀書竭力支援，不幸運動接踵而來，1957 年有人巫告父親「反攻倒算」，二哥怕父親年邁受不了牢獄之苦、把罪名承擔下來，因而最先捱整，丟掉了教師工作，從此一蹶不振，引發糖尿病，每天不停地喝水而死。

二嫂年輕守寡、迄今健在。長女黃新在鄒城市當高中數理教師，長子昌雷在本縣做個體戶，次子杰民在兗州煤礦機械廠當師傅，孫子是技術人員，孫女留學歐洲。晚年兒孫滿堂，安享清福。

## （四）啟祥二哥　1925—1998

啟祥是啟福的弟弟，生性怪癖，他不進學校卻讀了很多書。小時候和我最投契，我叫他保哥，從他那裏看了許多小說，像巴金的《激流三部曲》、林琴南翻譯的《基督山恩仇記》、《茶花女》、《約翰克利斯多福》種種；玩的方面他精於垂釣，自造釣具，我跟他學了不少本領。

十歲左右他和啟禎二哥在學校玩浪船（一種吊的木車）、撞斷了一雙小腿，幸而有名中醫救治，完全復原，但從此放棄學校教育。

大約在 1945 年前後他娶了我大舅家的大表姐，非常恩愛，不幸難產去世，1948 年濟南城陷，我先回到家中辭別父母，再去老娘家辭行。啟祥此時正住在老娘家、逃避清算鬥爭；我和他反覆深談，分析目前的情勢，勸他參軍；由長工董四送他遠行，我送他到莊頭，他在解放戰爭中立功，解放以後復原到廈門大學當政委，在那裏成家立業，形勢一片大好，經常接濟故鄉的父母，文革期間與家人劃清界線，但十元匯款不輟。我屢次返鄉總未得再見一面；帶給他的現代化釣具也未獲他的回音；退休後住在泰安，晚年神經錯亂，離家走失，不知所終，約在 1997 年前後。

## （五）黃泰大哥 1926—1999

恩彤—師侃—開田—彥威—德麟—黃泰—黃峰

1938 年日軍佔領曲阜後，袁怡如老師在五馬祠街張家設家館授課，我和黃泰（叫他小麟哥）、孫九哥都跟袁老師讀書。後來他父親（德麟大叔）送他到大後方二姑那裏（西北聯大）上學。抗戰後期蔣委員長號召青年從軍：「一寸山河一寸血、十萬青年十萬軍」，他十八歲參加青年遠征軍，跟孫立人將軍遠征緬甸大敗日軍，出生入死，為國立功。

抗戰勝利後復原，國民政府分發他山東大學就讀，他因為在東北結識的愛人日本女子被遣返而失戀，終日自囚在家。這時我在濟南讀書也常相見。濟南解放他就陪著母親留在濟南、進糧食部門工作。許多運動都逃過，文革到來被發回寧陽批鬥，母親上吊自盡，他受了肉刑渾身疤痕，老婆也走了。後來平反再回到糧食部門東莊糧所工作。

1977 年第一次返鄉探親，我請國際旅行社陪我同行董同志找他來縣城招待所見面，這次只談了大體情況，他父親去世的經過；第二次 1979 年我把大叔的骨灰帶給他，兄弟二人徹夜暢談離緒，發現他看得開、放得下並未把不幸的遭遇放在心上。

此後每次回來都去東莊糧所看望他、暢敘一番。他種花養鳥，自得田園之樂。1998 年秋去看他毫無病象，年底寄給他一本剛才出版的《旅比書簡》，給他的信上說下次回來要邀上啟福大哥、老兄弟三人去曲阜尋舊。但久無回音，原來他得了絕症—喉癌，不讓我知道，過年不久就去世了。

他文筆好、見識高、古道熱腸，熱情助人，他在單位人緣特好；收養了一個兒子黃峰接班，給他娶妻生子，不但過了幸福的晚年，而且死後還有哀榮：喪事隆重，墓地壯觀。他和德麟大叔父子二人並排而葬，分立墓碑，這樣的後事為地方僅見。

## （六）黃啟傑 1929—1981

恩彤—師侃—守田—彥成—祿麟—啟傑

啟傑（杰）大哥是慎柳堂祿麟叔的長子、和我同年進寧陽縣中，1945 年冬又和我一起去武營長麾下當兵。濟南解放他們的軍隊起義歸入解放軍，他又參加韓戰抗美援朝，受到國家的優遇當了地方幹部。1979 年他陪我們夫婦爬泰山，幾年後就不在了。他有兩個女兒黃菊、黃華，黃菊接了他爸的班當幹部，常去看我母親，也見過多次。

## （七）黃崑

恩彤—師侃—稔田—彥琪—芝麟—黃崑—少斌

黃崑大哥是務本堂芝麟大叔長子，芝麟大叔兄弟二人，外號大迷二迷，二叔錫麟去世早，二嬸子帶三個女兒守寡，他們兩家是我小時在故鄉常走動的本家。黃崑哥也和我同時期進縣中讀書，他沒外逃，三十年後我重返家鄉他已不在了。

## （八）黃啟禎（作者）

志鵬原名啟禎，屬馬、陰曆庚午年十二日初十生於曲阜；就是陽曆 1931 年 1 月 28 日。1959 年台灣大學法律系畢業。1964 年台北文化大學法律研究所碩士，留校任法律系講師、續修博士學位。1966 年得到比利時魯汶大學獎學金赴比留學，1969 年獲政治學國際關係碩士。

在學術和事業上都微不足道，但一生與人為善，廣結善緣。在海峽兩岸和海外都有深厚的人脈，早年兩岸對峙的時代，不避風險幫助兩岸的同胞尋找親故，經他的連系而建立的海內外親屬關係不計其數。

## （九）我的弟弟啟禮　1933—1996

四弟天資聰穎、記憶力特強；性情軟弱而心地仁厚，一生與人為善。在校讀書成績優異，但因成分不好屢受挫折。幸而參加抗美援朝志願軍、受到國家優遇，進入上海法政大學，與同學朱俊明引為知己，介紹與六妹相識結為夫妻。

法政大學畢業後派往青海工作，後因父母年高調回寧陽，任教縣立第一中學，與小學教師孫桂花結婚，生子覺民、女惠玲、艷玲。文革時期遭受重大迫害，服劇毒自殺未遂、身心留下不治之疾。

四弟自幼體弱多病、受母親愛護最多；自青海返鄉以後奉養父母、尤其是母親的晚年，朝夕不離左右，回饋雙親的日子也最長久，母親去世，他終日涕泣不能自已，三年後痼疾惡化而不治，一生為人師表受人敬重。

四弟有一子覺民，在比利時受中學及大學教育，受僱於比國公司，派駐香港，有一子一女。

## （十）我的姐姐玉娟　1927—1952

姐姐屬兔、大我三歲，性情溫婉，秀外慧中。在家中人人喜愛，在親朋中是有名的好姑娘。她和我一同入學念曲師附小，但日本人進城後她就停學了。總計她在課堂讀書的日子不過三年，但她的文筆很好。父母的書信都是她代筆。

姐姐深得母親的心傳、善於分析事理，以理服人，叫人心悅誠服。我去外地上學常常是姐姐替我收拾行李，走到學校打開行李應有盡有。老娘喜歡聽書，眾姐妹她年紀最小，卻說得最好、聲調清晰悅耳、抑揚頓挫，不緩不急，最受老娘喜愛。

解放不久姐姐嫁給妗子的侄兒孔祥恕，非常恩愛，婚後一年得了肺結核，當時西藥斷絕來源，生活極端貧困，終於不治。

姐夫孔祥恕反右鬥爭時被劃為右派，發送新疆勞改，一去二十多年，平反後回到曲阜，1977 年我第一次返鄉探親，怡方表弟陪我到曲阜找到祥恕，一起到孔林找到姐姐的葬地祭奠。

## （十一）我的六妹建華

手足七人中今天在世的只剩下我們兄妹兩個了。六妹和我自幼身體健康，最少讓父母操心。六妹讀書成績優異，但生不逢時，由於成分不好屢受歧視，讀書的道路相當委屈；其實這也是當時大部分人的遭遇。

她想進中學可以有進大學的機會，但由於家庭環境，只好進了曲阜師範，畢業後到鄒縣教書，把薪資都接濟家裡。1953 年與四弟大學的同學朱俊明結婚，隨夫遷居合肥，生有二女一子，都很孝順，親子關係密切、家庭美滿。

母親在世之日每次回鄉探親，六妹總是千里迢迢趕來相聚，母親和四弟常年患病，她總是盡力救援。兒子朱永忠國內電機系畢業，1992 年夫婦來比利時轉學計算機，二人在布魯賽爾自由大學法文部獲碩士學位，順利到加拿大法語區就業，2000年喜獲一子取名「雪龍」、並接父母親來加定居，轉眼三年，逐漸適應了當地的生活。

## （十一）我的幼妹玉英　1939—1952

七妹玉英屬兔、與鶴齡同年，生於曲阜日本進城以後。聰明俊俏、溫婉嫻靜。雖不健壯也不常生病。回添福莊以後進學校念書，發育正常。解放初期基本生活條件極端貧困，醫療保健更不必說，姐姐病逝不久、妹妹也跟著去了。

# 第五章　事件誌

## 一、恩彤公信函的發現

元月 7 日（2002）安生開車，鳳西、衣藍同行，參觀香港海防博物館。在第五號館中赫然發現恩彤公寫給香港總督戴維斯（John David）的信函。五號館展覽的是英國統治時期 1842─1848 年期間的重要文獻。這封信函陳列在中央玻璃櫥中，標牌上寫著「廣東巡撫黃恩彤於 1844 年 12 月 18 日致港督戴維斯之信函，信中提及歸還舟山以及英人入廣州城的問題」。現依照當時的錄像將原函抄寫整理於後。關心鴉片戰爭及中英外交史的人士應該一讀此函；黃氏後人則應一讀再讀。（2002 年 1 月 18 日原文見第二章）

## 二、奉叔父歸根記

德麟叔是 1956 年在高雄去世的。火化後我帶了他的骨灰到台北舉行公祭。之後骨灰就存放在台北近郊的圓通寺裡。此後在台灣的十年中、每逢祭日、節慶，經常與表哥孫衡到山上廟中祭奠。當時立下心願，但能重返老家一定要帶他歸葬故里！

1966 年到比利時留學，不久即與故鄉中的父母取得聯絡，但直到十年以後（1977）才得重踏故土。翌年去台灣接叔父骨灰先到比國，供在家中頂樓上，不讓家人知曉。1979 年與內人一同返鄉探母，帶著骨灰到北京，換裝一個精致的漆盒，到了山東老家安頓好，就找大叔的獨子黃泰大哥到招待所見面。

泰哥在抗日戰爭時期原隨二姑遷往西南大後方讀書，因響應蔣委員長「一寸山河一寸血，十萬青年十萬軍」的號召、當了青年軍遠征緬甸，為國立功。戰後復原分發山東大學就讀。國共內戰不休，1948 年濟南易手，叔父時任山東省教育廳秘書，愴惶逃往青島轉來台灣；泰哥陪伴母親留在濟南。文革時發回原籍批鬥，母親懸樑自盡，妻子棄他別嫁，他自己受了苦刑。事後他被派在東莊糧庫當看守。

這天晚上兄弟促膝長談，一夜未眠到天明。他的結論是：「咱們出身不好，只想做個順民叫幹什麼幹什麼就是了」。

這個大哥自幼是我心目中的英雄，生性豪爽，縱然落到今天的情景，仍能從他那悲涼的敘述中體味出一股豪放之氣，這一切的遭遇似乎並未放在心上。

他提著那個漆盒走了。看著他的背影，母親說：

「你千辛萬苦把大叔的骨灰帶回來，卻叫你大哥為難」。

其實難不住他，他會把那個盒子埋在後院。他說過：

「爺爺奶奶原來都土葬在濟南，墳都不見了，咱老家的祖墳都扒了；人死一了百了，後人各盡心意、因地制宜。」

1985 年暑假，我們帶兩個女兒回老家看奶奶，在招待所裡遇到美國回來的老同學張疏秀夫婦。他們二人都曾是台北的執業律師，為了接濟在故鄉的寡母而移民美國，又費盡心力為老母辦好移民手續，母親卻一病不起，他們趕回來見了一面就辦後事，火化後決定把骨灰帶去美國，說那裏墓地環境好，可以常去憑弔。疏秀兄是烈士遺孤，自幼喪父，母子相依為命，戰亂分隔兩岸，對母親的繫念至深，把骨灰帶去美國，葬在自己的僑居之地便於祭奠和弔念，根不根就不足論了。

他鄉遇故知是人生快事；故鄉遇故知更加快意，這天我們聊到深夜。

回想五十年代對叔父立下的那顆心願，那一片愚忠，以及類似的種種執著，早已隨著漫長歲月的流逝和對人生的體驗變成過眼煙雲。

天地遼闊、青山處處，落葉滿天隨風而逝，何處是根？不必深究可也！

## 三、重修家譜遍訪親故（還鄉日記 9 月 20 日—10 月 14 日 2000 年）

事實上每次回來也都是探親訪故，只是這一次特別有這樣的意思。

2000 年 9 月 20 到 10 月 14 日的旅行，有兩個主要目的：其一是「黃氏家譜重建工程奠基」；其二是「農民子女希望工程奠基」，下面的日程就是抽錄有關這兩件事的重點。

（一）九月二十日—九月二十一日

乘東方航空班機，從布魯賽爾到達北京，全程不過 10 小時（中間有時差六小時）。

搭計程車徑往新大都飯店。因為這家店距兩個四叔家都很近。先與郭四叔約好再與書麟四叔（崇德堂）連絡，約好 18：30 在二里溝飯店吃烤鴨，小鋼一家同來。四叔比兩年前重聽，其他都還好。17：00 郭四叔來旅館帶去他家吃餃子，深夜再送我回店。他們夫婦比其他老人都壯實。

（二）九月二十二日

一早去中旅社總社辦公證書認證（為晚輩出國留學用的）；去孔祥琪家與二姑（守真堂）見面，二姑身心都健康，長女過世後與小女兒張軍同住。

（三）九月二十三日

09：00 四叔如約來旅館講述他的生平。條理清晰，時間掌握很好，兩小時完工，請他在旅館飯店用餐後送他回去。下午秋來從上海回來，他請我吃炸醬麵，22：20 送上火車。

（四）九月二十四日

清晨六時車到兗州，傑民（求是齋）、婀娜都在月臺上迎接，半小時就到鄒縣（啟禎）二嫂家。婷（傑民的獨女）成熟很多。

（五）九月二十五日

中午婀娜夫（呂長明）婦歡宴，下午帶她的次子呂海鵬一家來敘，我和他們這一家的淵源很深，不止于和婀娜的叔侄關係。這個悲歡離合的故事，曲折婉轉時間連綿三十多年，三方面的書信每月數封，只好留待回憶錄中詳述。

（六）九月二十六日

昨天與漢昌（求是齋）約好，雇好車去甯陽。夜裏風雨交加，早上天變涼快，八點出發先去蔣家集。啟福大哥的兒孫們都來了，還約來了黃鑄二弟（慎柳堂）。大哥老人癡呆，比兩年前差多了。兒子們包括老大迅昌夫婦，老二瑞昌夫婦，老三漢昌夫婦和老五義昌夫婦。黃鑄是天福莊埋沒的英才，老家種田的文人，他見證了在家鄉發生的一切事故。包括四叔接三爺爺進京、歷次的政治運動，文革扒祖墳（恩彤公的墳墓裡並沒有貴重物品殉葬），以至近年來母親和四弟的喪葬、祭奠，他都參與。他有兩個兒子在外面打工，均已成家立業。

（七）九月二十七日

幾天來常常落雨，晚上睡在大哥隔壁，一夜大雨不停。早起漢昌陪我換上雨靴雨衣，雇一輛超齡的麵包車去母親的墓地。先找瑞昌帶路，老爺車像個醉漢，東倒西歪，幾乎翻進溝裏，只好棄車踏泥而行。瑞昌帶路走進玉米田中，玉米棒子已收成，滿地儘是梗葉。認定埋骨處，鞠躬如儀。午飯後雇車到甯陽招待所。豔玲（四弟啟禮的次女）夫（馬長路）婦來接，敲定明晚家聚的酒席，與他兩人共進晚餐。

（八）九月二十八日

一早去看（啟祿）大嫂，老人癡呆，健康還好，抓住我的手不放「三弟弟，別走，再坐一會」。當時必須走，但答應她再來。這一次特別注意到藝民的兒子凱凱，他們夫妻怎麼會生出這樣的兒子？藝民原來身心都不健全，翠雲識字不多，頭腦很靈，為人直爽熱情，把兒子調教得非常好。凱凱十三，身高一米七、穿 44 號球鞋、方臉粗眉，聰明敦厚，學習特優。

訪客走後打電話給藝民叫他來接，去他家吃午飯。一家人都高興尤其是大嫂。對凱凱再加測試。學校的功課多半滿分，回答問題快捷中的，心地善良憨直，對奶奶特好。

晚宴的主客是添福莊的農民：有黃鑄、瑞昌、昌雷（二哥啟禎的長子）、陪襯有惠、豔、尹燕生（甯陽縣中同班）三對。餐費是四百元標準，酒水一百二，質量甚好。

（九）九月二十九日

10：00 惠玲（四弟啟禮的長女）的公婆（朱瑋的父母）準時來晤，再談黃泰大哥的病中及後事。

（十）九月三十日

08：00 出發，過保安帶上昌雷父子，再過蔣集帶上漢昌父子。十一點到鄒縣。先來看二嫂，再去飯店。傑民為我省錢訂的民營飯店，菜肴也很好。席間叫婷考考興浚的功課、剎剎他的浮氣。飯後他們原車回去。

（十一）十月一日

去曲阜看二表姐，表姐夫孫佩皋去年主辦了一次曲阜孫氏分支的大聚會，編了一本家考，很有意義。

（十二）十月二日

婀娜的大兒子呂東海一家趁國慶假期從蓬萊（衛海）回家，他們這一家兩兄弟各有家小，祖孫三代八口，晚上都來二嫂這邊，熱鬧一陣。

（十三）十月三日

帶婷同行，十一點上路適時趕到機場，大雁已到，把行李放到他們車上。衣玄一出海關就被我們擁簇著上了大雁的車直開濰坊。縱是如此，到臨朐縣城時天已大黑，住進招待所，衣玄和婷住一間，我留大雁同住。和老溫相交二十多年。大雁畢業到珠海，直接交往也有八、九年。這一宿談了很多。

（十四）十月四日

這天晚上在甯陽招待所早已訂下兩桌豐盛的酒席，帶衣玄與家人見面。同時請了電訊局的馮局長（舊識、去過比利時）和僑辦秦。可是要參觀完養鵝廠，再趕回甯陽晚宴，相距五百多公里，相當緊張。大雁找到一部熟識的桑特那，言明送到泰安華僑大廈五百六十元，再叫惠玲派車來接。泰安甯陽之間道路複雜，甯陽的司機路熟，所以如此安排。作這些安排都多虧馬長路借我的手機。真是天衣無縫，恰到好處。

回到甯陽四中，住進惠玲的房子，妹妹帶了小霞早已來到。因為衣玄回來安排了盛大的家宴，所以也請她從合肥趕來。

招待所的晚宴席開兩桌：一桌是女賓和孩子，包括妹妹和霞，婀娜、婷，翠雲、秀蓮、漢昌和義昌的妻子，小孩有凱、浚、寧。另一桌馮、秦外有孔慶鍾（覺民的表姐夫縣府幹部）、朱瑋、長路、漢昌、義昌、昌雷。我和衣玄交互做兩桌的主人。

氣氛熱鬧，酒菜上等，盡歡而散。(兩桌付一千三)

馮局長提供他的座車奧迪送衣玄去濟南機場，孔慶鍾陪去，約定下午六時出發。

（十五）十月五日

翠雲請妹妹、衣玄在他們家吃中飯，飯後回四中，六時上路去濟南機場，九時住進丹頂鶴。這個五星級旅館兩年前住過，有各種娛樂設備，可是衣玄一路咳嗽，躺下就起不來，我還是去遊了泳、桑那浴後，又給衣玄講了一些家譜的事，入睡。

（十六）十月六日

旅館的早餐特別豐盛，飯後去機場，看她過了海關，就搭車進城找到恒弟替我訂的舜天大酒店。這家旅館很有水平。房間雖小，而設備和管理都好。好好休息一下等候下午的約會。

下午濟南的弟妹們（守真堂）如約而至。惠麟二叔的子女，黃恒夫婦、綺霞、張海立（黃存三姑的女兒第一次見面）。解放後他們都住在濟南，三姑 1954 年結婚，嫁給張姓教師。1955 年生海立（因二姑的長女叫天立而名），1974 年過世。

（十七）十月七日

10：00 尹紅英準時來旅館接去她家，飯後仍由徐君駕車、紅英送行，原說送去汽車站；不料他二人一出門說聲去鄒縣，兩小時後就到了傑民家。

回鄒縣二嫂家是收拾行李、辭行再見的意思；這次的探親之旅，在她這裏來往三次、停留最多，老中青三代都有點惜別之意。晚上整行裝，事無巨細、點滴不漏。

（十八）十月八日

傑民夫婦午飯後送上汽車。

鄒縣去甯陽公車走鄉村小路，經曲阜到甯陽，車到曲阜幾乎全部下去，我換好座位，把行李放在身邊取出隨身聽來消遣。這時田野的風光甚美，車子奔行在縣道上，兩旁是桑樹，中間路面上儘是穀物，車子在上面輾過，既曬乾又輾碎，一舉兩得。夕陽西下，九山上一片殷紅。十分慶幸，採取了這個行程。

車進了甯陽長途汽車站，趕快用手機通知傑民，讓他們放心，再通知惠玲在門口等候，搭上紅面的，十分鐘回到四中惠玲家中。當晚通知黃峰（守真堂泰哥的兒子）明天上午九時去他家。

（十九）十月九日

帶朱瑋的父母同行，因為他們當年和泰哥是東莊糧所的老同事。準時到達。兩年前來時小院裏有花有鳥，如今花鳥不再，黃峰夫婦承包了個麵粉廠，庭院變成工廠的一部份。坐黃峰的送貨車去泰哥的墓地。山坡地十分難走費時四十分才到。這塊地是他買下來的修了兩座墳，立了兩塊碑，一是德麟大叔的，一是黃泰大哥的。以兒孫黃峰的名義立的。碑文典雅，背山面對原野、群羊，氣象甚好。黃峰這孩子，有些鬼主義、有幹勁，麵粉廠效益不錯。他竟辦了這件事。在南方僑鄉，買地修墳的不算稀奇，咱們這裏還沒有第二人。

黃峰很注意兒子黃淦的學習，這孩子十多歲了，從小給他爺爺暖腳，學習很好。午飯後離開，經蔣集與啟福大哥再見一面，與漢昌、黃鑄再研商一些修譜的事，四點鍾回到四中。

（二十）十月十日

打電話給秋來說明回程的車次。在甯陽最後兩天，總結各地的關係，寄出多封郵件，又去大嫂家午飯兩次，再和小凱對話；與惠玲、豔玲兩家深談；整理行裝，萬無一失。

（二十一）十月十一日

外經委趙俊秋安排車，晚飯後豔玲夫婦送到泰安車站。半夜才開車，叫他們都回去。在候車茶館叫一壺香片，打坐兩小時，排隊上車。

（二十二）十月十二日

06：00 秋來從月臺接至他家，上午去中旅總社取公證書；晚上秋來、小鋼、莎莎三兄妹請吃飯，回秋來家聊天。

（二十三）十月十三日

在對面文件服務社訂製世系表電腦磁碟片；下午四叔來再談生平；晚飯吳秀紅在九華山烤鴨店宴請比京來的馬太太一家和我。

（二十四）十月十四日

坐首都紅面的計程車去機場，秋來送上汽車。國際廳下車，有穿紅色制服的服務生代推行李帶入櫃檯，收費十元省自己麻煩；但撿票台 check–in 小姐態度不好，把我的機票弄丟，惹出麻煩；最後竟因禍得福坐商務倉回來。當天下午三時到達布魯賽爾，鳳西和衣藍接回家中，結束二十四天的旅程。

## 四、重修家譜三訪親故（還鄉日記 3 月 3 日–3 月 31 日 2002 年）

濟寧〈孫氏家考〉的主編孫沂先生告訴我：遼寧大學近代史教授董守義認為清代辦理洋務的官吏中黃恩彤是很傑出的一人。今年元月在香港博物館發現了恩彤公的親筆信函，更證實了董教授的觀點。二月底積極安排這次的旅行，3 月 3 日搭法航班機經巴黎到北京，3 月 31 日原路回到比利時。以下是行程概要。

（一）三月四日

09：00 到北京坐機場巴士至西單，秋來開車來接。此後在京均住秋來處，月壇南街 8 號，當年三爺爺在此養老。

（二）三月五日

四叔請吃晚飯，小鋼一家作陪。

（三）三月六日

看二姑。

（四）三月七日

夜車去瀋陽。

（五）三月八日

清晨到達、董教授接待，住遼大招待所五洲園、參觀歷史系及圖書館， 與董教授討論出書事。

（六）三月九日

孫沂來會，遊覽瀋陽。

（七）三月十日

遊清故宮，孫沂請吃邊家餃子；董教授在家中招待豐盛晚餐、地方名菜，當夜搭車返京。

（八）三月十一日

16：00 四叔來問訪遼大事；18：00 張華帶丁丁（秋來之女）來晤。

（九）三月十二日

帶四叔介紹信及借書證去國家圖書館，此後經常去此館及紫竹園分館查資料，國圖設備現代化，與香港新建者同。

（十）三月十四日

與二姑餐敘，仍由孔祥琪的女兒劉雅君（夫張惠民）安排，二姑的四女張軍同來，精神病症狀明顯。飯後去二姑住處、農大宿舍。母女間矛盾不小。

（十一）三月十五日

夜車南下

（十二）三月十六日

凌晨到兗州、杰民與婷在月台等候，婷才從鄭州回來。

（十三）三月十七日

婷搭夜車回校

（十四）三月十八日

一早去游泳、上網。

（十五）三月十九日

上午再去游泳、上網。14：00 杰民送去曲阜看二表姐，佩皋招兒子媳婦來盛宴招待，夜宿隔壁小旅店金鵬旅社十元人民幣、也還乾淨睡得很好。

（十六）三月二十日

門前叫車去寧陽，逕赴四中，住惠玲家，一切舒適方便。

（十七）三月二十一日

看大嫂，吃中飯，小凱進了一中，長大不少。

（十八）三月二十二日

8：00 去蔣集八中，下午去添福莊看啟福大哥，比一年前差多了；幸有種田的老二瑞昌夫婦侍候。再去上墳。趕回四中等候桑新華來訪。桑是泰安市外辦兼僑辦主任，人脈盛，晚上縣政府宴請，山珍海味，各級領導，西服革履，意氣風發。

（十九）三月二十四日

09：00 縣府派車送去濟南，惠玲隨車去濟南購買學校用藥物，送到舜天酒店分手，這個店是國營，正經，218 元人民幣包括豐富早餐。

中午恆弟家餐敘，晚餐請他們姐弟四人在外面吃飯，回房間聊天，當晚約大雁溫武輝來店早餐。

（二十）三月二十五日

08：00 大雁準時來談他的近況，有結婚可能、送他 18k 戒指一枚；談中央電視片〈蓋世太保槍口下的中國女人〉太粗俗、膚淺，有同感。

10：00

紅英來接，還是那位徐君護駕。馬大哥做家常飯，燕秋健康有問題，送紅英的眼鏡正配衣著。

（二十一）三月二十六日

07：28 快車軟席回京，在車上與秋來通話。

（二十二）三月二十七日

12：30，衣玄從香港來北京出差，約好在君悅飯店樓下等，飯後去秀水街購物，回君悅她去開會，我去游泳，享受豪華的設備；晚餐後回住處。

（二十三）三月二十八日

眼鏡沒配好，要重做；整理文稿給樓下的打字行打印。

（二十四）三月二十九日

早晨散步從月壇南街走下去約二十分可達湖濱公園，非常大。回程在湖南館吃水煮魚，辣死人。萬有超市樓上練唱。

（二十五）三月三十日

去電腦城買 win2000，上當。

（二十六）三月三十一日

06：00 秋來開車送去機場，一小時到達叫他不停回去，順利登機，換坐最後一排方便，回想一年前機票弄丟之事不堪回首。但巴黎轉大利快車仍不習慣，這裡轉車要特別注意。

（二十七）四月一日

Paris—Bxl Daly17：30—18：10 鳳西在月台迎接。

## 五、添福莊「黃氏德行碑」的重建

2003年5月侄兒昌雷來信詳述這塊碑的來由，並做了錄像。說兩年前村子裡來了個算命的老太太，有個村民常年生病找她算算，她說村東頭有塊黃家的德行碑埋在地下，你把它挖出立起來，病自會好。此人果然找到這塊碑，並經她指點也找到了碑帽，就把它立起來，他的病果真好了。

此人是黃氏十八代孫黃昌銀，通過村支部書記黃昌華支援，選定地址，動員了村民同宗三四十人，大家同心合力，把這塊碑重新樹立起來。

2004 年 8 月我們參加山東大學在衛海分校辦的文學座談會，順道先去添福莊給父母、四弟上了墳，就到東門外看這塊碑，這原是辛亥(1911)年立的、很壯觀的一塊碑，有立碑人名錄，碑約三米高、一米寬、半米厚，豎立得很端莊穩固。

看完碑再去看老宅子，那棟樓房完整無缺，前面學屋院的家祠也挺立在那裏，這棟樓房我們一家人都住過，扒開荒草蹚進屋裡，四壁還是乾燥的，一時前塵往事盡入眼前。

左起覺民、昌雷、俊明、志鵬鳳西、四弟妹及六妹。

從老房子走出來遇到許多族人：啟福大哥的二子瑞昌夫婦，他們是照顧他父親晚年的，還有啟彤大哥的女兒等人。蔣集鎮地方政府為我們準備了兩桌地方菜肴：還有玉米、花生、紅薯等新上市的土產，這都是桑局長的安排，衷心感謝。

# 第六章　附錄—汝南黃氏世譜

汝南黃氏世譜總目

汶南黃氏世譜序

咸豐初元辛亥中春家大人建宗祠告成爰召恩彤而命之曰我黃氏自永樂初來遷汶南迄今已歷十五世矣仰叨祖宗餘澤支派繁衍以引以翼先人雖屢樹譜碑登載未備是宜刊修世譜以昭示來許小子勉之恩彤稽首受命退而謀諸同族諸尊長迺以族弟丕智司纂錄丕淼司延訪族姪懷秀懷立司鈔寫姪寶書子師閭司校勘而自綜其成於是近稽乾隆十一年大譜碑遠徵康熙二十七年舊譜碑上溯前明嘉靖十一年及三十年初譜二碑遍訪故老詳覈別支又分遣子弟周歷叢祠荒塚野渡圮橋間摩

搴其殘碑斷碣凡有族老名宿搜摭靡遺參互孜訂惟審惟慎不
敢拘他姓譜之成式第取其瞭然易明不敢泥大譜碑之舊文第
取其鑿然可信凡閱歲而成書質諸家大人及同族諸尊長皆曰
可將付剞劂乃以僾言弁諸簡端竊維世譜之修詎惟是遠紹旁
蒐繁徵博引自矜其家之舊族之大哉蓋將以收族敬宗而尊祖
也不見夫木乎由本而幹由幹而枝而葉乃至千枝萬葉葳蕤輪
囷要之其本一也不見夫水乎由源而川由川而流而派乃至千
流萬派滉瀁溶潏要之其源一也惟人亦然由祖而父由父而子
而孫遞降而爲曾元爲雲來乃至本支百世子孫千億要之其祖



一也嗚呼五世而下親盡服窮末孫有不識其遠祖者矣九族之
衆支分派別其伯叔兄弟有交臂不相拱揖者矣其幼子童孫有
覿面不相問訊者矣今試按譜稽之凡今之睢睢盱盱異壥而居
各祖其祖各父其父各子其子各孫其孫涣然若不相屬漠然若
不相關者其初固皆一祖之孫也即一父之子也實一人之身也
其有不善相勸過相規疾痛相呼緩急相救者哉況同此一祖之
孫至今日有保世滋大者有一線僅存者亦有流離轉徙不知所
終者然則祖宗餘澤又烏足深恃歟服田疇誦詩書敦孝弟重廉
恥以承先業而裕後昆是則厚望於同族者爾咸豐二年壬子中

夏恩彭謹序

## 姓氏考

古者有姓而後有氏有氏而後有族左氏之言曰天子建德因生以賜姓胙之土而命之氏諸侯以字為謚因以為族官有世功則有官族邑亦如之蓋古者姓氏族皆命之天子命之其君或以生是所生之地也或以土是所封之國也（書禹貢錫土姓即謂此也）或以字或以謚或以官或以邑蓋得之若斯之難也黃氏遷宦以前舊譜無徵莫由詳其所自始而受氏之初備載往籍則固確有可考者史記秦本紀云顓頊之孫曰大費是為柏翳佐禹平水土佐舜調馴鳥獸（今之山海經相傳是其所作）舜賜姓嬴其後分封以國為姓者十四有黃氏

蓋柏翳即尚書之伯益而黃氏乃春秋之黃國也子爵曾與齊魯會盟僖公十二年併於楚子孫散處江淮以國爲氏其故國在漢爲汝南郡之弋陽縣今河南光州之固始縣境故黃氏自昔標汝南爲郡望明所自也又胡三省注通鑑引姓譜云陸終之後受封於黃爲楚所滅以國爲氏按陸終亦顓頊之裔乃祝融弟吳回之子祝融即重黎爲帝嚳火正則陸終應在唐虞之際與伯益同時但史記楚世家詳誌陸終生子六人一曰昆吾（巳姓）二曰參胡（斯姓）三曰彭祖（彭姓）四曰會人（妘姓即鄶國）五曰曹姓（名安）六曰季連（芈姓）並無封於黃爲黃國者司馬氏世職史官多見故牒其言必有所本此則當據史記以正姓譜之失者也又據左氏黃國有二　一爲汝南之黃國併于楚者即顓頊裔孫伯益之後一　爲汾川之黃國併於晉者乃少皞裔孫臺駘之後今之黃氏皆知出自汝南而汾川之黃國則間無聞焉蓋其子孫微矣因修世譜而著黃氏得姓之始與受氏之由俾我宗人及世世子孫有所考證年代遐阻譜牒失傳不敢輒援古帝先聖爲遠祖如韋氏之自託於豕韋（韋孟諷諫詩）陶氏之自託於陶唐也（陶淵明述祖德詩）

# 汝南黃氏源流記

汝南黃氏其先著籍於山西之洪洞世居鵲喜村土名喜鵲窠前明永樂二年遷山西民於沇濟間明史成祖本紀永樂二年遷山西民萬戶於北京蓋山東亦於是時同遷蓋自靖難兵起南北交爭以東兗爲衝要民遭蹂躪罕有孑遺故遷民以實空曠之地黃氏祖諱鑑者始來遷於寧陽東北境上初卜居汶水南岸龍魚泉村土名黃家崦上一名黃家老莊即魯之曲池舊地漢之汶陽縣故城水經注所云汶水經其北者也東漢章帝登泰山立行宮於此世謂之闕陵城今尚有土阜二東西對矗蓋闕陵遺蹟云崦上得名以此當是時蒿萊彌望多無主之田黃氏勤苦力畊墾闢漸

廣及其地北自汶南當龍魚泉下游有河東發源於上泉頭至今有黃氏居於此西經黃家橋頭達黃家道溝太汶迤邐十餘里波流洄洑有魚鰕蠏蛤楊柳萑蒲蘆荻茈菰葶薺之饒又多馬蘭青莎蓬茅莨莠之屬牛馬羊豕皆便之黃氏田牧其間寖以富盛相傳是時牛以蹄計者四千馬以匹計者三百羊豕以隻計者各二千焉數傳而後生齒日增兼之前明中葉政煩賦重民力弗堪黃氏戶漸分業漸析汶水又漸南徙北風擁沙以行沿岸廬舍邱壠半為所隱會當末季土寇秦景嘯聚彩山有衆千人時出剽掠鄰村居民死徙大半黃氏獨糾合宗族與南海子村韓氏孫家灘村孫氏互為犄角捍賊賊屢挫恨甚乃出不意悉衆來攻黃氏禦之弗勝有諱崇儒及諱羆諱係者皆死焉然殺傷亦略相當黃氏復合餘衆完守入保賊始退迨鄉賢朱克配起義師誅秦景黃氏出丁助之時苦風沙甚以亂故聚族弗敢遷

國朝定鼎重見太平乃南遷於相距三里許之天福莊其留者十餘戶以居東阜上三面環水沙不能侵也是時黃氏支派益繁惟諱廷弼一支獨盛諱廷弼者大三支祖諱邦義之四世孫也善治家以貲雄鄉里尤好為善推羨潤瘠沾溉族黨蓋是時田以畝計者二千他物稱是而別支之田物綜計亦如之自時厥後戶益以分

業並以析非復當日厥阜適五世而其裔孫恩霑恩彤皆讀書成
進士恩彤仕至大官越六世恩彤子師閔復於今
御極之二年以進士選入翰林

## 四譜碑記

黃氏自永樂二年來遷汶南其時蓋未有譜也越一百二十八年
爲嘉靖十一年而有二官祠譜碑二官祠者舊在黃氏故里之西
南隅蓋宗人創建以爲報饗之所久隳於沙相傳有八角樓故址
今尚在此譜碑則於嘉慶間始出諸沙中者土人以爲香爐昇置
庵上村橋南之土地廟今按其製蓋石幢也唐以後多用浮屠法
爲石幢或刻經文或刻姓字或置諸寺或置諸墓皆以供佛祈福
故唐人詩詠石幢者不一而足而柳子厚有尊勝幢贊云龍石六觚
其高半尋今此石高約四尺周爲八觚非其遺製歟其譜自一世

至四世日字輩止已移奉宗祠中
自嘉靖十一年石爐譜後越廿九年爲嘉靖三十年又有三官祠
碑陰之譜蓋是時六長支祖肇邦臣若重修舊祠勒碑記其事之
始末及其年月而因附世系於碑陰其譜自一世至五世昃字輩
止與石爐譜小有增損說詳後文竊思先人所以著此一譜於祠
中者將欲一家之祖孫父子世世荷靈庇宇因寺宇碣刻足垂久遠
欲記之以傳後也其用意深遠矣此碑久沒沙中近因修譜始排
沙出之碑已碎裂初不意其有譜也乃碑合而譜見得非神實相
之驗因係神祠碑記不敢移奉宗祠中乃昇置天福莊西真武廟
內合其碎而旁甃以磚用存故物
自嘉靖三十年三官祠碑陰譜後越一百三十八年爲我
朝康熙二十七年又有祖塋譜碑黃氏舊有祖塋在故里之西汶水
上已沒於沙說詳後文此祖塋由北而遷於南自六三支五世祖
諱昃洙始譜碑即建於墓前陽有文敘立碑之由陰有譜自五世
至十世尚字輩止（尚字輩僅有一人）乃本支自建之譜碑別支無與焉故
其碑文有曰黃氏族衆人繁備我一支永懷錫類語云宣費則追
念祖宗福澤欲留貽孫子克昌厥後孰不望之本族間若又不止
一許殷繁云云蓋自永樂始遷至此已閱二百八十五年中遭鼎

韋氏發源蓋自我太三支祖顯武公葬之後旁有世系碑歷歷不爽云

今碑存祖塋故處

自康熙二十七年祖塋譜碑後越五十八年爲乾隆十一年始有

闔族之大譜碑蓋先奇貢政公諱健崇嘗族姓之孔繁閔譜牒之多闕

用是大合宗人詳稽世系刊建此碑以示後嗣相距於天福莊北

地上故老相傳謂當日欲於附近卜吉創立宗祠故以譜碑先之

後因擇地未宜浸尋中止惟此碑巋然獨立今移奉宗祠中自大

譜碑後又越一百五十一年上距初遷合四百九十四年爲今

之咸豐二年而世譜作焉

## 汶南黃氏世譜總綱

禮曰別子爲祖繼別爲宗繼禰者爲小宗陳氏說曰別子有三一

是異姓公子來自他國別於本國不來者爲祖者別與後世爲始

祖也（即始遷之祖）繼別爲宗者別子之後世世以適長子繼別子與族

人爲百世不遷之大宗也繼禰爲小宗者謂別子之庶子（庶衆也謂長子

以降非必妾出）以其長子繼之爲小宗而其同父之兄弟宗之也今譜斷

自遷塋始祖別子爲祖之義也承以二世祖繼別爲宗之義也三

世以下分支子孫各繫於其祖之次繼禰爲小宗之義也不著大

宗者後世宗法不可復立也（說詳後宗葬議）小宗之法五世則遷自高祖

汶南黃氏世譜　世譜總綱　一

以至元孫服窮則親盡也故宋歐陽文忠公初作家譜以五世爲斷蓋依宗法爲譜法今本歐陽氏之意初譜斷自五世其各支統譜亦以五世作一行書五世以降別作一行書自不遷則譜變也長支承祖作直書餘支承考作旁書繼祖繼禰之義也四世以下之元孫又爲五世以下之高祖九族之中身居一焉名十而實九也且取其循環無端統有盡而譜無窮也統以界畫別支派使之不淆分眉目使之易見也黃氏自昔以汝南爲郡望今日汝南紀實也不曰家譜者何書曰夙夜浚明有家言其爲大夫也黃氏遷臺九世始有爲大夫者其初固未爲大夫也不曰宗譜者何大宗不可復立而小宗又無以統眾宗也不曰族譜者何族有九而黃氏今已十五世也然則當曰世譜矣左氏之言曰保姓受氏世守宗祊曰世譜者亦願子孫世守之也

# 世輩表

| | |
|---|---|
| 一世 | 始祖畢諱 |
| 二世 | 九字輩 |
| 三世 | 邦字輩 |
| 四世 | 曰字輩 |
| 五世 | 景字輩一作色 |
| 六世 | 崇字輩一作加 |
| 七世 | 延字輩一作甫 |
| 八世 | 朝字輩一作三一作得一作民一作國 |
| 九世 | 宏字輩一作烝一作大 |
| 十世 | 尚字輩 |
| 十一世 | 宗字輩一作樹 |
| 十二世 | 丕字輩初作培一作恩一作文一作興 |
| 十三世 | 懷字輩一作師一作玉 |
| 十四世 | 繼字輩一作田 |
| 十五世 | 廣字輩一作彥一作宗一作卯 |

| | |
|---|---|
| 十六世 | 伯字輩 一作麟 一作登 一作孝 |
| 十七世 | 啟字輩 |
| 十八世 | 昌字輩 |
| 十九世 | 嗣字輩 |
| 二十世 | 緒字輩 |
| 二十一世 | 肇字輩 |
| 二十二世 | 允字輩 |
| 二十三世 | 恒字輩 |
| 二十四世 | 來字輩 |
| 二十五世 | 永字輩 |
| 二十六世 | 維字輩 |
| 二十七世 | 淑字輩 |
| 二十八世 | 茂字輩 |
| 二十九世 | 慶字輩 |
| 三十世 | 延字輩 |

世譜一

始遷五世初譜

謹按乾隆十一年大譜碑九思子二長邦開次邦治邦開子曰棣邦治子長曰桐次曰松九雲子三長邦臣次邦義次邦相邦臣子長曰檻次曰柏邦相子曰乾此所列遷寧自二世至四世之支派也但按嘉靖二譜碑俱參差不合蓋當時嘉靖二碑均未出土故未免傳聞異詞但嘉靖間距始遷未遠丁戶無多且二碑皆三世祖邦臣公所親建自不致少有舛錯故今譜均依嘉靖譜碑爲準不敢循大譜碑之舊

始祖鑑 初由洪洞遷於寧陽 配程氏 二子

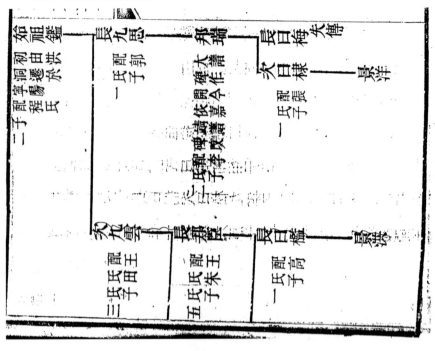

- 長九思 配郭氏 子一
  - 邦瑞 大譜碑作開今依嘉靖譜碑改 配李氏 子二
    - 長日梅 失傳
    - 次日棣 配張氏 子一
      - 景洋
- 次九雲 配王氏田氏 子三
  - 長邦臣 配王氏朱氏 子五
    - 長日檻 配高氏 子一
      - 景洪
    - 次日松 失傳
    - 三日柏 子一
      - 景沅
    - 四日楝 失傳
    - 五日梃 失傳
  - 次邦治 配郭氏 子二
    - 長日桐 配孫氏
    - 次日榛 失傳
  - 三邦義 配孫氏 子一
    - 日椿 子一
      - 景洙

世譜二

長支統譜

長支者二世祖九思公之後也初譜截至五世祖景洋公止

今按大譜碑增入其乾隆十一年後咸豐二年前本支後裔

詳加延訪確者續增疑則從闕 茲循前例於舊譜各支下至宣統三年以前後裔詳覈續

增

日棣子一——景洋

謹按大譜碑於日棣下不列景洋而以加賓加客繫日棣下

分注長子次子與嘉靖三十年譜碑不合但考加字輩距日

宇中隔一代與崇公字同輩或賓公即是洋公之子與崇公皆自

應別有所據今仍列入長支

加賓子一——君甫子三—長朝山子三—長宏賓子三—長尚廷

次出嗣

次出嗣

次朝江子一——宏本子一——尚嚴

三朝海——宏端——尚文

繼朝山次子

繼宏賓次子

尚廷——宗山 外出

一氏子

尚嚴 配陳氏 子三—長宗雷 早卒

次宗則子一——興梁子一——王東

三出嗣

尚文——宗旺 早卒

繼尚嚴三子

右加賓一支

加宏宅子一——文甫子三—長朝信子一—長宏昌 失傳

世譜二

二

長尚滿 失傳

次宏淮子二 一作奉 — 長尚滿

次尚平

次朝俊 俟考

三朝能子一 — 宏印子一 — 尚舉

興泉子一 — 玉西

宗信子二 — 興泉子一

尚平 配宋氏 子一 — 宗信子二

宗存

尚舉 配王氏 子 — 宗存

右加客一支

次長支統譜

次長支者二世祖九雲公長子邦臣公長子日檻公之後也初譜截至五世祖景洪公止大譜碑別有景傳公一支列諸日檻公之下景洪公之右自是本支之次支蓋嘉靖三十年刊譜碑時景傳公尚未降生故不及載今仍歸次長支各按大譜碑增入其乾隆十一年後咸豐二年前本支後裔詳加延訪確者續增疑則從闕茲循前例於舊譜各支下至宣統三年以前後裔詳覈續增

景洪子二—長崇吉子一—廷進子二—長朝鑾子三—長講然

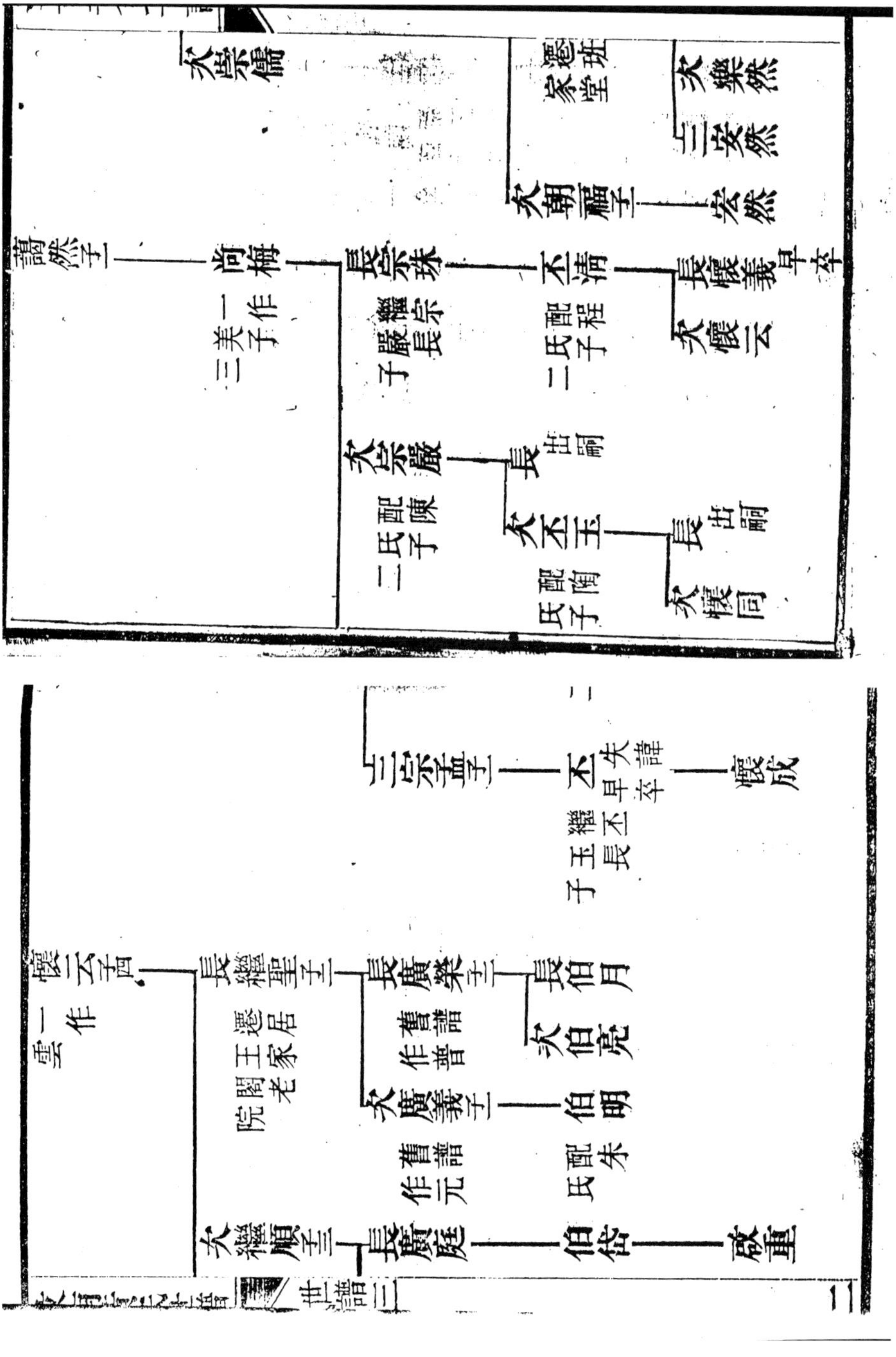
次崇儒
次樂然
三安然
遷班家堂
次朝福子二
宏然
長宗珠
繼宗嚴長子
丕清
配程氏子二
長懷義早卒
次懷云
藹然子一
尚梅
一作美
子三
次宗嚴
配陳氏子二
長 出嗣
次丕玉
配陶氏子
長 出嗣
次懷同
二
三宗孟子一
丕 失諱早卒
繼丕長子玉
懷成
懷云子四
一作雲
長繼聖子二
遷居王家閣老院
長廣榮子二
舊譜作普
長伯月
次伯亮
次廣義子一
伯明
次繼順子三
長廣庭
舊譜作元
伯岱
配朱氏
啟重
世譜三
二

舊譜作勷　配張氏　一子

配馬氏　一子

舊譜作明遷居鄭家能魚泉

次廣立　舊譜作儀　配翟氏　二子

長伯登　配于氏　一子 —— 啟松

次伯科　配秦氏　一子 —— 啟昌

世譜　三

懷同子 —— 繼全　舊譜作典 —— 長廣桒　配李氏　子 —— 長伯榮

次伯閭

啟松　配林氏　一子 —— 昌湃　舊譜作舜

四繼禎　失傳

三繼淮　子一 —— 廣容　失傳

三廣法　早卒

三

配韓氏子三
居三合花觀村

次廣宴 配泰氏子一
伯樂

三伯惠

三廣才 配路氏

懷成 配高氏子五

長繼猛 子一
廣剛 外出
舊譜作灝

次繼周 失傳

舊譜作瀛
三繼武 失傳

舊譜作潚
四繼文 失傳

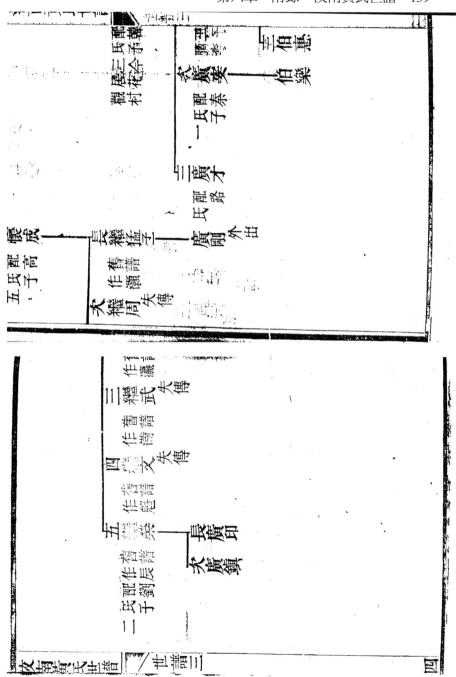

舊譜作魁
五繼榮 舊譜作辰 配劉氏子二
長廣印
次廣鎮

樂然
繼安
然三
子

尚祿
配孫
氏子
二

長宗麟 大譜碑有本 支譜碑無

次宗孔
配張
氏子
六

長丕緒
配胡
氏子
一

懷齡

次丕常 失傳
原名
堂配
張氏

三
出嗣

四丕嶺

長懷欽 今作琴

配張
氏王
氏子
三

五丕鳳 早卒

六丕河 失傳

次懷崎 今作岐

三懷峯

懷齡
舊譜作岑
配陳
氏子
二

長繼昆
配魏
氏子
二

長廣岱
配楊
氏子
一

伯珍 子三

啟禹

次廣深
配孫
氏子

長伯順

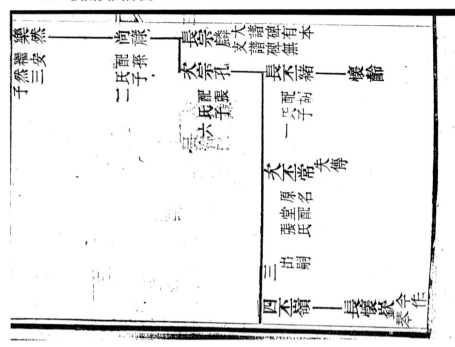

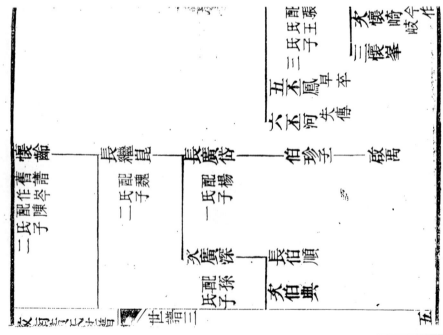

次伯典

三伯讀

懷琴
舊譜作欽五品銜
配孔氏
子二

次 出嗣

長 繼範
配張氏
繼配張氏
楊氏

次 出嗣

懷岐
舊譜作崎

繼叡
字仁言
六

長 廣壁
配顏氏

字鳴鳳
恩榮官
壽
配吳氏
張氏
子三

品銜
配張氏
子二

次 繼諾
配陳氏
子三

三 繼閭
配高氏
子

次 廣瑱
配劉氏

長 廣瑞
配彭氏

次 廣珠
配甯氏

三 廣瑛

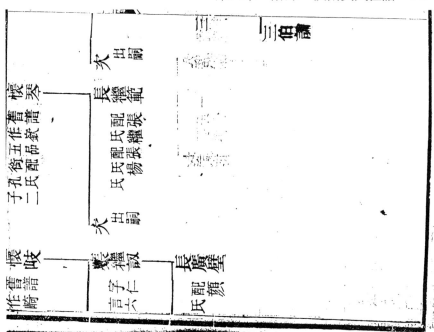

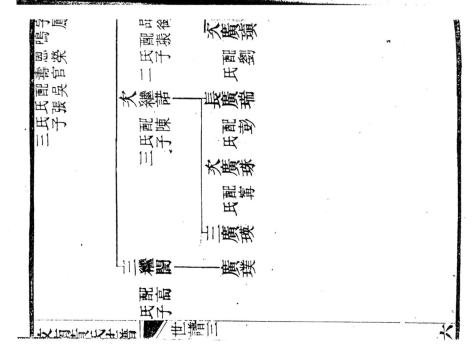

廣璞

懷峯 配張氏繼懷琴次子
- 繼節 配蘇氏子三
  - 長廣金
  - 次廣銀
  - 三廣錫

安然子三 本支譜碑作自然
- 長 出嗣
- 次尚福子二
  - 宗灼 繼宗孔三子
    - 丕山 配張氏子一
      - 懷失諱早卒
- 三 出嗣

懷失諱
- 繼崙
  - 長廣恩 外出

繼惻齡次子 配[illegible]氏子二
- 次廣春 外出

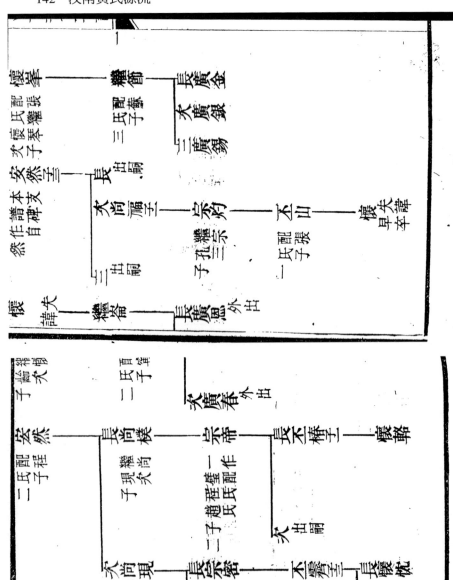

宏然 配程氏子二
- 長尚樸 繼尚現次子
  - 宗帝 一作璧 配程氏趙氏 子二
    - 長丕椿子一
      - 懷軺
    - 次 出嗣
- 次尚現 原名旭 配泰氏子三
  - 長宗密 配劉氏繼宗帝次子
    - 丕霽子三 原名夏字西山 配馬
      - 長懷忱
      - 次懷實
      - 三懷均 外出

氏子三

次 出嗣

三宗蘭 字猗亭 配馮氏 子三

長丕曾 字哲臣 配王氏 朱氏 子一 — 懷禎

次丕智 字韜 生文 生配 張氏

長懷篤

次懷惀

二

懷軺 — 繼發

七品衔繼實懷長子

懷實 配甯氏 子二

長 出嗣

次繼旺 配韓氏 子二

長廣相

次廣仕

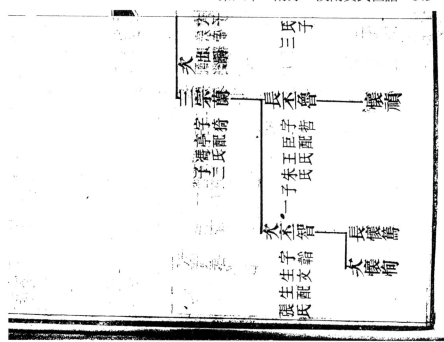

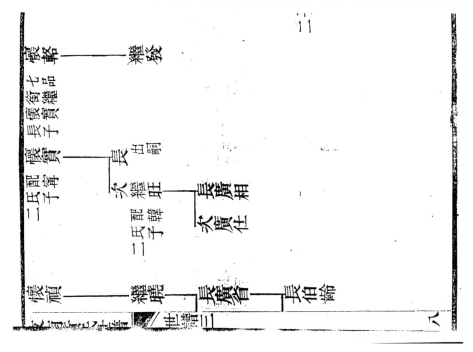

懷禎 — 繼曉 — 長廣省 — 長伯齡

配田氏子一

配鄭氏子二

次廣智 配戴氏子一
- 配王氏子二
- 伯竹
- 次伯松 配趙氏

懷篤 配杜氏子三
- 長繼舉 配陳氏子一
  - 廣賢

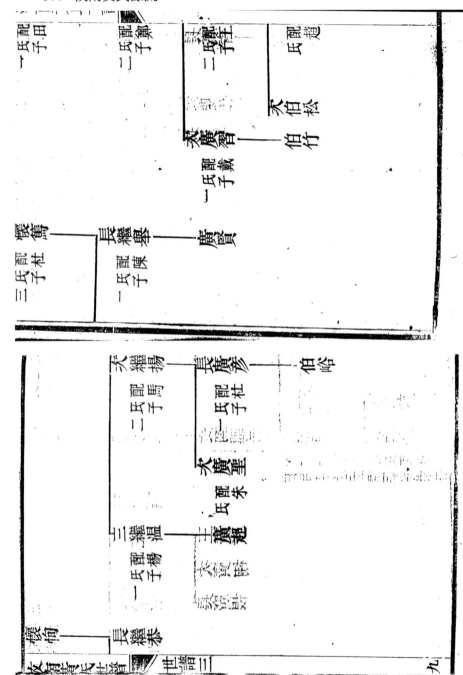

懷恂
- 長繼恭
- 次繼揚 配馬氏子二
  - 長廣彥 配杜氏子一
    - 伯峪
  - 次廣聖 配朱氏
- 三繼温 配楊氏子一
  - 廣超

配林氏
子三

崇儒
配馬氏
子五
明季

長廷輝
配蔡氏
子三

次繼儉
配王氏
子三
- 長廣根
- 次廣栩
- 三廣樹

配劉氏

三繼讓，

長朝聘子四

次貴望

長宏周
配傅氏
子二
- 長尚全
- 次尚賀

右自廷進至繼讓爲崇吉一支乃本支之長支也

次宏獻子三
- 長尚該 失傳
- 次尚謙
- 三尚來

三宏士 俟考

四宏智子二
- 長尚旺 失傳
- 次尚棟 失傳

次朝松子一
- 宏瑞
  配秦氏
  陳氏
  子二
  - 長尚勤
  - 次尚勉

挕秦 賊遇害

次廷璽子一——朝仁子一——宏乾子三——長尚琪
　　　　　　　　　　　　　　　　　　次尚琅

三朝昇 配彭氏子二
　長宏祚 出外繼安然長子——尚江
　次宏魁 配孫氏孫氏子四——長尚省
　　　　　　　　　　　　　次尚運 失傳
　　　　　　　　　　　　　三尚賓
　　　　　　　　　　　　　四尚建

三廷璧子二
　長朝倫子一——宏臣 配狄氏子六——長尚凱
　　　　　　　　　　　　　　　　次尚甲
　　　　　　　　　　　　　　　　三尚苞 一作金
　　　　　　　　　　　　　　　　四尚祿 一作鏉 失傳
　　　　　　　　　　　　　　　　五尚銘 一作袍
　　　　　　　　　　　　　　　　六尚惠
　　　　　　　　　　　　　　　　三尚瑄
　次朝漢 失傳

- 四廷爵子一
  - 朝殿子二（見本支譜 碑）
    - 長宏秋（配曹氏 子三）
      - 長尚佩 失傳
      - 次尚紀（大譜碑作懷）
      - 三尚遠
    - 次宏福（配馬氏 子四）
      - 長尚錦
      - 次尚銓
      - 三尚恩
      - 四尚普
- 五廷器子三
  - 長朝文子二
    - 長宏杭（大譜碑作珩子 三）
      - 長尚溪 失傳
      - 次尚龍 失傳
      - 三尚雷 失傳
    - 次宏含子二
      - 長尚思 失傳
      - 次尚甫 失傳
  - 次朝盛子二
    - 長宏才子二
      - 長尚從 失傳
      - 次尚允 失傳
    - 次宏錫子一
      - 長尚利 失傳

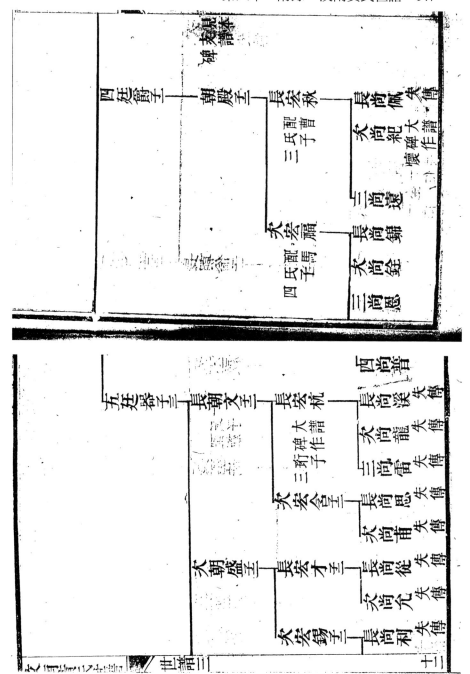

尚全 大譜碑作配劉泉三氏子

長宗典 配孫氏子三

長丕法 配姬氏子

懷聰 失傳

次丕啟

懷孜

長繼敏

三朝雲子三

長宏忠子一

尚行

次尚申 失傳

次宏孝 見大譜碑失傳

三宏彰 失傳

三宗典

長丕蘭

懷東 失傳

次宗豹 見大譜碑失傳

配王氏繼丕景長子

三丕景 配高氏子二

長 出嗣 字德由配張氏子二

次繼懋

次懷樸 字素齋配張氏子二

長繼麟

次繼岱

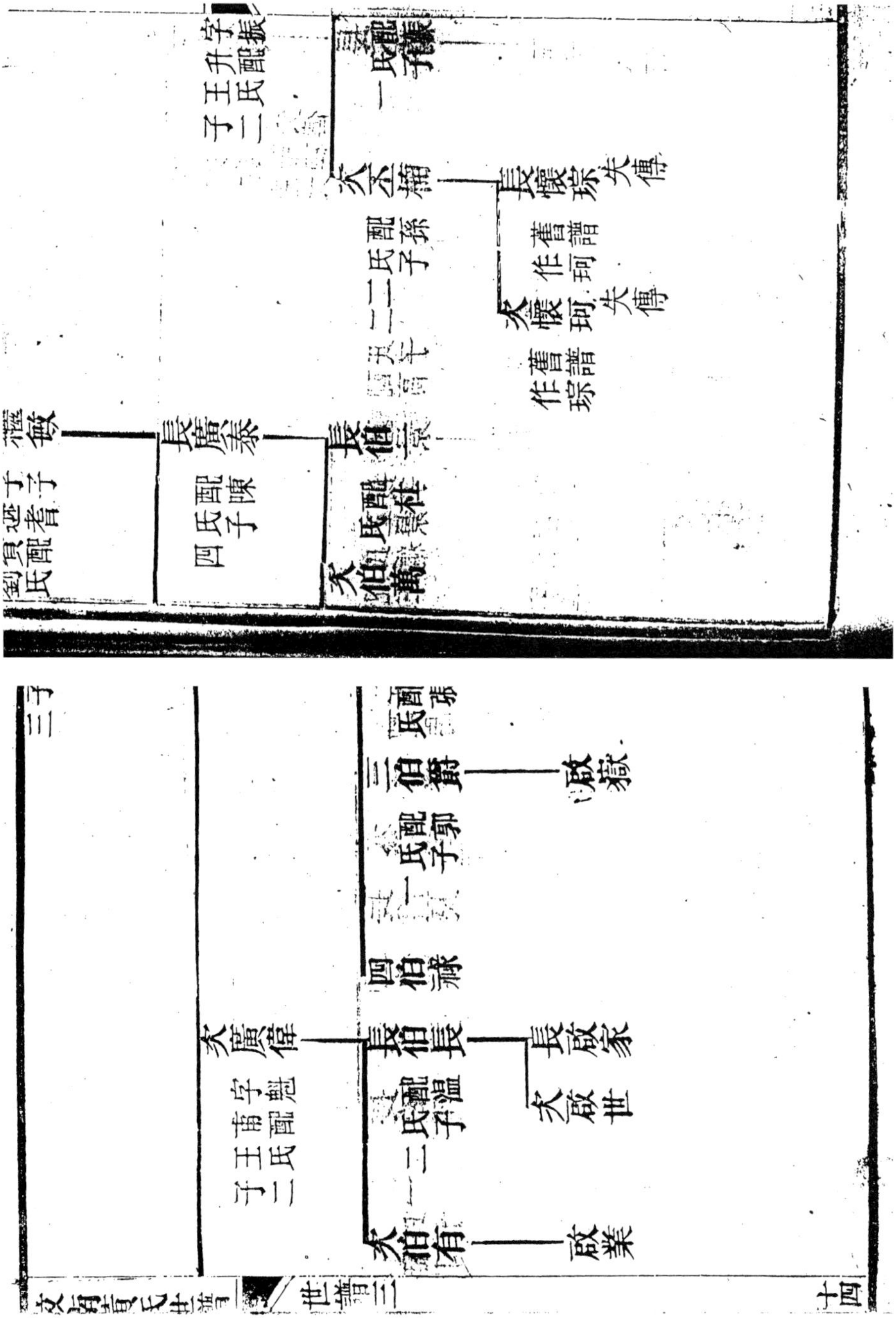
子王升字
二氏配振
一氏配濂
次公輔
長懷琮 失傳
舊譜作琮
次懷珂 失傳
舊譜作珂
配孫氏二子
長伯宗
次伯柱 配氏
次伯萬
長廣泰
配陳氏四子
鎮
劉氏配孝子
汝南黃氏世譜
世譜三
十四
三子
次廣信
子王壽字
二氏配魁
長伯長
配溫氏二子
長啟家
次啟世
四伯濂
三伯爵
配郭氏一子
啟嶽
配張氏
次伯有
啟業

繼懋 配馬氏 子三

長 廣安 配林氏 子三

三 廣仁 配陳氏 子三

長 伯良

次 伯善 早卒

三 伯勝 配馬氏

長 伯利

次 伯頑

三 伯群

配田氏 子一 二

繼麟 字瑞符 配仲氏 子二

長 出嗣

次 廣清 配胡氏 子三

三 廣英 配尹氏 子三

次 廣傑

長 伯亮 配張氏

次 伯明

三 伯卒

長 伯吉

次 伯慶

三 伯喜

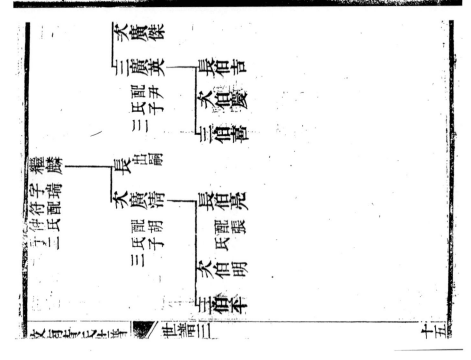

汝南黃氏宗譜 世譜三

繼岱 —— 廣憲 —— 伯合

配殷
氏
敕褒
節孝
繼繼
麟長
子

廣憲 配王氏 子一

尚賀子一 —— 宗照 —— 丕哲

宗照 字明遠 配樊氏 子一

丕哲 配胡氏 子

長懷建 失傳

次懷雍 失傳

尚謙子三 —— 長宗巽 失傳

次宗兌 出塞

尚來 配王氏 子一 —— 宗甫 配殷氏 子二 —— 長丕煥 配朱氏 子三

長懷洛 配張氏 子三 —— 長繼彩

次繼洪

三繼亮

次懷泰 舊譜作濟 配武氏 子一 —— 繼會

三懷勤 —— 繼緒

繼彩 配曹氏 子一
- 廣桂

次丕燦 配張氏 子一
- 懷濤 配蔡氏 子一（舊譜作泩 配朱氏 子一）
  - 繼富 配殷氏（配耿氏）

繼洪 配徐氏 子一
- 廣枌

繼亮 配孫氏 子二
- 長廣槐
- 次廣棟

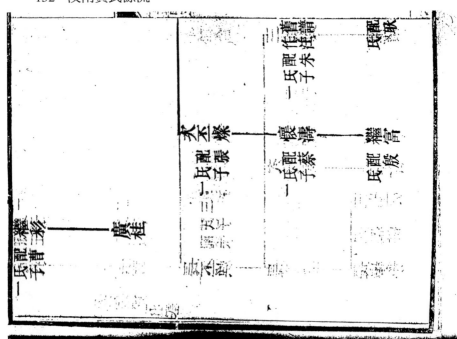

繼會 配張氏 子二
- 長廣粱
- 次廣桂

尚勤 配蔣氏 子二 —— 長宗連 配薛氏 繼宗湖長子 —— 丕仁 配王氏 子一 —— 懷功 子一 —— 繼格 失傳

次宗湖 配孫氏 子二 —— 長出嗣

次丕蒹 配張氏 子一 —— 懷經 子一 —— 繼杓 失傳

右自尚全至廣桂鳥朝聘一支

尚勉 —— 宗元 —— 丕詢 —— 長懷秀 —— 長繼璒

[illegible] 配 [illegible] 氏 子一

字 [illegible] 配馬氏 子三

字仁甫 配陳氏 子三

次懷鑫 字集齋 從九品銜 配鄭氏 子四 —— 長繼珺 次繼玠 早卒 三繼瑛 四繼瑱 三繼珣 次繼琱

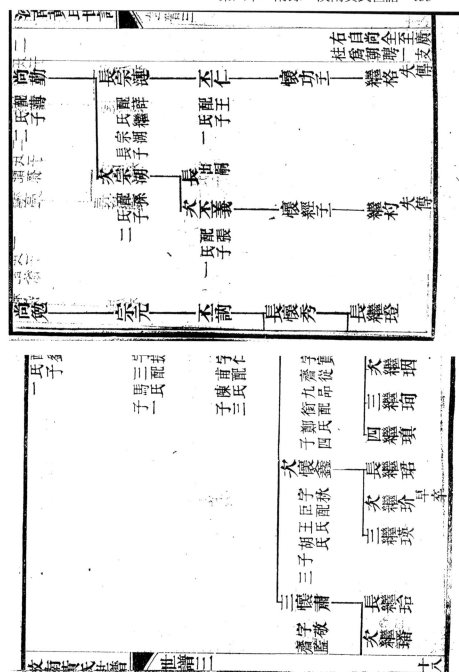

三懷肅 字敬齋 監臣 配秋王氏 胡氏 子三 —— 長繼玿 次繼璠

繼瑆 — 廣銳 — 伯發

配薛氏繼 繼珣四子

廣銳 配顧氏子一

繼珚 — 廣達 — 長伯聰

配劉氏

廣達 字坦 號衢

伯聰 一作聰臨

生 配陳氏 子五

三繼璨（舊譜作瑩）

四繼璽

五繼璋

恭亥 節孝 繼繼珣長子

繼珣

配樊氏繼 配楊氏子

長 出嗣

次廣雋 早卒

三廣宣 — 長伯翺

拙坂 別號次白 監生 配孫氏子四

次伯明 一作明臨

三伯睿 一作睿臨

四伯知 一作知臨

四

繼琤 配王氏 一子 — 廣忠 配林氏 三子 — 長伯旺 配劉氏；次伯約

繼瑱 配彭氏 一子 — 廣紳 配朱氏 三子 — 長伯倉；次伯廩；三伯盈

四 出嗣

配王氏 二子 — 次伯教

三伯文

繼瑛 配甯氏 四子 — 長廣純 配楊氏；次廣常 配侯氏 一子 — 伯禮；三廣富；四廣員

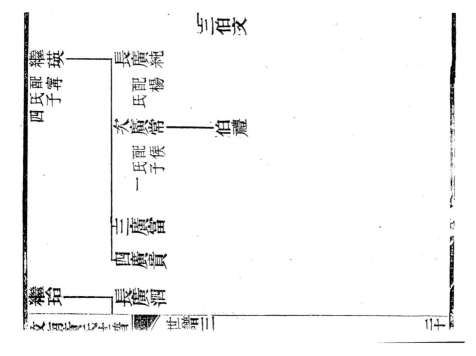

繼珀 — 長廣潤

配魏氏 二子

次廣維 配孫氏

繼璽 配張氏 三子

長廣嶽

次廣嵐

三廣岑

繼璋 配吳氏 一子

廣樸

尚江

宗貞

長丕酉

懷湘

長繼旺

右自尚勤至廣樸爲朝松一支

配董氏 一子

配王氏 二子

配吳氏 一子

舊譜作壤 配甯氏 三子

次繼生

三繼長

次丕暘

配宋氏 一子

懷廷 舊譜作阡 一子

繼偉 失傳

尚省 配吳氏 四子

長宗震 配韓氏 三子

長丕立 早卒

次丕羣 配楊氏 子

長懷印 舊譜作甲

繼儒 配韓氏

三 出嗣

四 繼傑

次 宗可 配韓氏子二
- 長 丕雙 配高氏子二
  - 三 出嗣
  - 長 懷辛 配楊氏子三
    - 長 繼佐
    - 次 繼佑
    - 三 繼軒
  - 次 懷靈 配林氏子三
    - 長 繼義
    - 次 繼恩
    - 三 繼仙

四



四

配孫氏繼懷坤長子

次 出嗣

三 懷乾 舊譜作壬懷三繼坤子
- 繼俊

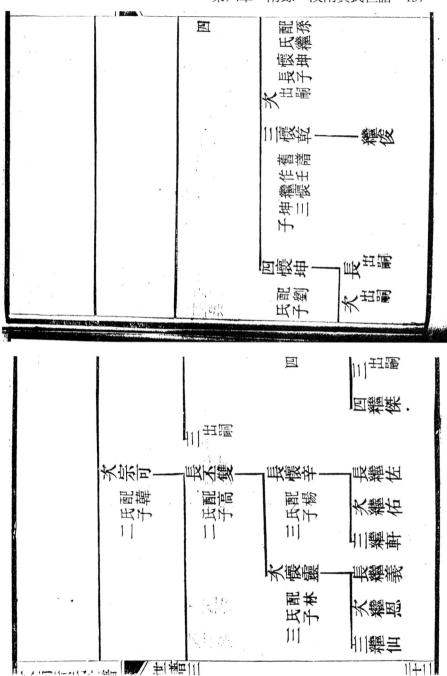

四 懷坤 配劉氏子
- 長 出嗣
- 次 出嗣

繼軒 配賈氏 子一
— 廣訓

三宗知 配康氏陳氏 子一
— 丕珍
次丕儉 早卒

四宗禮 配周氏 繼宗震三子
— 丕祥 繼丕羣次子
— 懷乙 配孫氏 繼懷坤次子
— 繼仕

繼義 配馬氏 子三

長廣禮 配柳氏 子一
— 伯金

次廣智 配田氏 子一
— 伯禾

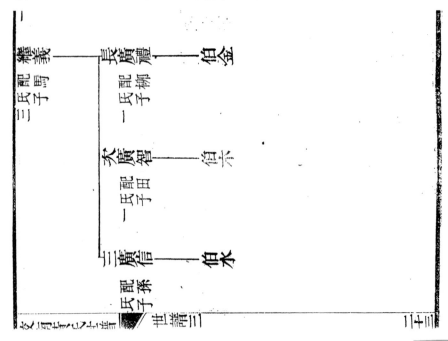

三廣信 配孫氏 子一
— 伯水

繼恩　配甯氏　子三
　長廣有　配孫氏　子一
　　伯炎
　次廣昌　配王氏
　三廣謨

繼仙　配馬氏　子
　廣保　配孫氏　子
　　長伯行
　　次伯篤

一
尚賓　配王氏　子一
三
　宗雪　配蔡氏　子二
　　長丕貴　配仲氏　子一
　　　懷廣　繼懷次子節　配翟氏
　　　　繼源
　　次丕傳　配張氏　子一
　　　懷蒓　失傳
三伯敬

尚建　字立齋　配
　長宗德　配張氏　子
　　丕若　配朱氏　子
　　　長懷雷　配孫氏　子
　　　　繼根　配林氏

孫氏 子二

尚琪——長宗訓——長丕和——長懷詩 子二——繼猷 失傳

次宗功 配張氏 子一——丕淵 失傳

次懷節 配孫氏 子二——長繼本 配傅氏
次 出嗣

右自尚江至丕淵爲朝鼎一支 三支統歸廷輝一支



繼焉——廣運——伯成

[illegible]氏 子三

三宗詢 見本支譜碑 早卒

次宗誥 配王氏 繼宗訓次子——丕河 配陳氏 林氏 繼丕和次子——懷文 配王氏 繼懷梁長子——繼焉

配張氏 劉氏 子二

配[illegible]氏 甯氏 子二

次 出嗣

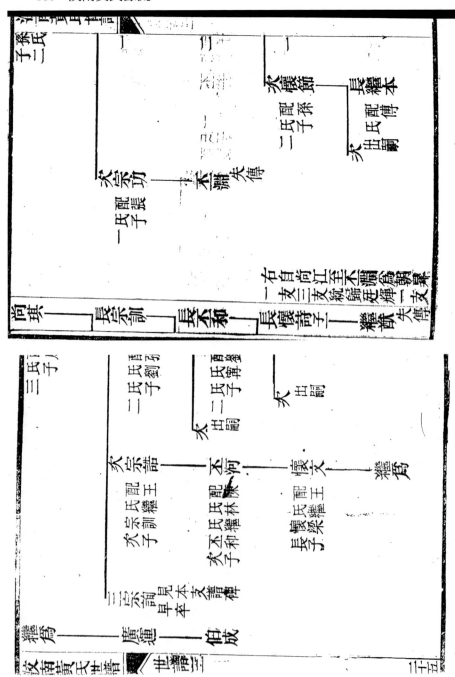

次 出嗣

尚琨 配侯氏 一子 長子繼常 繼配王氏

宗講 字道生 配劉氏 一子 配鄭氏 一子

丕華 配朱氏 二子

長懷津 一子 繼原 失傳

次懷梁 三子 配陳氏 三子

長 出嗣

次繼常 舊譜作繼唱

三繼史

繼常 配李氏 二子

長 出嗣

次庸謙

尚珺 三子

宗海 出塞 配郭氏 三子

長丕桐

次丕泰

三丕平 俱出塞

二庸遜

右自尚琪至丕平為廷璽一支

尚凱 一子 宗江 失傳

尚甲 配董氏 一子

宗璣 配楊氏 一子 遷居一傳 家廟

丕宗 配孫氏 三子

長懷先 三子

長繼韻 早卒

次繼善

三繼仁

次懷龍 一子

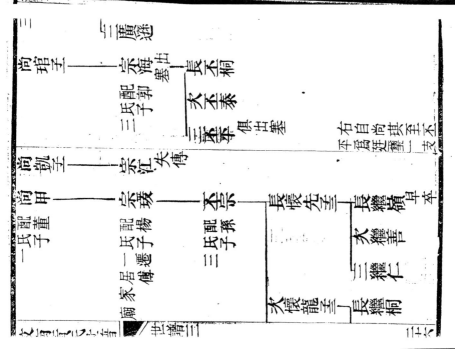

長繼桐

三懷鳳 子三 — 長繼常；次繼綱

三繼坤 舊譜作梓

次繼亮 舊譜作蒲

繼善 配樊氏 子二 — 長廣山；次廣河 配甯氏 子一 — 伯有

繼仁 — 廣震 — 伯富

配劉氏 子一

配王氏 子一

繼坤 配林氏 子二 — 長廣水；次廣泉

繼常 配吳氏 子一 — 廣印 配張氏 子一 — 伯來

繼綱 配殷氏 子 — 長廣泗；次廣源

二

- 問苞　子三
  - 長宗華　失傳
  - 次宗凉　失傳
- 問銘　配孫氏　子三
  - 長宗輅　配張氏　子一
    - 丕勤　配張氏　子三
      - 長懷型　配陳氏　繼懷昇長子
        - 繼狀
      - 次懷紀　配尚氏　子二
        - 長繼錦
        - 次繼佾　一作犁
      - 三懷昇　配高氏　子二
        - 長出嗣
        - 次繼強
  - 次宗長　子一
    - 丕恭　早卒
- 繼錦　配潘氏　子二
  - 長廣祥　配孫氏
  - 次廣禎
- 繼佾　配孔氏　子
  - 廣祜

汝南黃氏世譜　三

一

尚惠 配張氏殷 氏子二
- 長宗林 失傳
- 次宗淮

尚紀 配傅氏繼 尚普次子
- 宗範 配林氏子一
  - 丕重 字威堂者 賓配張氏 一子
    - 懷魁 舊譜作栓 字殷元者 賓配陳氏 子四
      - 長繼辝
      - 次 出嗣
      - 三繼紳
      - 四繼節 配謝張氏

右自尚凱至宗淮爲廷璧一支

尚遠 配劉氏子
- 宗邦 配孫氏子
  - 丕棟 字陞吉配
    - 長懷鏞 配甯栗氏
      - 長繼守
      - 次繼江

繼紳 配孫氏子二
- 長廣方
- 次廣正

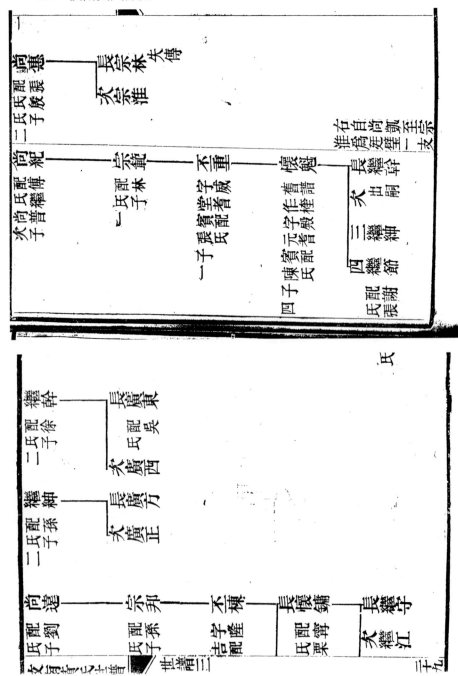

繼幹 配徐氏子二
- 長廣東 配吳氏
- 次廣西

一

樊氏子四

氏子三

次懷錫　配杜氏子二
- 長繼恕
- 次繼佛

三繼汪　早卒

三懷鈉　配陳氏子二
- 長繼張
- 次出家

四懷釗　配潘氏子
- 長繼勤
- 次繼乾

三

三繼浹　配孫氏



繼守　配辛氏孫氏子一
- 廣榜

繼江　配寧氏子一
- 廣杭

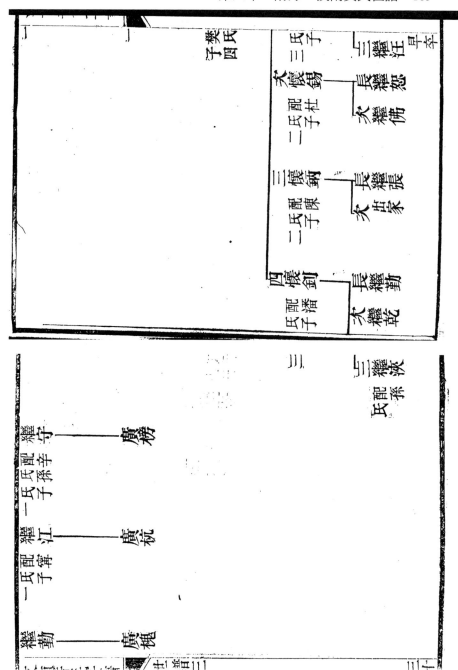

繼勤
- 廣槐

配韓氏 子一

繼乾 配侯氏 子二
- 長廣金
- 次廣玉

尚錦 配孫氏 子二
- 長宗孝 配寗氏 子二
  - 長丕閔 失傳 配姜氏
  - 次丕紫 配馬氏 子一
    - 懷珍 配朱氏 子二
      - 長繼高
      - 次繼朗
- 次宗純 配宿氏 子二
  - 長丕曾 失傳 配陳氏
  - 次丕文 失傳

一

二

繼高 配馬氏 子三
- 長廣蜀
- 次廣魏
- 三廣吳

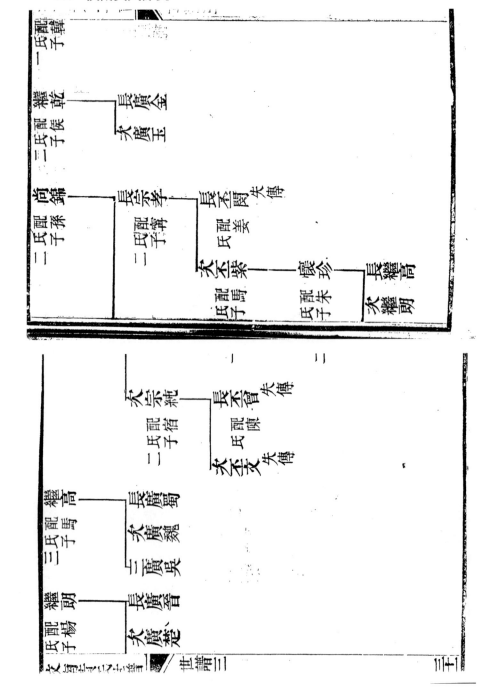

繼朗 配楊氏 子二
- 長廣晉
- 次廣楚

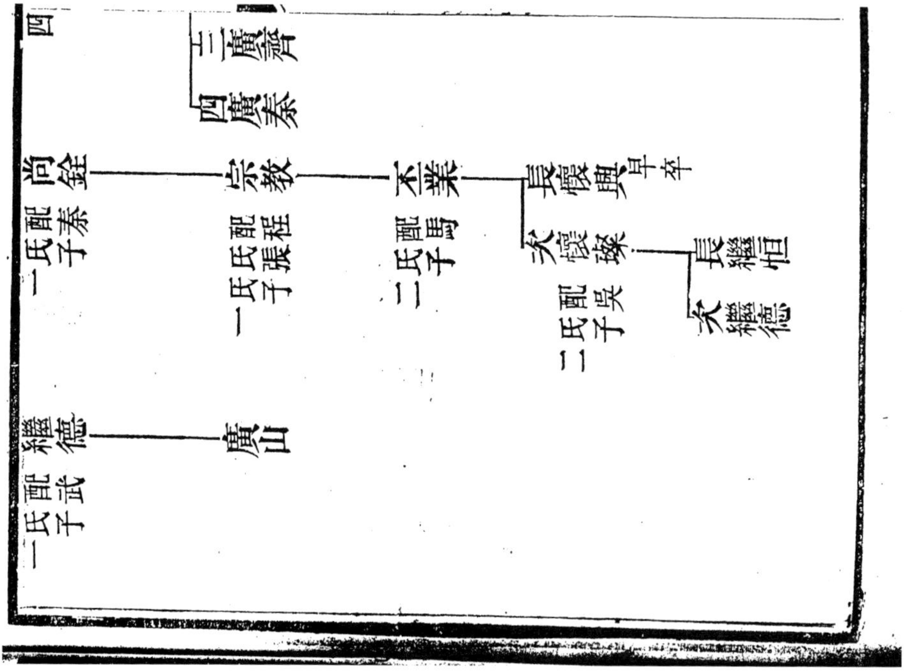

四
三 庚蔚
四 庚泰
尚銓 配秦氏 子一
宗教 配張氏 子一
丕業 配馬氏 子二
長 懷興 早卒
次 懷璨 配吳氏 子二
長 繼佰
次 繼德
繼德 配武氏 子一
庚山


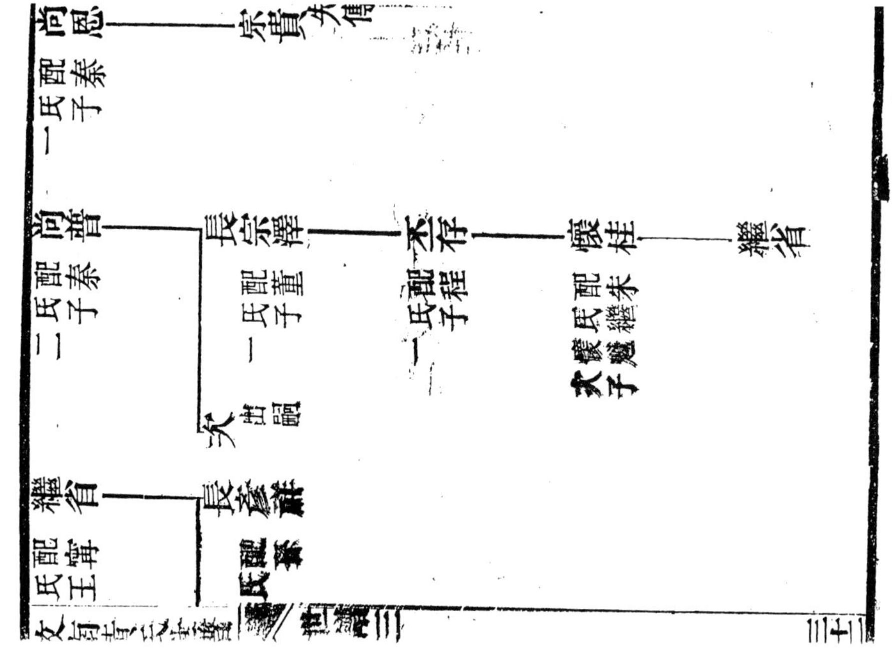

尚恩 配秦氏 子一
宗貴 失傳
尚晉 配秦氏 子二
長 宗澤 配董氏 子一
次 出嗣
丕存 配程氏 子一
懷桂 配朱氏
繼肴
繼肴 配王氏

氏子三

次彥願

三彥藤

尚行——宗美——丕香——懷穆子二——繼敬 失傳

大譜碑作馨配甯氏一子

配孫氏子一

配傅氏子一

右自尚紀至彥祿爲廷爵一支

長傳子三——長崇業子三——王——朝順子一——宏貴

右廷器一支五支統歸崇儒一支乃本支之次支也

崇緒子五——長廷保子三——長朝臣——長大成——長尚仁

次尚義

配周氏子

配陳氏子二

宏貴子二——長尚柏 失傳

次尚松 失傳

次崇緒

三崇繼

配張氏子一

右自廷柱至尚松爲崇業一支乃本支之長支也

莊家小二胡住

次大渭子一—尚信

次朝西子一—大甫子一—尚嚴

三朝忠子二—長大任 俟考

次大有 俟考

次廷豪子一—朝相子二—長宏淵子一—尚土

次宏節子一—尚明 失傳

三廷傑子一—朝旦子一—宏鑾—長尚則 失傳

次尚俊

配彭氏子二

四廷俊子二—長朝義子二—長宏元 俟考

次宏亨 俟考

次朝治子一—宏利子一—尚本

五廷花子一—朝禮 失傳

尚仁—長宗謨—丕熒—長懷仁子一—繼先

配孫氏子三

配寧氏子一

配樊氏子二 居五班遷

次懷義 配于氏 子一 —— 繼漢

三懷禮 配李氏 子一 —— 繼元

四懷智 配丁氏 子三 —— 長繼霖 失傳 舊譜作傳

次繼有

次宗簡 配秦氏 子一 住小胡莊家 —— 丕興 配蘇氏 子四

長懷讓

次懷亮 舊譜作退

三 出嗣

四懷殷 —— 長繼山

五懷信 子一 —— 繼根 舊譜作緒

三繼仕 舊譜作祖

配趙氏子二

次繼同　早卒　配李氏

三宗旺　配張氏子二

長丕吉　繼丕利長子丕顯

懷寅　配甯氏陳氏子二

長繼勤

次繼和　配孔氏

次丕利　配張氏子二

長　出嗣

次懷金　配殷氏子三

長繼道

次繼偕

三繼剛

繼先　配孫氏子五

長廣興　失傳

次　出嗣

三廣燦　舊譜作平　配孟氏　繼廣仲子

伯田

四廣溪　舊譜作孝　配林氏子

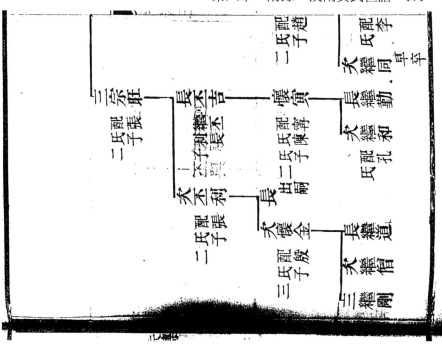

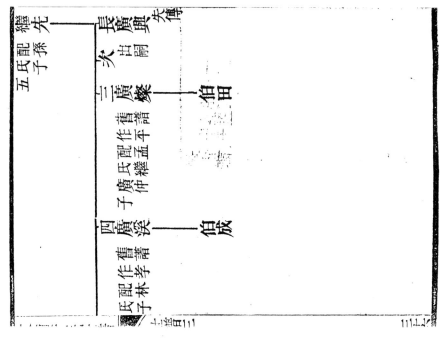

伯成

繼漢 配劉氏子三
- 長廣平 舊譜作燦者賓配王氏子二
  - 長伯謙 字子益監生配徐氏子五
    - 長萬吉 配周氏子一
      - 昌一
    - 次啟鳳 配張氏
- 五廣仲 配朱氏子一 出嗣
- 次廣孝 舊譜作炘配林氏子一
  - 伯楷 配甯氏孫氏子一
    - 啟忠
  - 次伯桂 字秋芳配孔氏子三
    - 長啟清
    - 次啟明
    - 三啟亮
  - 五啟臣
  - 四啟君
  - 三啟經

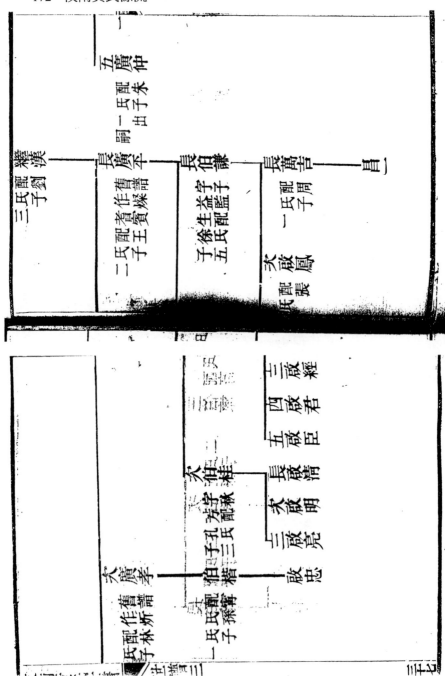

三廣學 配朱氏 子五
- 長伯祥 配康氏 子二
  - 長啟印
  - 次啟寶
- 次伯桐 配孫氏 子二
  - 長啟倫
  - 次啟常
- 三伯棟 配高氏

繼元 配李氏 子六
- 長廣亮 配陳氏 子一
  - 伯用 配傅氏 子一
    - 啟富
  - 五伯槐
  - 四伯楊
- 次廣明
- 三廣和 配孫氏 子三
  - 長伯年
  - 次伯節
  - 三伯月

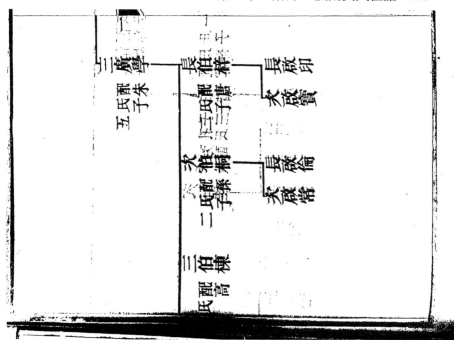

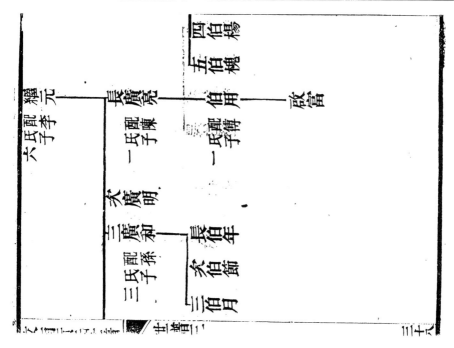

三十八

尚信 三子
- 長宗成
  - 丕序
    - 長建中
      - 繼隆

尚義 配焦氏 二子
- 長宗甫 失傳
- 次宗友 配狄氏 一子
  - 丕遠 繼丕興三子
    - 懷林 舊譜作周 配甯氏 陳氏 二子
      - 長繼嶺
      - 次繼峯

繼根 配馬氏 一子
- 廣同 配王氏 一子
  - 伯伶

繼有 配張氏 一子
- 廣柱 配栗氏 四子
  - 長伯盛
  - 次伯楹
  - 三伯金
  - 四伯銀

四廣祿 配邱氏

五廣棋 配孫氏 一子
- 伯合

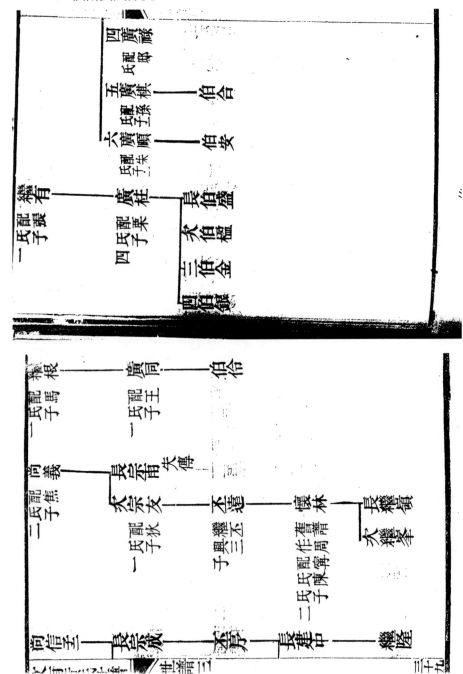

六廣順 配朱氏 一子
- 伯安

遷彩石莊

配秦氏子一

配裴氏子二

配高氏子一

次宗李 配賈氏 尚氏 郭氏 子一

丕羨 配李氏子三 遷彩山東

長懷禪

次懷譽

三懷禹

次建清 配柳氏子一 —— 繼萬

繼隆 一作庸傳 配一氏子一 —— 廣法 配馮氏子三

長伯亮

次伯明

三伯成

繼萬 配劉氏子一 —— 廣才

尚巖 子一 —— 宗 失諱 子一 現居泗水城西 —— 典旺 子四

長玉艮 子一 —— 繼潛

次玉清

三玉明 子一 —— 繼方

四玉乾子一——繼厚

上尚嚴一支按舊譜自宗宇輩遷居泗水縣城西以下各名俱咸豐年其近族宗汶丕㷲二公迮彼處玫覈載列者及今再往查以後譜系不意其與前查已載譜中之世次又多不合無如距前次修譜已歷六十餘年當日原因今無以辨但前非攷察明悉何得遽列同譜惟玆按其世輩與本譜互有參差安敢妄自敘入今謹依大譜碑邦相與日鄉二公支派不見嘉靖二譜

繼方子二——廣淮

繼厚子一——廣泗

右自尚仁至廣泗爲廷保一支統系莫攷何屬均列後諸支合譜之例以誌慎焉

尚士 配孫氏 子一——宗院 配王氏 子一——丕川

右廷豪一支

尚俊 配高氏 子二——長宗遠 配殷氏張氏 子二——長丕臣

次出嗣

次宗亭 配張氏繼宗遠次子 — 丕寅 配張氏繼繼先次子爲曾孫 — 廣陳

廣陳子一 — 伯山

尚本 配潘氏子一 — 宗臣 配周氏子一 — 丕更 配周氏子三 — 長懷對 舊譜作潔 配胡氏

右廷傑一支

次懷扛

三懷倫 配曹氏子二 — 長繼南
次繼東

右廷俊一支以上四支統歸崇緒一支乃本支之次支也

崇繼子三 — 長廷芳子三 — 長朝舉子三 — 長宏勇子一 — 尚儒 失傳
次宏思子一 — 尚先
三宏秀子一 — 尚榮
次朝紀子四 — 長宏本子一 — 長尚學

次廷路 子一
朝堯 子一
宏夏 配孫氏 一子
尚粹

次宏吉 失傳
三宏椿 子一
尚會
四宏祥 配武氏 一子
尚誦
次尚習

尚先 配蘇氏 一子 繼尚誦三子
宗明 外出卒 配殷氏 繼宗亮長子
丕炎 配蔡氏 繼丕訓次子
懷龍 配柳氏 二子
長繼成 舊譜作榜
次繼合

宗帛 嗣子 配孫氏 一子
丕享 配朱氏 一子
懷爲 舊譜作嚋 配劉氏 三子
長繼收
次繼藏
三繼韞

繼成 一作足 配
長廣甲
次廣乙

樊氏 子四
三廣丙
四廣丁

繼合 配武氏 子四
長廣廉
次廣潔
三廣禎
四廣斡

繼收 配甯氏 子一
廣知

尚榮子二
宗亮 配徐氏 子二
長 出嗣
次丕訓 配馬氏 子二
長懷蛟 配蔡氏 子一
繼桂 舊譜作泰
次 出嗣

繼桂 配孫氏 子一
廣湘 早卒

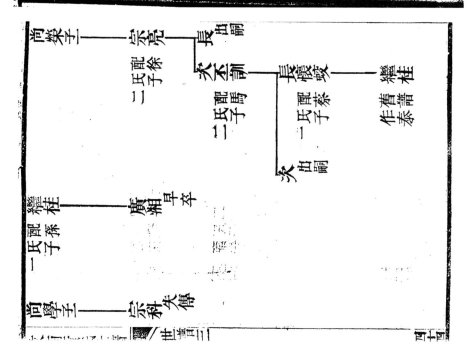

尚學子一
宗科 失傳

配甯氏

尚習 配衛氏羌氏子一

宗化 配陳氏繼宗紅長子

丕申 配朱氏子二

長懷從 配陳氏子一

次懷隨 配甯氏敕褒節孝

繼唐

繼唐 配陳氏子

長廣喜 配甯氏

二

次廣悅

尚曾 配侯氏繼尚誦長子次子

長宗節 配張氏繼宗紅次子

次宗樂 配辛氏

丕式 配張氏子二

長懷棄 早卒

次懷梧 失傳 一作武

尚誦 配侯氏子五

長 出嗣

次 出嗣

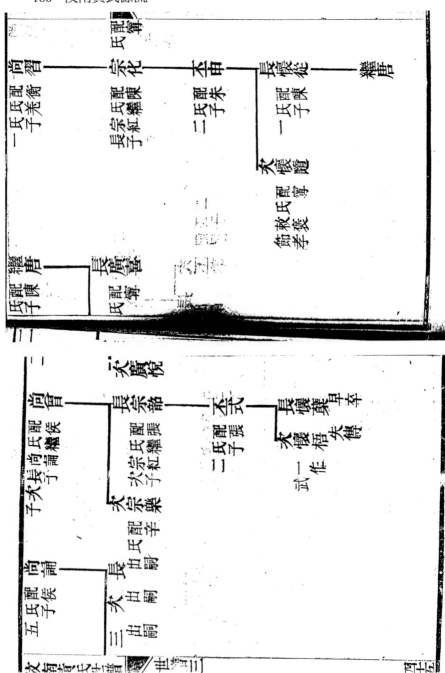

三 出嗣

四 出嗣

五 宗紅 配趙氏 子二
- 長 出嗣
- 次 出嗣

尚粹 字精一 配陳氏 繼尚誦 子四
- 宗汶 字會川 配孫氏 子一
  - 丕淼 字鏡秋 配楊氏 子二
    - 長懷謙 舊譜作鈐 配朱氏 子三
      - 長繼芳 舊譜作垣
      - 次繼庸
      - 三繼珩

右廷芳一支

繼芳 配耿氏 子四
- 長廣穩 配劉氏 子一
  - 伯賞
- 次廣岺
  - 伯黨

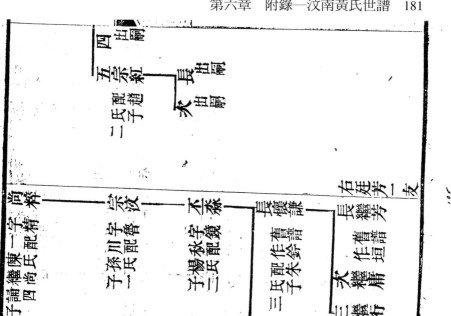

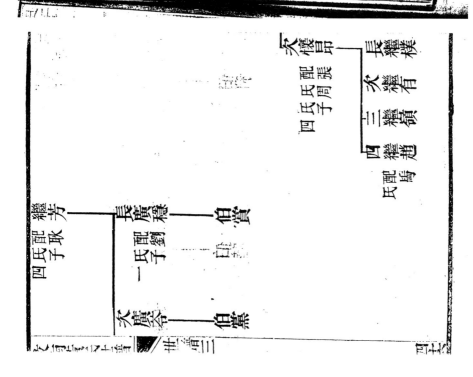

次懷昂 配張氏 周氏 子四
- 長繼樸
- 次繼有
- 三繼嶺
- 四繼趙 配馬氏

配甯氏子一

三廣明——伯睦
配孫氏子一

四廣秀
配張氏

繼庸
配甯氏子
長廣泉——伯科
配田氏子

三

一
次廣江
三廣海

繼珩
字實南配殷氏
子三
長廣福
配甯氏
次廣源
三廣洽

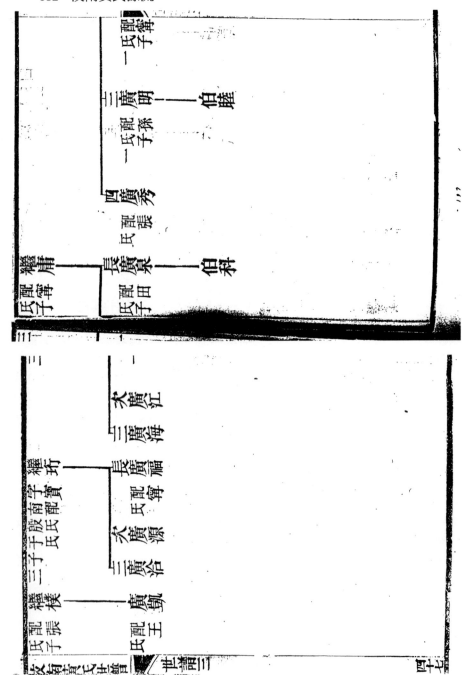

繼樸
配張氏子
廣凱
配王氏

一 繼有 —— 廣巽
配林氏子一

繼嶺 —— 長廣兌
　　　　次廣震
配孫氏子二

右廷路一支合二支統歸崇繼一支乃本支之三支也

世譜四

次長二支統譜

次長二支者二世祖九雲公長子邦臣公次子日柏公子景珍公之後也初譜截至五世祖景沅公止大譜碑不著景沅公之後而以景珍公爲日柏公之子當時自應別有所據今按大譜碑增入其乾隆十一年後咸豐二年前本支後裔詳加延訪確者續增疑則從闕 茲循前例於舊譜各支下至宣統三年以前後裔詳覈續增

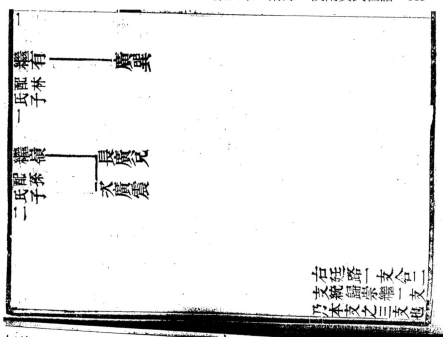

景珍子四 —— 長崇誦子二 —— 廷才子三 —— 長朝富 —— 長宏亮
　　　　　　　　　　　　　　　　　　　　配鄭氏子　　次宏欽
　　　　　　次崇語

三崇謙
四崇保

宏亮子四——長尚金 失傳
次尚銀 失傳
三尚宋子二 一作柳——長宗書 出塞
次宗兆 子二 出嗣——長丕運

四

次朝宗子三——長宏玉
次宏代
三宏善
四宏坤

配林氏子二
配劉氏
次丕元 配樊氏子一——懷孝

四尙言子一 一作元——宗失諱 繼宗子書——丕仁 配高氏

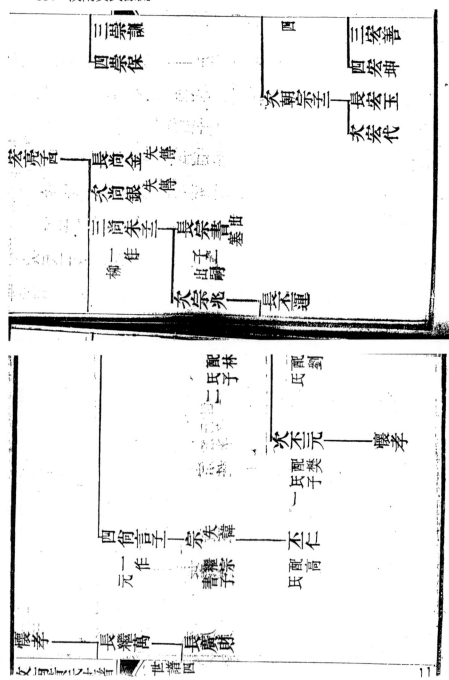

懷孝——長繼萬——長廣財

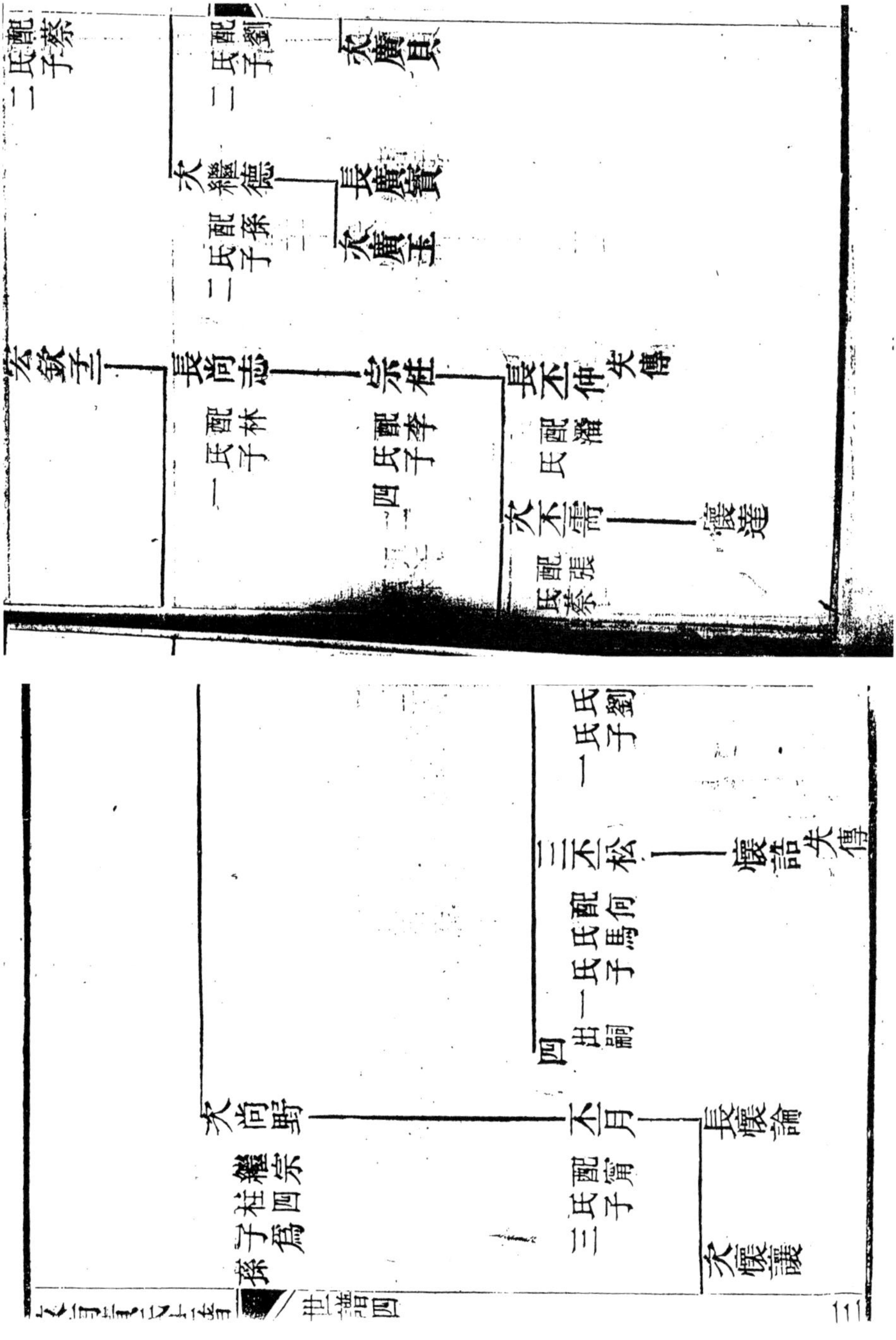
宏叙子三
長尚志
配林氏子一
宗柱
配李氏子四
長丕仲 失傳
配潘氏
次丕需
配張氏蔡
懷蓮
次繼德
配蔡氏子二
長廣寶
次廣玉
次廣貝
配劉氏子二
配蔡氏子二
次尚野
繼宗四房
柱子蔡
丕月
配甯氏子三
長懷論
次懷讓
四 出嗣
配馬氏子一
三丕松
配何氏
懷詔 失傳
配劉氏子一
世譜四

宏善 配張氏 子三
- 長尚用 失傳
- 次尚嚴 失傳
- 三尚寬 配栗氏 李氏 樊氏 子四
  - 長宗吏 配趙氏 康氏 繼氏 宗琳 次子
    - 丕先 配褚氏 子二
      - 長懷聚
      - 次懷福

三懷諾

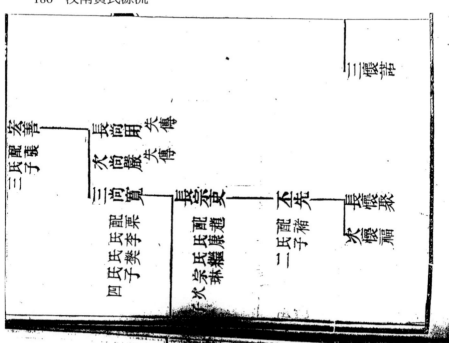

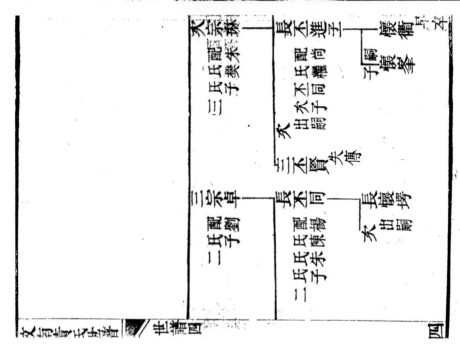

- 次宗琳 配朱氏 樊氏 子三
  - 長丕進 子王 配尚氏 繼氏 丕同 次子
    - 懷衢 早卒
    - 嗣懷峯 子
  - 次 出嗣
  - 三丕賢 失傳
- 三宗卓 配劉氏 子二
  - 長丕同 配楊氏 陳氏 朱氏 子二
    - 長懷塄
    - 次 出嗣

四宗坦 配孫氏美

長丕徇 配王氏子

次丕莊 字臨之者賓配王氏子四

長懷商 配陳氏

次懷稼

三懷登 配侯氏

四懷科 配孫氏

長懷學 舊譜作璋

氏子二

二

次丕粹 配孟氏周氏子二

次懷安

長懷印 舊譜作珩

次懷壽 配李氏

懷福

長繼汶

長廣興

懷聚 配武氏韓氏子二

長繼溪 配孫氏

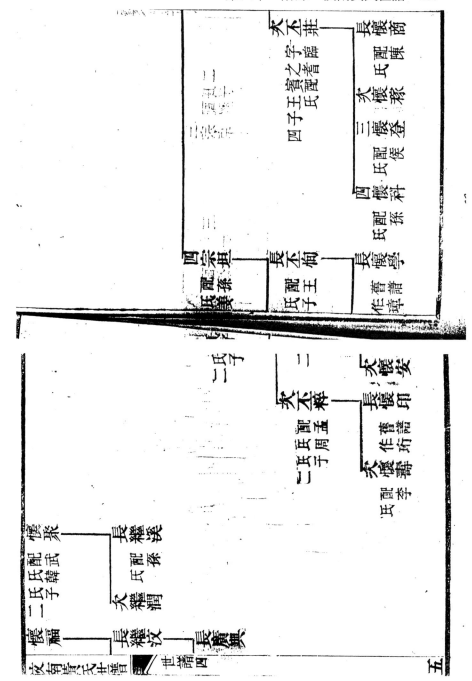

次繼潤

配朱氏四子

懷峯

配馬氏二子

次繼洲

配高氏

三繼淵

配朱氏

四繼滄

配甯氏

長繼彥

次廣謨

配孫氏二子

次出嗣

懷堮

繼池

繼懷峯次子

懷稼

繼緒

配孫氏一子

懷學

繼海

長廣富

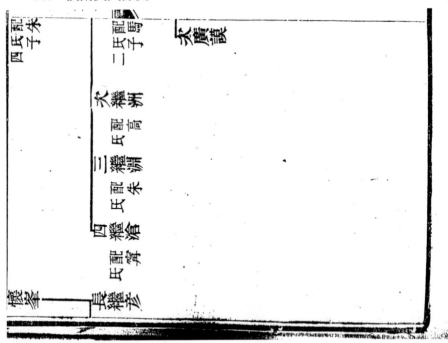

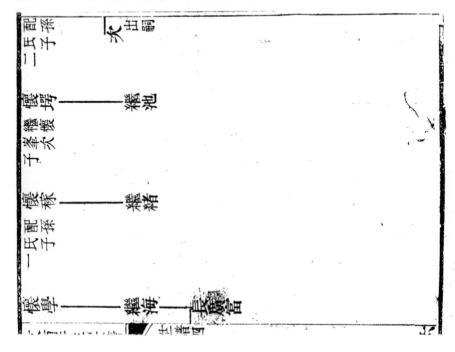

廿一 普四

配朱氏孫子一

懷安——長繼堋　配柳氏出嗣
配楊氏子二
次

懷印——繼沂
繼懷安次子

宏坤——長尚敬　失傳

配王氏子二
次廣貴

111

配于氏子三

配樊氏

次尚奉——宗松　外出
配孫氏子一

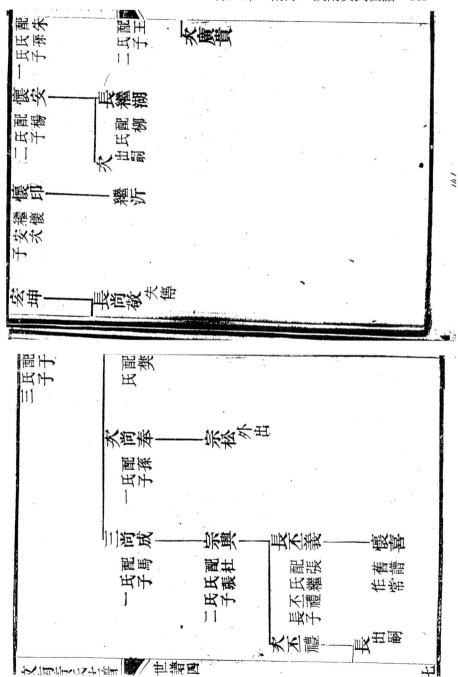

三尚成——宗興——長丕義——懷喜
配馬氏子一
宗興　配杜氏張氏子二
丕義　配張氏繼丕禮長子
懷喜　舊譜作常
次丕禮——長　出嗣

配劉氏 子三

次懷呈
三懷斗

懷喜 配楊氏 子三
- 長得勝 配宋氏
- 次繼羣 早卒
- 三繼昌 配楊氏

懷呈 配鄭氏 子
- 長繼拾
- 次繼九



五

- 三繼千
- 四繼百
- 五繼億

懷斗 配姜氏 子二
- 長繼兆
- 次繼三

右自宏亮至繼兆爲朝富一支

宏玉子一 —— 尚襄子一 —— 宗良 配朱氏 子二
- 長丕承
- 次丕序 配甯氏

- 宏代子二
  - 長尚果子一
    - 宗璀 配趙氏 子一
      - 丕嚴 失傳 配李氏
  - 次尚和 失傳

右自宏王至尚和
倉朝宗一支合二
支統歸崇譜一支
乃本支之長支也

- 崇嘉子一
  - 廷山子四
    - 長朝君子一
      - 宏緒子二
        - 長尚橋 俟考
        - 次尚梁 俟考
    - 次朝甫子三
      - 長宏文子二
        - 長尚可 俟考
        - 次尚沆
      - 次宏武 俟考
      - 三宏謨子一
        - 尚富
    - 三朝成子二
      - 長宏寬子三
        - 長尚都 失傳
        - 次尚松 失傳
        - 三尚相
      - 次宏宣子一
        - 尚倫
    - 四朝景子四
      - 長宏勲 配田氏 子三
        - 長尚文
        - 次尚爵
        - 三尚進

尚孔 子三
- 長宗啟 繼宗言子
  - 丕學 失傳
- 次宗言 子一 出嗣

次宏新 子三
- 長尚焉
- 次尚能 失傳

三宏賓 配鄭氏 子二
- 長尚孜
- 次尚仲

四宏懷 子二
- 長尚題 失傳
- 次尚文 失傳

尚富 配王氏 子三
- 長宗有 配張氏 配孫氏 子二
  - 長丕聚 失傳
  - 次丕含 配田氏
- 次 出嗣
- 三 出嗣

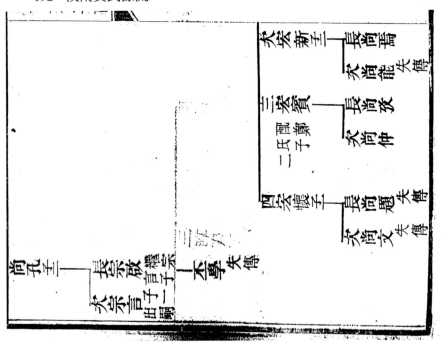

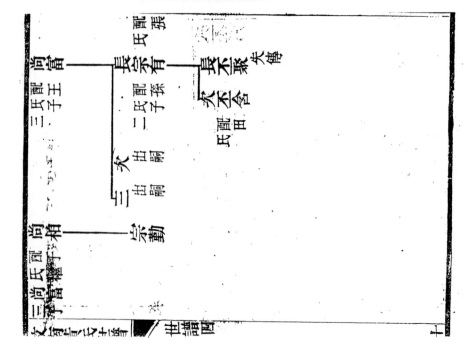

尚柏 配于氏 繼尚富三子
- 宗勤

- 尚倫　配周氏繼尚艾長子
  - 宗來
- 尚艾　配雲氏子二遷居蔣家一集
  - 長　出嗣
  - 次　宗瑞　配高氏子三
    - 長　丕陽　舊譜作月繼丕星子
      - 懷年　舊譜作吉配安氏子三
        - 長　繼旺
        - 次　繼雙
        - 三　繼德
    - 次　丕月
    - 三　丕星　舊譜作陽一作興子一出嗣
- 尚爲　配李氏子一
  - 宗　失諱外出
- 尚進　配陳氏子
  - 宗歲　早卒

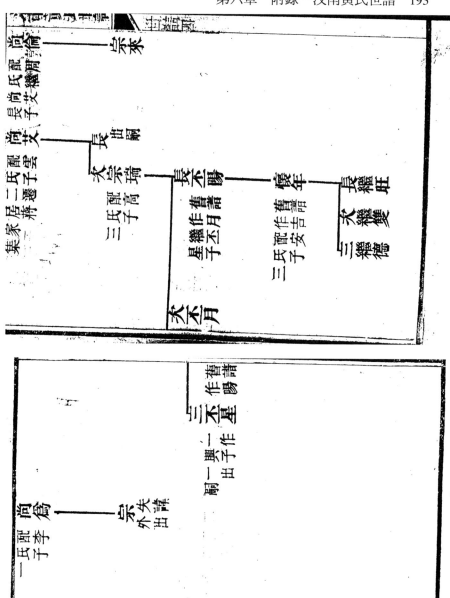

尚焉 子二
- 宗孝 以上三輩遷邑城西 闕失傳塋墓亦無考

尚孜 配劉氏魏氏子一
- 宗殿 配陳氏子一
  - 丕用 配張氏子二
    - 長懷良 子二
      - 長繼明 舊譜作梅
      - 次繼桂
    - 次懷江

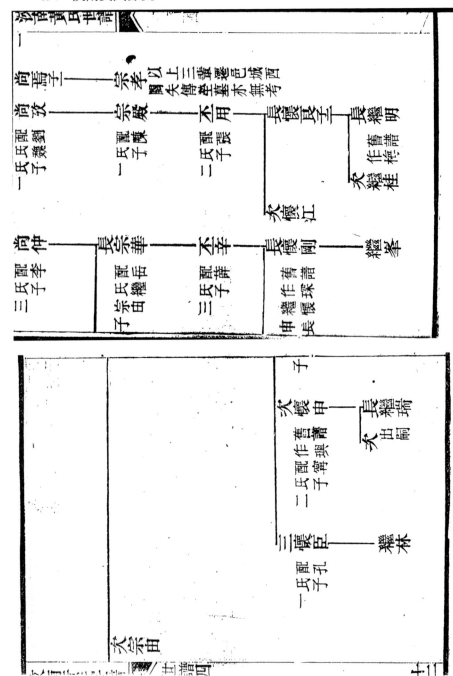

尚仲 配李氏子三
- 長宗華 配岳氏繼宗由子
  - 丕辛 配薛氏子三
    - 長懷剛 舊譜作琛 繼懷申長子
      - 繼峯
    - 次懷申 舊譜作璵 配甯氏子二
      - 長繼瑞
      - 次出嗣
    - 三懷臣 配孔氏子一
      - 繼林
- 次宗由

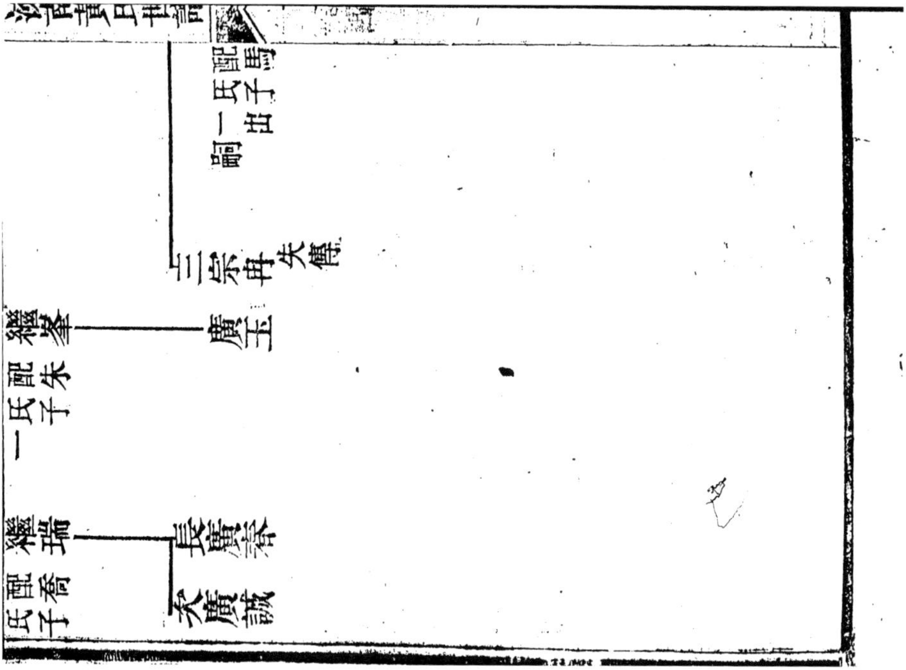

繼峯
配朱氏一子
廣玉
三宗冉 失傳
配馬氏一子 出嗣
繼瑞
配喬氏二子
長廣崇
次廣誠


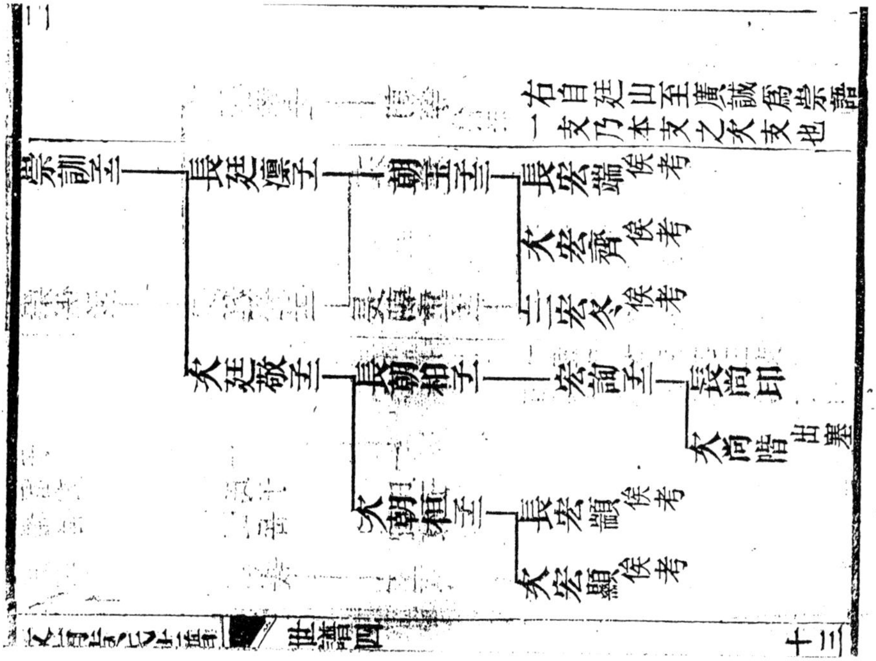

崇訓三子
長廷儇二子
朝玉三子
長宏端 佚考
次宏齊 佚考
三宏冬 佚考
次廷敬二子
長朝柏一子
宏詢二子
長尚印
次尚階 出塞
次朝椬二子
長宏顗 佚考
次宏顯 佚考
右自廷山至廣誠為崇訓一支乃本支之次支也
世譜四
十三

世譜四

尚印——宗義——丕良——懷禾

尚 繼
夫 富
子

宗義 配岳氏 一子

丕良 配陳氏 一子

右自廷禀至懷禾爲崇訓一支乃本支之三支也

崇保子二——長廷先子二——長朝重子二——長宏壽 俟考

次宏歡 俟考

次朝科子一——宏存 俟考

次廷孝子一——朝等 俟考

右崇保一支乃本支之四支也

世譜五

次二支統譜

次二支者二世祖九雲公次子邦治公子曰桐公子榜在公之後也初譜載至四世祖曰桐公止今按大譜碑增入其乾隆十一年後咸豐二年前本支後裔詳加延訪確者續增疑則從闕

茲循前例於舊譜各支下至宣統三年以前後裔詳數續增

榜在子二——長加讓子一——文周子一——朝炳子三——長宏振

次宏海 失傳

三宏河 失傳

次加訓

宏振 配樊氏 子一 —— 尚寅 配蔣氏 子二 —— 長宗會
次宗彥

配張氏

右加謙一支

加訓 子三 —— 次成 子三 —— 朝典 子三 一作弟 —— 長宏榮 配陳氏 子二 出繼 —— 長尚會 失傳
次尚卓 失傳

次宏康 配張氏 子二 —— 長尚清 失傳
次尚忠

尚忠 配許氏 子三 —— 長宗代
次宗興
三宗善 配王氏 子一 遷居張家 臨汝 —— 丕長 配高氏 子一 —— 懷旺

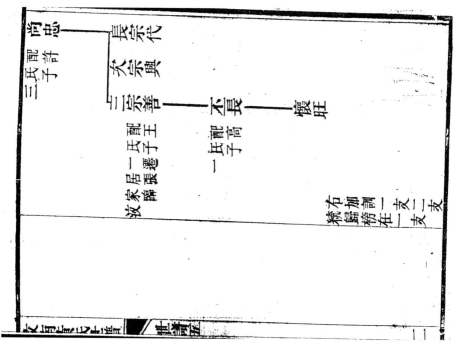

右加訓一支二支
流臨榜在一支

世譜六

次三支統譜

次三支者二世祖九雲公三子邦義公子日椿公之後也初譜截至五世祖景姝公大譜碑作珠今按嘉靖舊譜碑更正止今按大譜碑增入其乾隆十一年後咸豐二年前本支後裔併爲續載茲循前例於舊譜各支下至宣統三年以前後裔詳覈續增

景姝　配李氏朱氏　子三

長崇辨　配辛氏秦氏李氏　子

長廷仕　配王氏　子五

長朝欽　配葛氏于氏　子五

長宏仁

次宏謀一作讓

三宏志

二
次崇化
三崇善

四宏榮 碑大諱佚
五宏譽—與一作

次朝傑 配吳氏 子五
長宏禮
次宏烝
三宏漢—俊一作
四宏典—振一作
五宏功—恭一作

三朝琦 字名卿 配
長宏謨—木一作
次宏海—節一作

張氏 子四
三宏純—順一作
四宏略—賢一作

四朝庫 配王氏郭氏樊氏李氏 子五
長宏強
次宏彩
三宏學
四宏寵
五宏發—法一作

五朝鼎 武生 配劉
長宏信
次宏任—成一作

氏孫
氏劉
氏劉
氏子
三

出讓
三

次廷魁子二
長朝增子三
長宏道
次宏安
三宏久
次朝本
宏權
繼朝鼎三子

宏仁
配劉氏子一

尚安
配翟氏唐氏子一

宗乙
原名惠
配張氏子二
按尚安宗乙大譜碑誤屬宏

長興雲
配張氏子二

次興
失諱早卒

長玉成
次玉廣

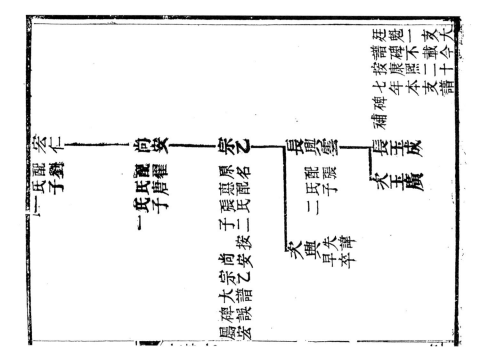

廷魁一支大譜碑不載今按康熙二十七年本支譜補碑

玉成 配陳氏 子三

長 出嗣

次 繼全 舊譜作炳 配張氏 子一 — 廣穩 配孫氏 子一 — 伯璠

三 繼丙 — 廣懷 — 伯存

志下今詢本支後人玉成更正

玉廣 配陳氏 子一 繼玉成長子

繼燦 早卒

嗣子 繼山 舊譜作煌 配辛氏 子四

長 廣安 配張氏 子二 — 長 伯立 配衛氏；次 伯卓 早卒

次 出嗣

三 廣新 配岳氏

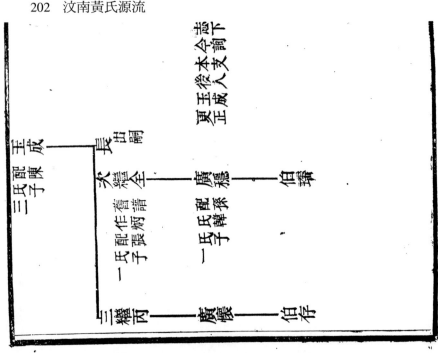

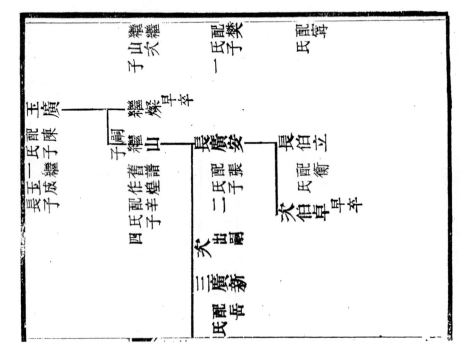

繼繼 山次子 配樊氏 子一 — 配甯氏

- 酉廣魁　配程氏　子一 — 伯當
- 宏謀　配陳氏　子一 — 尚鰲子二
  - 長宗伋　失傳
  - 次宗河子一 — 丕和子一 — 玉修　失傳
- 宏志　配甯氏　陳氏　子二
  - 長尚武子二
    - 長宗懷　失傳
    - 次宗綏　失傳
  - 次尚魁　失傳

---

- 宏榮　配張氏　子一 — 尚恒子一 — 宗起子一 — 興春

右自宏仁至興春爲朝欽一支

- 宏禮　配曹氏　子三
  - 長尚文
  - 次尚明　二名大譜碑佚今按本支譜碑補
  - 三尚儉　俱失傳
- 宏然　配甯氏　傅氏
  - 長尚忠子一 — 宗部子一 — 興印
  - 次尚敬子一 — 宗書 — 興旺 — 長玉嵐

氏子五

三尚孝子三 本支譜碑作質
—長宗珂 配曹氏子一 繼宗順次子
——興湘 配顧氏子二 配吳氏子三
———長玉林
———次玉泗 早卒
———三出嗣
———次玉清 舊譜作恒
—次宗順子二
——長興貴——玉存 繼興湘三子
——次出嗣

四尚謙子一——宗迭 失傳

五尚賢子一——宗學子一——丕承 失傳

玉嵐 配王氏子一——繼陽 配胡氏子一——廣善

玉清 配高氏子一——繼欽 配侯氏子一——廣艮

玉林子一——長繼芳

- 次繼祿（舊譜作安　配徐氏　四子）
  - 長廣進
  - 次廣才
  - 三廣太（配高氏　二子）
    - 長伯岱
    - 次伯嶽
  - 四廣平

- 宏漢（配馬氏　二子）
  - 長尚德（子一）
    - 宗彥（俟考）
  - 次尚能（子一）
    - 宗雷（俟考）

謹按大譜碑有尚德尚能二名本支譜碑止有尚能無尚德今依大譜碑

- 宏興（字克振文生舊譜誤書武生今依本支譜碑更正　配蘇氏　子一）
  - 尚鐸（字欽若　配張氏　子一）
    - 宗吏（一作京　配孔氏　子二）
      - 長興蘭（配郭氏秦氏甯氏　四子）
        - 長玉龍
        - 次玉鳳
        - 三玉登
        - 四玉亮
      - 次興閬（配杜氏杜氏朱氏　二子）
        - 長玉麟
        - 次玉泉

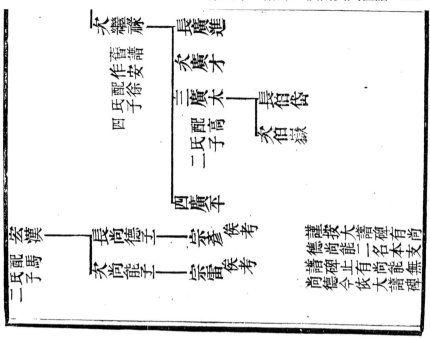

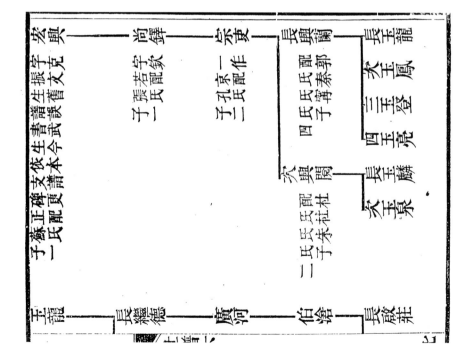

- 玉龍
  - 長繼德
    - 廣河
      - 伯滄
        - 長啟莊

守雪坡配劉氏子四

配田氏繼繼艮三子

初作鑄配蔣氏子一

配王氏子二

配聶氏薛氏

- 次 出嗣
- 三 繼煥 失傳
- 四 繼善 配于氏子一
  - 廣成 配胡氏子二
    - 長 伯渠 配侯氏
    - 次 伯涯
- 次 啟敬 配孫氏

---

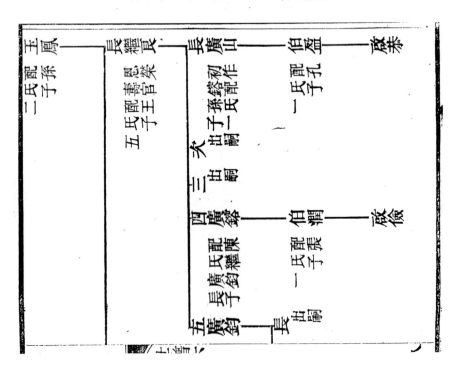

- 玉鳳 配孫氏子二
  - 長 繼艮 恩榮壽官 配王氏子五
    - 長 廣山 初作鎔 配孫氏子一
      - 伯盈 配孔氏子一
        - 啟恭
    - 次 出嗣
    - 三 出嗣
    - 四 廣鎔 配陳氏 繼廣鈞長子
      - 伯潤 配張氏子一
        - 啟儉
    - 五 廣鈞
      - 長 出嗣

- 啓恭　配劉氏子
  - 長昌盛
  - 次昌茂
- 次繼恪　配胡氏繼艮次子
  - 廣鑄　初作鈞字陶仙亦字壽臣配楊氏子一
    - 伯源　字石泉禮生配張氏子二
      - 長啓文
      - 次啓質
- …氏子二
  - 次伯澤　配楊氏

二

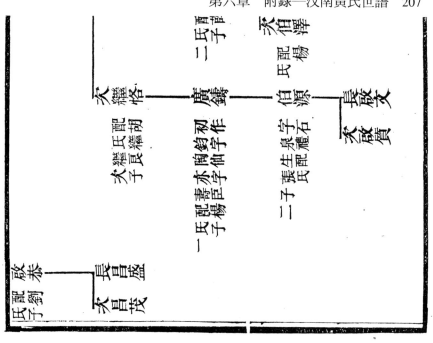

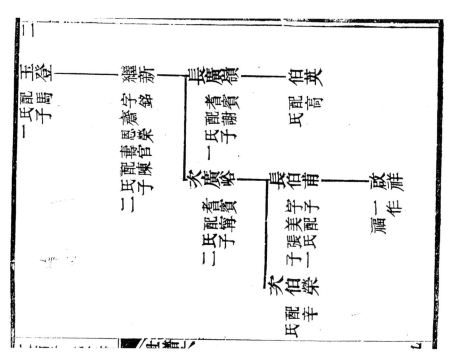

- 玉登　配馬氏子一
  - 繼新　字銘齋恩榮壽官配陳氏子二
    - 長廣嶺　耆賓配謝氏子一
      - 伯英　配高氏
    - 次廣峪　耆賓配甯氏子二
      - 長伯甫　字子美配張氏子一
        - 啓祥　一作福
      - 次伯榮　配辛氏

玉亮 配張氏，子一，繼玉龍次子
- 繼崑 早卒
- 繼剛（嗣子）配辛氏，子一
  - 廣信 耆賓，配孫氏，子三
    - 長 伯學 字習齋，配朱氏，子一
      - 瑞祥
    - 次 伯文
    - 三 伯友

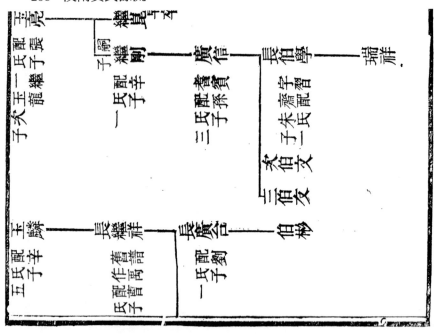

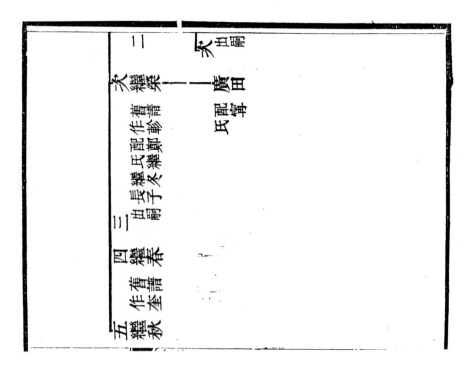

玉麟 配辛氏，子五
- 長 繼祥 舊譜作禹，配曹氏，子
  - 長 廣台 配劉氏，子一
    - 伯彬
  - 次 出嗣
- 二
- 次 繼榮 舊譜作軫，配鄭氏，繼繼冬長子
  - 廣田 配甯氏
- 三 出嗣
- 四 繼春
- 五 繼秋 舊譜作奎

宏謨—尚朝 三—長宗樑—長興讓—玉湘

右自宏禮至尚詳爲朝傑一支

宏功 配甯氏 子二
- 長尚宗 失傳
- 次尚詳 失傳

玉泉 配朱氏 子二
- 長繼湲 早卒
- 次繼湘 配王氏 子一—廣法

配趙氏 子一

配劉氏 子四

配王氏 子一

次興義 配陳氏 張氏 郭氏 王氏 子四
- 長玉印
- 次玉節
- 三玉同
- 四玉朗

三 出嗣

四興邦 配林氏 甯氏
- 長玉阜
- 次玉詢

玉湘 配孔氏張
繼曾 配楊氏田
廣瑞 配李氏子一
長伯亭 配劉氏
上二名本支譜碑屬尚珊次子三子本支人言皆係幼卒
宗桐
宗桂
次宗泰子三
長興文
次興常 配陳氏子一
玉清 失傳
三玉先 失傳
三 □子

氏子一
氏子一
二
次伯岩 配房氏張氏子二
長啟興
次啟旺

玉印子一
繼秀 失傳

玉同子一
繼河子一
廣柱 早卒

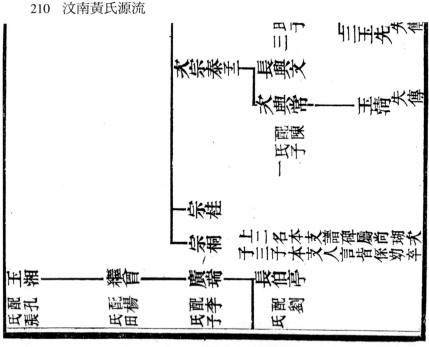

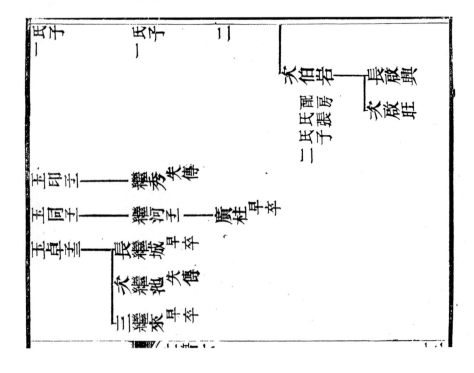

玉卓子三
長繼城 早卒
次繼池 失傳
三繼來 早卒

玉詡　配韓氏子二

長繼清　舊譜作康　配夏氏子一

廣苓　配鄭氏子三

長伯安

次伯懷

三伯有

次繼奎　舊譜作璞

宏海　配劉氏韓氏子三

長尚連　配劉氏陳氏子二

長宗元　配彭氏仲氏子二昔

長興宗　早卒

次興柱　早卒

太學生

幼卒　繼宗詩長子

興賢　嗣子　配朱氏殷氏子一

玉殿

次宗儒　配劉氏繼宗梓三子

興榮　配蘇氏孫氏子三

長玉昇

次玉賓

三出嗣

宗祥

宗利

宗禎

上三名本支大譜二碑所載同本支人興賢言無或幼卒歟

- 次尚璽　配李氏　二子
  - 長宗柏　失傳
  - 次宗松　配張氏　繼宗春次子
    - 興富　繼興榮三子
      - 玉午　失傳
- 三尚瑜　配胡氏　三子
  - 長宗善
  - 次宗聖
  - 三宗詩　配尚氏　鄭氏　賈氏　子
    - 長　出嗣
    - 次興祥子一
      - 玉魁

上二名載本支譜碑

二

- 玉殿子三
  - 長繼誠子二
    - 長廣田
    - 次廣銘子一
      - 伯峯
  - 次　出嗣
  - 三繼忠子一
    - 廣春
- 玉昇子一
  - 繼晉　配朱氏　繼繼海長子
    - 廣鰲
- 玉賓子二
  - 長繼海子二
    - 長　出嗣

次繼江　舊譜作旭

次廣恩

玉魁　繼玉殿次子 — 繼香　舊譜作昱　子三 — 長廣新
次廣順
三廣臣

宏純　配孫氏寧氏子三 — 長尚質子三 — 長宗崑　俟考
次宗崙　俟考

次尚樸子一 — 宗山　俟考

宏略子三 — 長尚質子一 — 宗道　失傳
上二名據本支人與賢補

次尚亮子一 — 宗書　俟考
上二名載本支大譜一碑

三尚福 — 宗山 — 長與珠 — 玉汭

三尚和　大譜作碑文　配張氏子一 — 宗春　配劉氏子二 — 長與坦　配李氏子一 — 玉良　失傳

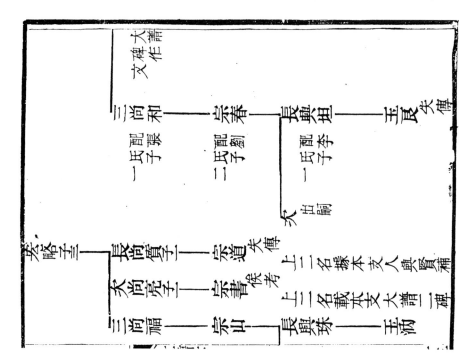

次　出嗣

配尚氏子一

配秦氏馮子二

興寶（次）配張氏子一 配劉氏子二
長玉河
次玉成

玉成子二
長繼文
次繼武

右自宏謨至繼武爲朝琦一支

宏强——長尚智子一——宗還 侯考

（宏彩）配董氏子三
次尚琛 侯考 載本支譜碑
三尚朋 侯考 載大譜碑

宏彩 配張氏子一——尚力子二
長宗普 侯考
次宗建 侯考

宏學 配馬氏子一——尚禹子二
長宗樸 侯考
次宗倫子一——興佳子一——玉來

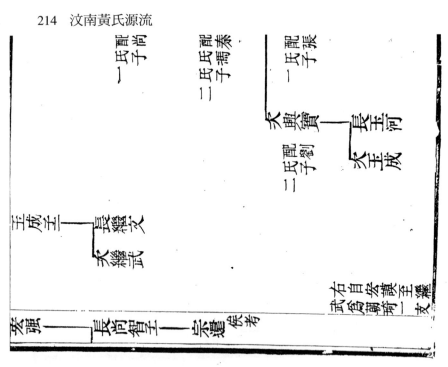

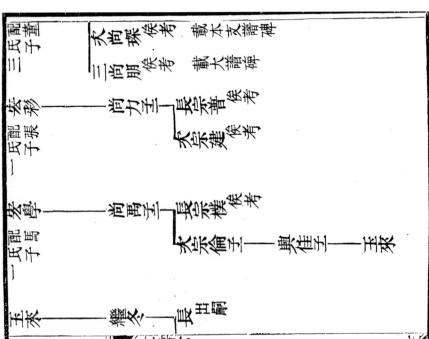

玉來——繼冬
長 出嗣

繼王
麟三
子

宏寵　配王氏子三
　長尚堯子二　配殷氏子二
　　長宗遷　俟考
　　次宗義　配侯氏子二　遷趙家堂
　　　長丕明
　　　次丕亮　配孫氏
　次尚舜　俟考
　三尚湯　俟考

次廣言　配陳氏

宏發子一——尚贊子一——宗正子一——興諒

右自宏强至興諒為朝庫一支

宏信　配劉氏子二
　長尚賑　配梅氏子一——宗尼　配趙氏子一——興吉　配張氏周氏子四
　　　　長玉溪
　　　　次玉璞
　　　　三玉振
　　　　四玉雷
　次尚美子二
　　長宗冕　見大譜碑
　　次宗茂　見本支譜碑　俱失傳

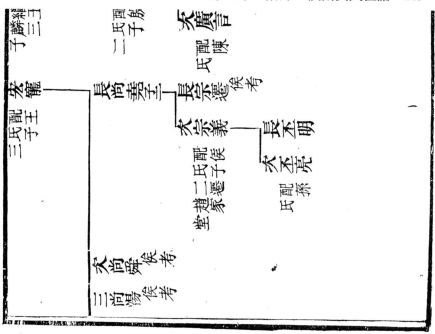

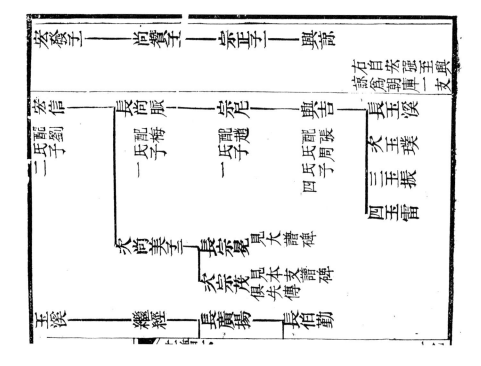

玉溪——繼經——長廣揚——長伯勤

配張氏繼玉璞子

配孫氏子三

玉璞
配秦氏張氏

者賓
配楊氏子三

次廣名
配季氏路氏子一
三出嗣

廣聲
配賈氏繼

配馬氏
次出嗣

三伯藻

伯儉

伯蓉

氏子一出嗣又繼經繼三子爲孫

玉振
配武氏繼繼太長子爲孫

玉雷
繼太
長出嗣

廣揚次子

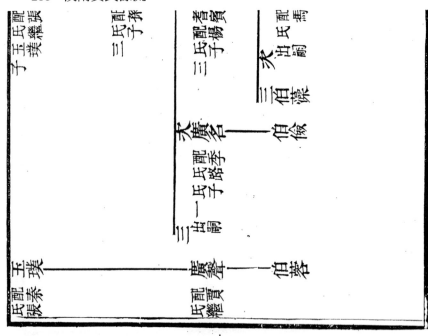

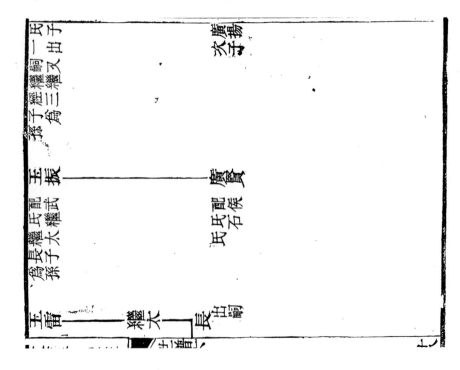

廣賢
配侯氏石氏

□□□ 配□氏 子一

舊譜作旺 配甯氏 子二

次廣孝 配張氏

宏任 配曹氏 子二

- 長尚選 配張氏 劉氏 子三
  - 長宗經 配張氏 子一 — 興有 配馬氏 子一 — 王文
  - 次宗爲 配秦氏 繼宗和 子三 — 興林 配孔氏 子一 — 王舍
  - 三宗輝 配楊氏 子一 — 興德 配孫氏 繼興業長子 — 王亭
- 次尚陛 一作廷 配丁氏 子三
  - 長宗閏 配孫氏 子四
    - 長興平 配趙氏 子一 — 王山
    - 次興安 配韓氏 子三
      - 長王海 早卒
      - 次王欽 舊譜作江

次宗河　配朱氏繼
興順　配孫氏子二
玉信　舊譜作禮

四興業　配韓氏子二
長　出嗣
次玉田

三興渭　配劉氏子二
長玉河
次　出嗣

三玉從

三宗和　配孫氏子三
宗利長子
一
長　出嗣
次興漢　一作堯繼興渭次子出嗣
三
玉水　舊譜作淮

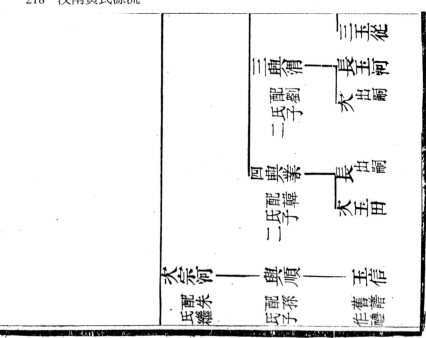

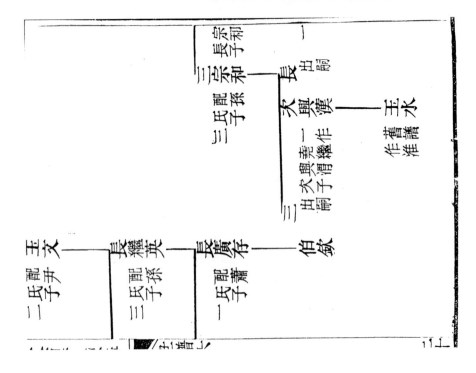

玉文　配尹氏子二
長繼英　配孫氏子三
長廣存　配蕭氏子一
伯欽

王倉 配□氏 孫孫

- 長繼中 早卒
- 次繼庸
- 次繼才 配楊氏 子一
  - 廣經 配張氏
    - 次廣珍 配胡氏 子一
      - 伯會
    - 三廣同

氏子二

王亭 舊譜作榮孫 配□氏 子四

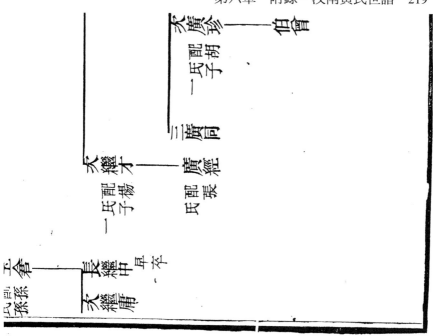

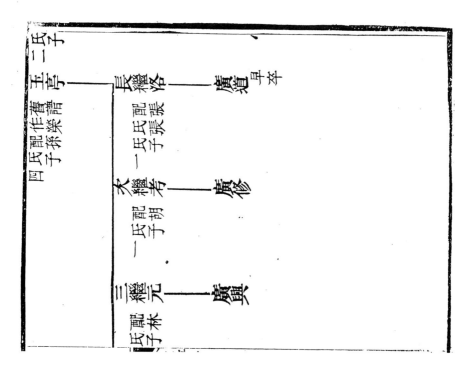

- 長繼洛 配張氏張氏 子一
  - 廣道 早卒
- 次繼考 配胡氏 子一
  - 廣修
- 三繼元 配林氏 子
  - 廣興

一

四繼泗 配張氏 子一 —— 廣起

玉山 配李氏 子二 —— 長繼法 配王氏 子二 —— 長廣柱 配張氏 子一 —— 伯蓮

次廣楝

次繼珍 —— 廣梁

配鄭氏 子一

玉欽 配王氏 子一、 —— 繼存 配邢氏

玉從 配吳氏 子二 —— 長繼溪 配張氏

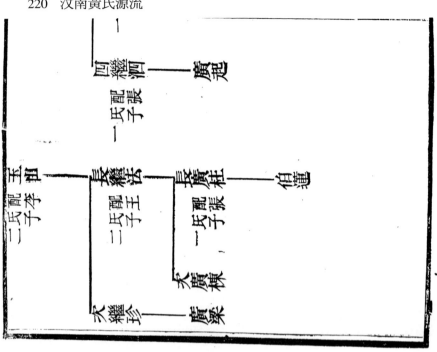

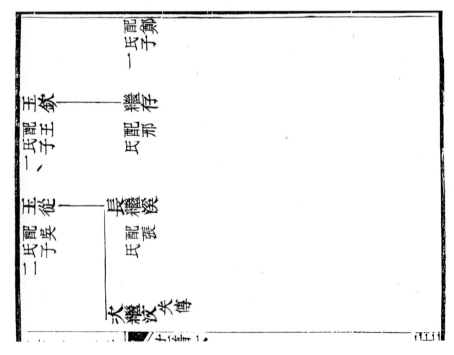

次繼汶 失傳

玉河　配翟氏子一
- 繼淼　配張氏子二
  - 長廣勇
  - 次出嗣

玉田　配樊氏子三
- 長繼仁　配張氏
- 次繼義
- 三繼禮

玉信　配朱氏子
- 繼旺

一

玉水　配朱氏子二
- 長繼穩　配王氏繼淼次子繼
  - 廣狀
- 次繼重　失傳

右自宏信至繼重爲朝鼎一支

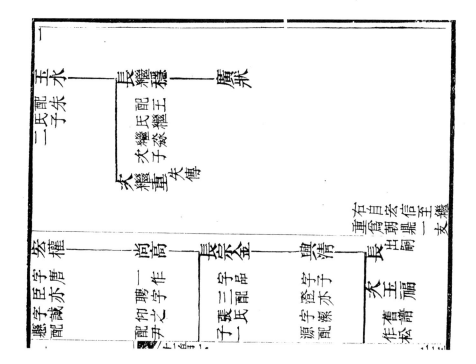

宏權　字唐臣亦字誠懸配
- 尚高　一作聘字仰之配尹
  - 長宗金　字品三配張氏子一
    - 興清　字子澄亦字潔源配
      - 長出嗣
      - 次玉福　舊譜作松

孫氏子一

氏孫氏子二

次宗寅 字敬仲配張氏繼興清長子爲孫

孫氏子四

三玉松 舊譜作柏

四玉桂 舊譜作楓

玉齡 舊譜作靈

玉福 字汝錫配魯氏子一

繼鳳 配王氏

玉松 字喬年配張氏子三

長繼仕 配邢氏子二

長廣鑾 配胡氏

次廣峯

次繼宦 配甯氏子二

長廣岫

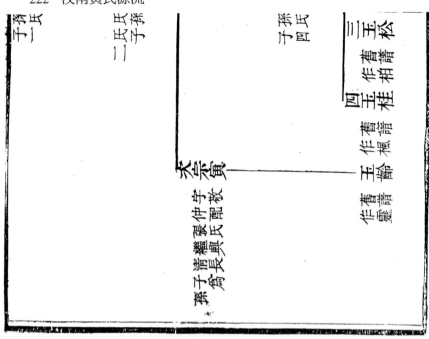

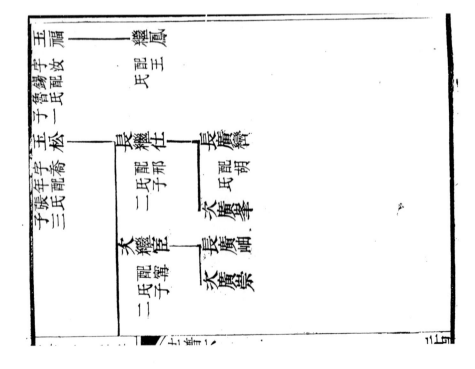

次廣崇

- 玉桂 字秋榮 配寗氏 子一
  - 繼桐 配鄭氏 子二
    - 長廣儒 早卒
    - 次廣侃
  - 三繼印 配王氏
- 三玉齡 字錫九 配夏氏 朱氏 子三
  - 長繼岐 字文山 者賓 配寗氏 陳氏 子二
    - 長廣田 字希稷 配張氏 子三
      - 長孝瑾 配林氏 子二
        - 長啟祥
        - 次啟禎
      - 次孝瑛
      - 三孝琳 配寗氏
    - 次廣原 配劉氏
  - 次繼華 字君實 者賓 配王氏 孫氏 子六
    - 長廣樂 字悅亭 亦字樂園 監生 配盧氏 子二
      - 長孝琨
      - 次孝琮

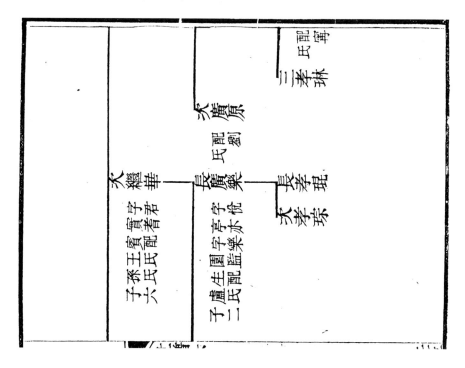

三繼學——廣慶

六廣恒

五廣忱

四廣忻

三廣愉　配薛氏

次廣怡　配劉氏　子一——孝理

字祝　三配薛氏

字習　傳配曹氏　張氏　子一

崇化　配郭氏　子二

長廷佐　子三

次廷弼

長朝炎　子一　大譜碑不載按本支譜補碑

宏爲　俟考　大譜碑屬朝孟三子按本支譜

右自宏權至廣慶爲廷魁一支以上各支統歸崇辨一支乃本支之長支也

- 次朝孟子三
  - 長宏文子二（碑改正）
    - 長尚秀
    - 次尚才
  - 次宏正　俟考
  - 三宏行　俟考
- 二朝麟子三
  - 長宏明子一
    - 尚友
  - 次宏亮　俟考

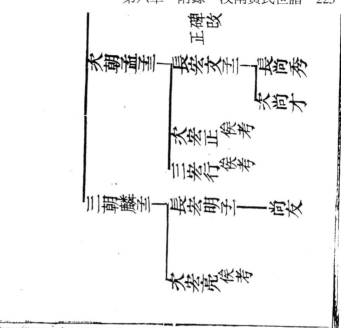

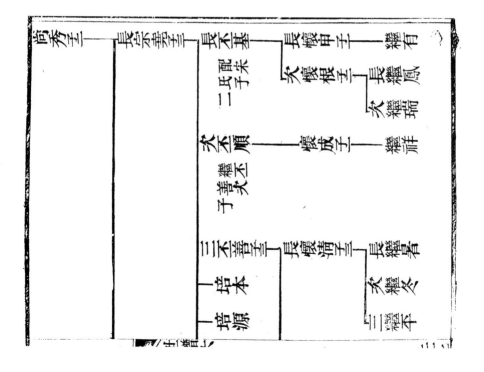

- 尚秀子三
  - 長宗圭子三
    - 長丕基（配宋氏子二）
      - 長懷甲子一
        - 繼有
      - 次懷根子二
        - 長繼鳳
        - 次繼瑞
    - 次丕順（繼丕善次子）
      - 懷成子一
        - 繼湃
    - 三丕善子三
      - 長懷清子三
        - 長繼皋
        - 次繼冬
        - 三繼平
  - 培本
  - 培源

次宗歐 子三
- 丕初 子三
  - 長懷有 早卒
  - 次 出嗣
  - 三懷漣 子四
    - 長繼福
    - 次繼祿
    - 三繼禎
    - 四繼美 舊譜作祺

培厚
右名載大譜碑

培清

培發
右名載本支譜碑俱無考

宗孔
宗冉
宗曾
右三名載本支譜碑俱無考

次懷亭 早卒
三懷明 早卒

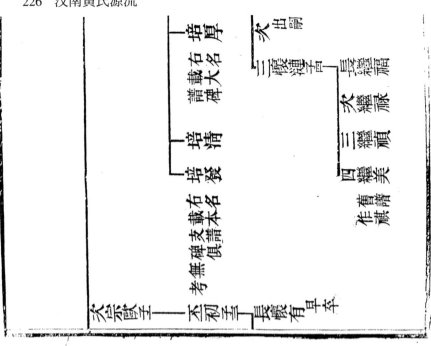

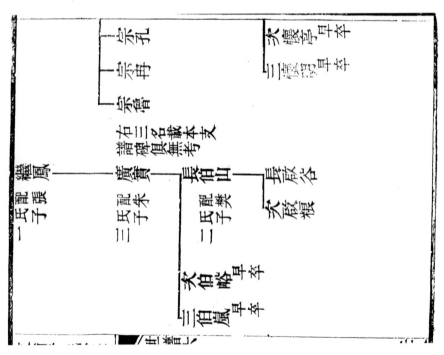

繼鳳 配張氏 子一
- 廣實 配朱氏 子三
  - 長伯山 配樊氏 子二
    - 長啟谷
    - 次啟根
  - 次伯峪 早卒
  - 三伯嵐 早卒

繼瑞子三
- 長廣擇　配陳氏子一
  - 伯仁　配陳氏
- 次廣讓　配甯氏郰氏子一
  - 伯臣　配雲氏
- 三廣謙　外出

繼暑子三
- 長廣寅
- 次廣業

現居泰邑

東向鎮

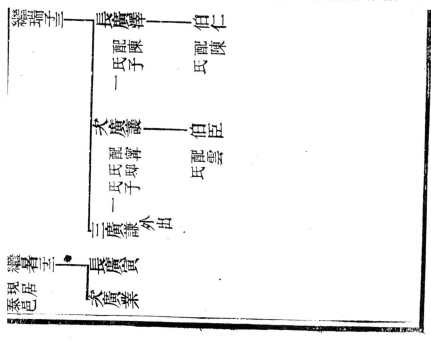

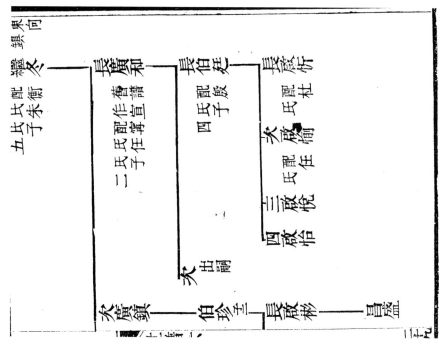

繼冬　配衛氏朱氏子五
- 長廣和　舊譜作宣　配甯氏任氏子二
  - 長伯廷　配殷氏子四
    - 長啟忻　配杜氏
    - 次啟愉　配任氏
    - 三啟悅
    - 四啟怡
  - 次　出嗣
- 次廣鎮
  - 伯珍子三
    - 長啟彬
      - 昌盛

舊譜作緒配馬氏繼廣和次子

配賈氏子二

三廣岱——伯倫

配高氏

舊譜作立配孫氏子一

次啟質

配蕭氏子一

四廣順——長伯綱——長啟寬

舊譜作教

配蕭氏劉

次啟潤

配林氏子三

氏子二

次伯常——啟孝

配蕭氏子一

三伯潤——啟忠

字澤民配朱氏子一

五廣亮早卒

繼平子三

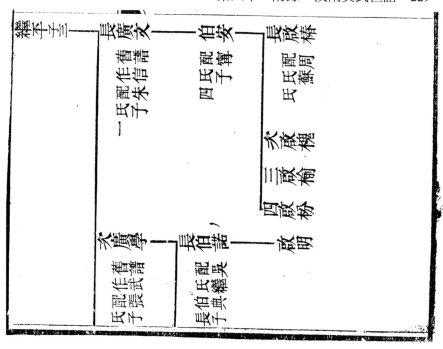

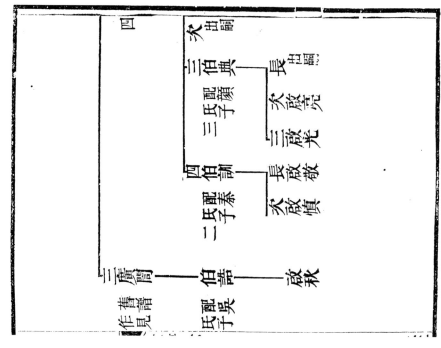

- 長廣文（舊譜作信　配朱氏子一）
  - 伯安（配甯氏子四）
    - 長啟椿（配周氏蘇氏）
    - 次啟槐
    - 三啟榆
    - 四啟枌
- 次廣學（舊譜作武　配張氏子四）
  - 長伯諾，（配吳氏繼伯典長子）
    - 啟明
  - 次出嗣
  - 三伯典（配顏氏子三）
    - 長出嗣
    - 次啟亮
    - 三啟光
  - 四伯訓（配秦氏子二）
    - 長啟敬
    - 次啟慎
- 三廣誾（舊譜作見）
  - 伯誥（配吳氏子）
    - 啟秋

繼福子一 — 廣敬 失傳
配周氏，繼廣學次子

繼祿 配孫氏子三
- 長廣玉
- 次廣聖
- 三廣來 配朱氏子二
  - 長伯謨
  - 次伯誨

繼禎 — 長廣錦 — 長伯源

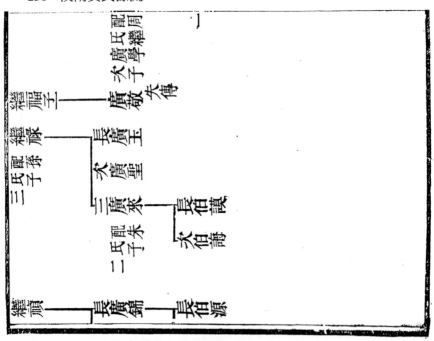

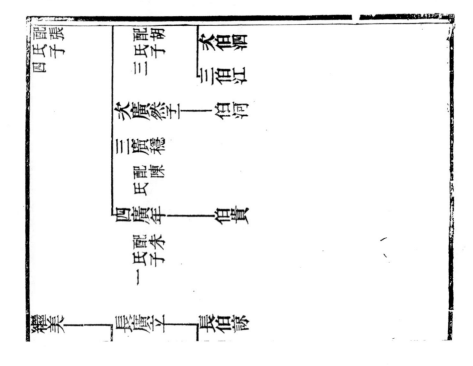

繼美 — 長廣字 — 長伯諒
配張氏子四
- 次廣然子一 配胡氏子三
  - 伯河
- 三廣穩 配陳氏
- 四廣年 配朱氏子一
  - 伯貴
- （廣然子）次伯酒、三伯江

配劉氏子三

次伯瑑

配曹氏子二

次廣德——伯銘

配孫氏子一

三廣理早卒

尚才子一——宗彥（一作顏）子二——長丕元早卒

大譜碑丕元宗歐三子丕中宗彥子今詢本支後人懷富丕元實是宗彥長子丕中乃是義子已歸宗

次丕倫——懷富

配楊氏陳氏子一

謹按大譜碑尚友子止宗程一人今依本支譜碑補入宗朱宗閔

尚友子三——長宗朱俟考

次宗閔俟考

三宗程俟考

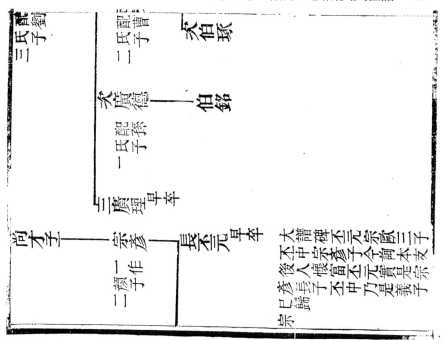

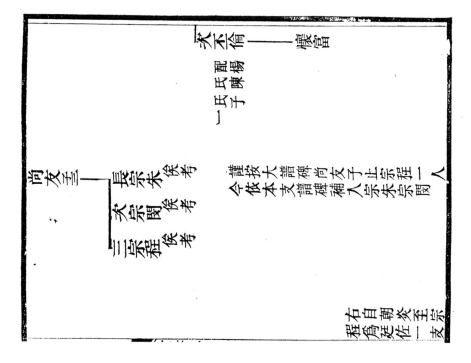

右自朝炎至宗程爲廷佐一支

廷弼 配蕭氏子二

長朝允 字殿卿監生配盧氏呂氏甯氏子四

長宏猷 字勲臣監生配尹氏子三

長尚任 配盧氏子四

長宗聖

次出嗣

三宗商

四宗唐

次尚義 配甯氏繼尚任次子

宗周

三尚禮 字敬乙配

宗虞

次宏業 字裴臣監生配張氏子三

陳氏子一

長尚珍 字待聘監生配范氏趙氏子一

宗參

次尚瑋 早卒

三尚琨 字仲玉監生配喬氏

長樹德

次樹綱

三樹紀

三宏圖　字致遠監生配劉氏子三

長尚瑛　武生配顏氏寧氏子一　子四
- 宗伊
- 四樹常

次尚珂　監生配劉氏子二
- 長宗戴
- 次宗載

三尚瑩　監生配王氏蕭氏子二
- 長宗李
- 次宗雲

四宏健　字懷遠監生以曾孫恩彤官廣東巡撫貽贈資政大

長尚珏　字璧連監生配王氏子二
- 長宗朱
- 次宗獻

次尚玫　字瑰軒監
- 長宗龍
- 次宗鳳

夫如其官配王氏贈二品太夫人子三

生配寧氏繼配劉氏子二

三尚璨——宗皋

字繡琳郡增生以孫恩彤貴誥贈奉直大夫晉資政

次朝貞子二——宏綱子二——長尚賢子五——長宗熹

大夫弁如其官縣志雋行有傳配張氏贈太宜人晉二品太夫人子一

次宗商

謹按本支譜碑尚賢

次尚功 子四

三宗閔 子有宗曾

四宗先 宗程與大

五宗夏 譜碑異

長宗武

次宗文

三宗虞 謹按本支譜碑

四宗湯 虞作殷湯作禹與大譜碑

異

宗聖 配孔氏子四

長丕忠 配陳氏子二

長懷淼

次懷紅

次 出嗣

三丕 失諱早卒

四丕誠

宗商 一作朱配

丕振 配陳氏子

長懷舉

次懷仲 子一

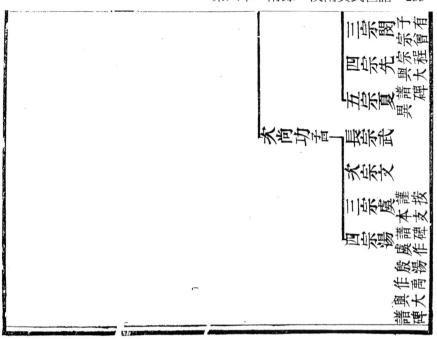

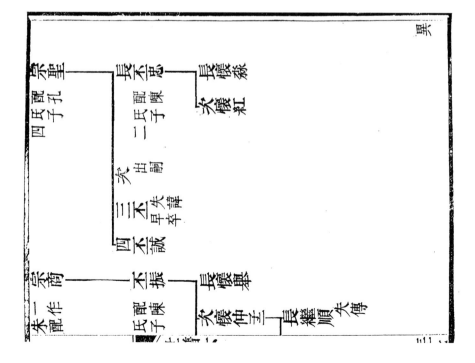

長繼順 失傳

劉氏
寗氏
一子

四

宗唐 一作賜 配吳氏 岳氏 子四
- 長丕光 配張氏 姜氏 子一
  - 懷椿 子三
    - 繼秀 配孫氏 子二
      - 長廣立
      - 次廣才 舊譜作美

三懷同 子一
- 繼銀 舊譜作順
- 次繼隆 舊譜作隆

四懷勤

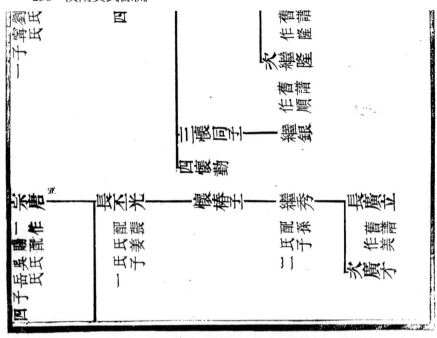

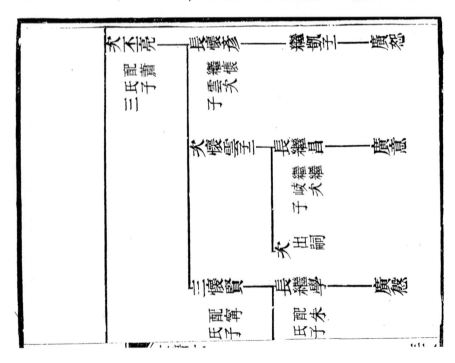

- 次丕亮 配蕭氏 子三
  - 長懷彥 繼懷雲次子
    - 繼凱 子二
      - 廣恕
  - 次懷雲 子二
    - 長繼昌 繼繼岐次子
      - 廣意
    - 次出嗣
  - 三懷賢 配寗氏 子一
    - 長繼學 配朱氏 子一
      - 廣愻

四

一

次繼文　舊譜作修　配劉氏　子三
- 長廣勳
- 次廣丰
- 三廣榮

三繼立　舊譜作岐　配寗氏　子一
- 廣仲

四繼岐　舊譜作恒　配梁氏　子二
- 長廣會　一作夯
- 次出嗣

三丕明　早卒

四丕照　配岳氏　子三
- 長懷温　配蔡氏　子二
  - 長繼星　配孫氏　子一
    - 廣本
  - 次繼辰

配馬氏
王氏

次懷莊 配張氏 子三

- 長繼桓 舊譜作觀 配孫氏 子二
  - 長廣僧
  - 次廣道
- 次繼朋 配高氏 子二
  - 長廣洪
  - 次廣見
- 三繼選 配高氏 子一
  - 廣艮

三懷訓 配鄭氏 子三

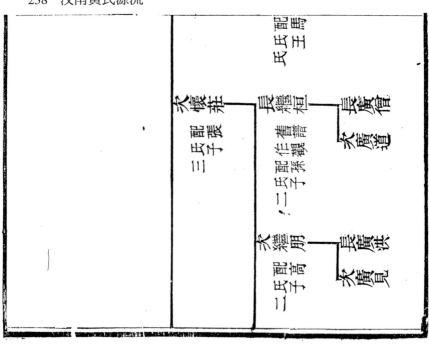

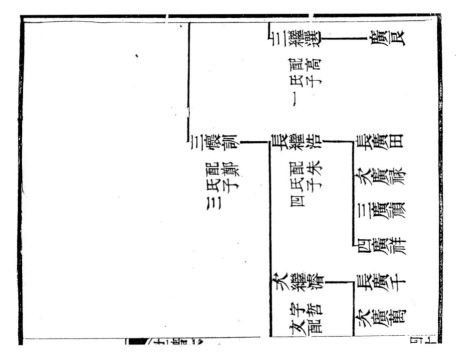

- 長繼浩 配朱氏 子四
  - 長廣田
  - 次廣祿
  - 三廣禎
  - 四廣祥
- 次繼濬 字哲文 配
  - 長廣千
  - 次廣萬

丁氏
子三

三廣逵
配蘇氏

三繼瀛
字蓬閣
配蘇氏
子三

長廣義

次廣藩
字价人
配田氏

三廣慶
配高氏

廣立子一——伯保

廣恕子一——伯能

廣愍——伯桂
配張氏
子一

廣勤
配胡氏
子四

長伯恭
配于氏
子二

長啟家

次啟業

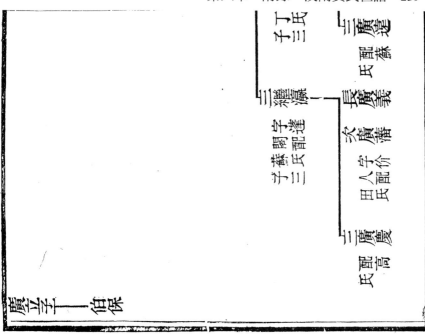

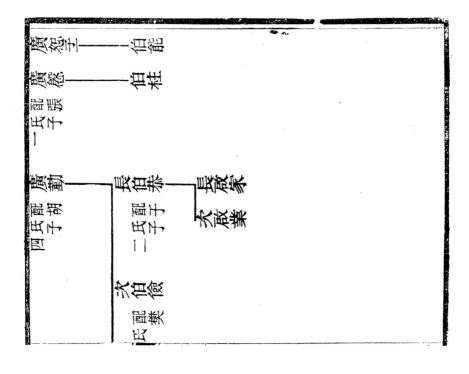

次伯儉
配樊氏

三伯讓

四伯德

廣丰 配武氏 子二
- 長伯敬 配張氏
- 次伯篤

廣榮 配林氏 子三
- 長伯謙 配蘇氏
- 次伯禹 配周氏
- 三伯湯

廣仲 配朱氏 子二
- 長伯富
- 次伯有

廣會 配林氏 子二
- 長伯全
- 次伯水

廣本 配楊氏 子
- 長伯恩
- 次伯惠

二

廣洪子二——伯盛

廣良——長伯善
　　　——次伯慈
配朱氏子二

廣田——伯同
　　　配陳氏
配孫氏子一

廣祿——長伯印

配劉氏子二——次伯冬
　　　　　　配蘇氏

廣禎——伯考
配秦氏子一

廣祥——伯稽
配薛氏子一

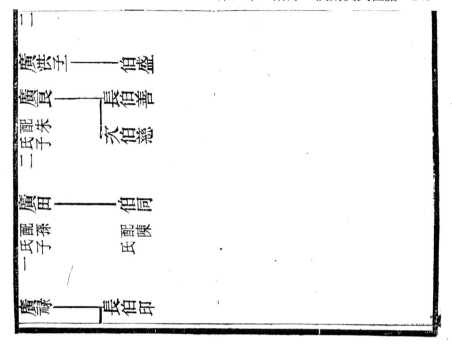

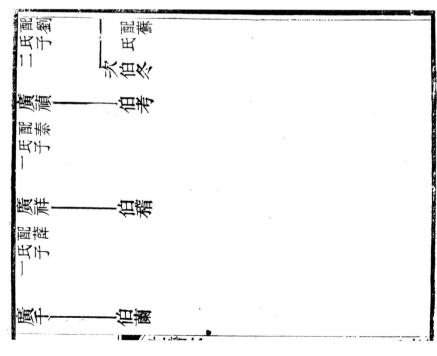

廣千——伯蘭

配田氏子一

- 廣義 配孔氏子三
  - 長伯發
  - 次伯中
  - 三伯恒
- 宗周 配徐氏寗氏朱氏張氏子五
  - 長不顯 配朱氏子二
    - 長懷方子
      - 繼公 失傳
    - 次懷元 字冠德 配王氏 子三
      - 長繼訓 字言如 監生 配王氏 子三
        - 長廣華
        - 次廣秀
        - 三廣基
      - 次繼科 配朱氏子一
        - 廣浹
      - 三繼謙 舊譜作騫 字子益 配孫氏 子三
        - 長廣涵 配劉氏
        - 次廣滋
        - 三廣潤 配林氏

- 次丕烈　配鄭氏繼丕雨長子
  - 懷孔　配陳氏子一
    - 繼清　配邢氏子一
      - 廣哲
- 三丕謨　配曹氏子二
  - 長懷端子二
    - 繼法　舊譜作中　配張氏子四
      - 長廣苓
      - 次廣和
      - 三廣厚
      - 四廣河
  - 次懷正
- 四丕雨　配高氏子五
  - 長　出嗣
  - 次懷孟　配丁氏子三
    - 長繼廣　配王氏子二
      - 長云代
      - 次云隨
    - 次繼颶　早卒
    - 三繼楷　失傳
  - 三懷顏　配樊氏繼懷曾長子
    - 繼坤　舊譜作濱　配馬氏子二
      - 長廣京
      - 次廣剛

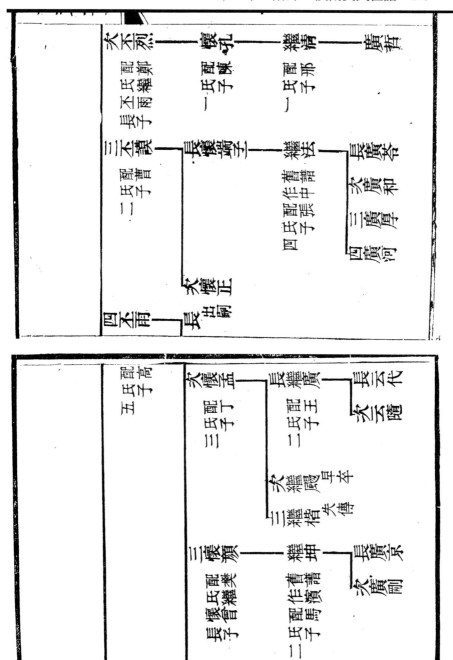

四懷曾 配陳氏 子三
- 長 出嗣
- 次繼水 配王氏 子二
  - 長廣如
  - 次廣喜 配張氏
- 三繼才 配張氏 曹氏 子二
  - 長廣寶
  - 次廣貝

五懷思 配秦氏 子
- 繼劉

五不章 配孫氏 子二
- 長懷平 子一
  - 繼忠 舊譜作遂 配張氏 子二
    - 長廣法
    - 次廣孜
- 次懷安

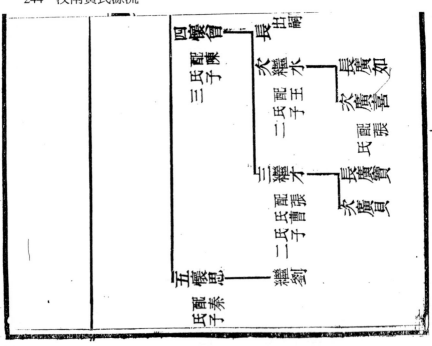

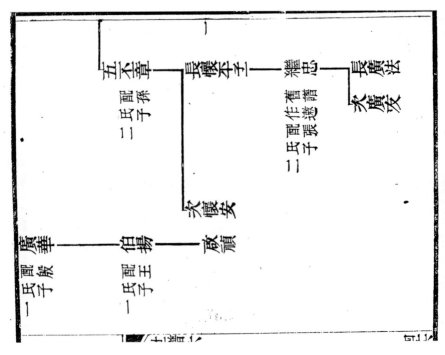

廣華 配殷氏 子一
- 伯揚 配王氏 子一
  - 啟禎

廣基 配魏氏 子二
- 長伯卿
- 次伯相

廣浹 配彭氏 子二
- 長伯誠 配程氏 子一
  - 啟福
- 次伯信

廣哲 配蔡氏 子
- 長伯仲
- 次伯講

二

廣荅 配陳氏 子二
- 長伯福 配甯氏 子二
  - 長啟仁
  - 次啟義
- 次伯同 配張氏 子二
  - 長啟禮
  - 次啟智

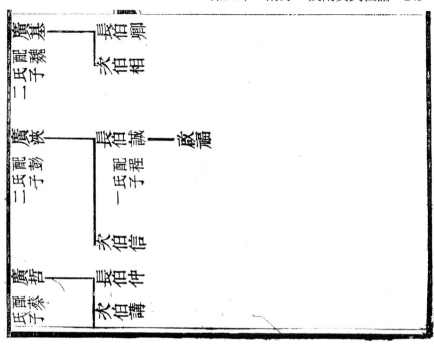

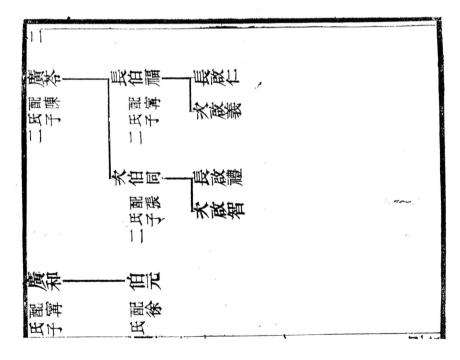

廣和 配甯氏 子
- 伯元 配徐氏

一

廣厚——伯貞
配張氏子一　配鹿氏

廣河——伯祥
配甯氏子一　配阮氏

云代——伯緒
配趙氏繼

云隨子
云隨子一出嗣

廣法——伯愛
配張氏子一

廣友——伯慈
配孫氏子一

宗虞——長不俊——長懷康——長繼存——長廣秋外出

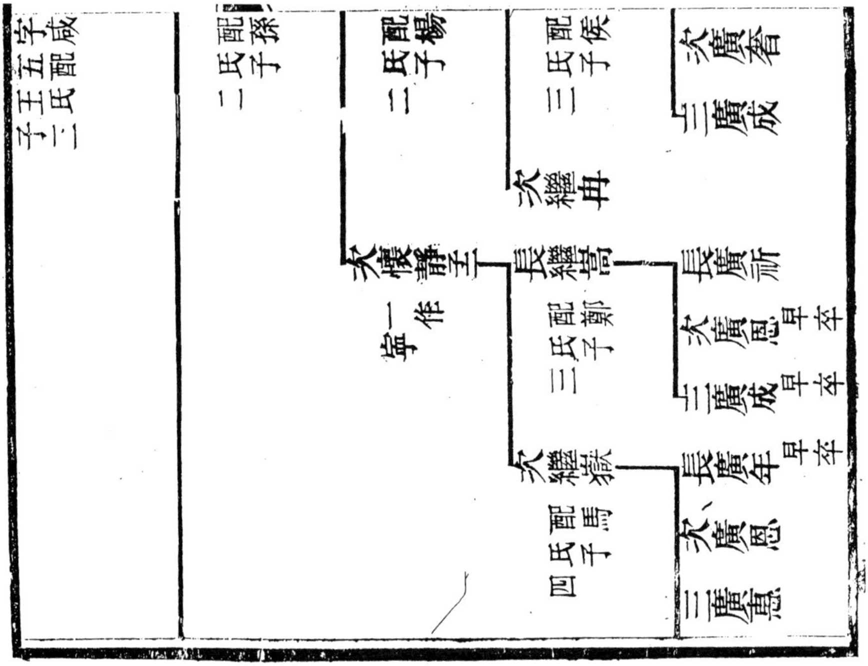
次廣蒼
三廣成
配侯氏子三
次繼冉
長繼菖
配鄭氏子三
長廣沂
次廣恩 早卒
三廣成 早卒
次繼嶽
配馬氏子四
長廣年 早卒
次廣恩
三廣惠
次懷靜
配楊氏子二
配孫氏子二

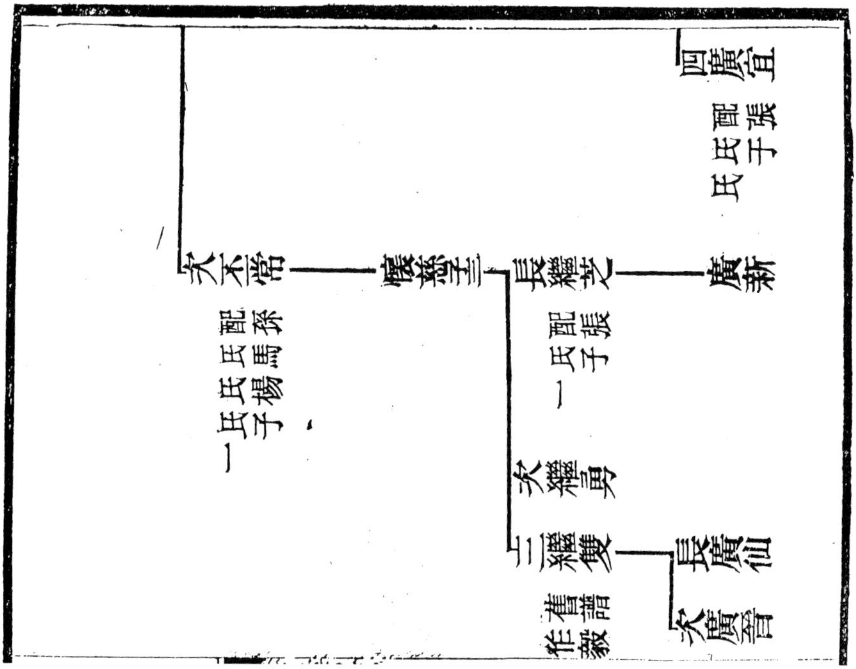
四廣宜
配張氏
廣新
長繼芝
配張氏子一
次繼勇
三繼雙
長廣仙
次廣晉
懷慈
次丕常
配孫氏
配馬氏
配楊氏

配陳氏子二

廣脊 配張氏子三
- 長伯忻
- 次伯悅
- 三伯怡

廣沂 配張氏子二
- 長伯亭
- 次伯方 配魏氏馬氏

廣恩 配李氏子一
- 伯泰

廣惠 配樊氏楊氏子二
- 長伯平
- 次伯妥

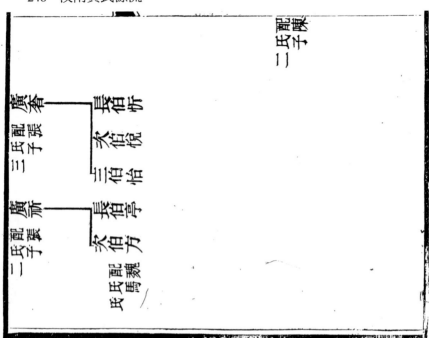

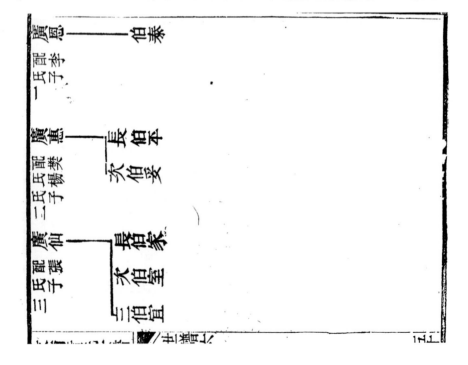

廣仙 配張氏子三
- 長伯家
- 次伯室
- 三伯宜

宗參 字會亭監生配梁氏尼氏子五

長文魁 配李氏于氏子四

長懷進 配殷氏子一繼懷寶長子

繼彪 早卒

嗣子 繼雷 配甯氏子一

廣臣

次懷寶 配張氏子二

長 出嗣

次繼雨 配甯氏子一

廣君 配王氏

三懷盈 舊譜作鎬 配朱氏子二

長繼洲 配朱氏子一

廣羣

次繼雲 早卒

四懷澧 配張氏子四

長繼霞 配馬氏子二

長印孝

次印學

次繼鈺 配侯氏子三

長印臣

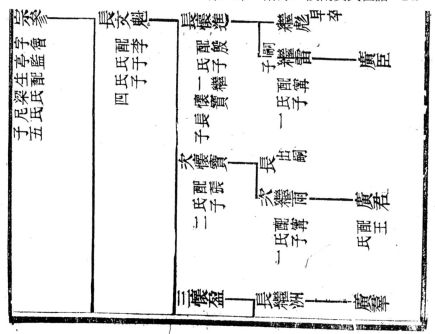

次印忠

次文元 配劉氏子一
- 懷考 配郭氏子二
  - 長繼盛 舊譜作晟 配秦氏子
    - 廣祿
  - 四繼孔 配杜氏子一
    - 印江
  - 三繼亮 配謝氏子一
    - 印海

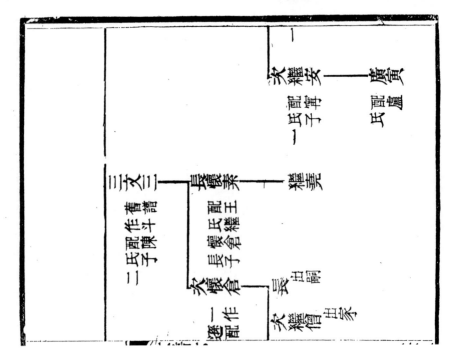

三文三 舊譜作斗 配陳氏子二
- 長懷素 配王氏繼懷倉長子
  - 繼堯
  - 次繼安 配寗氏子一
    - 廣寅 配盧氏
- 次懷倉 一作遜 配
  - 長 出嗣
  - 次繼僧 出家

二

孫氏 子四

三繼興

四振田 配李氏

四文柱 配韓氏 子三

- 長懷祐 早卒
- 次懷湘 舊譜作祉 配武氏 子二
  - 長繼鰲 配馬氏 子一
    - 廣孚
  - 次出嗣
- 三懷冬
  - 繼平

樹德 字滋亭 監生 配王氏 蕭氏 子三

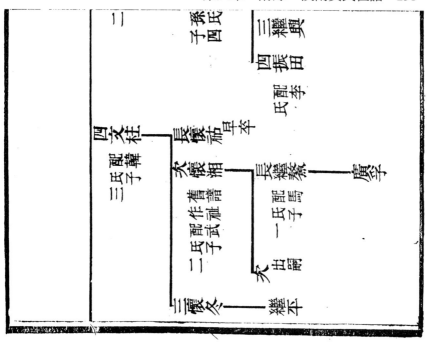

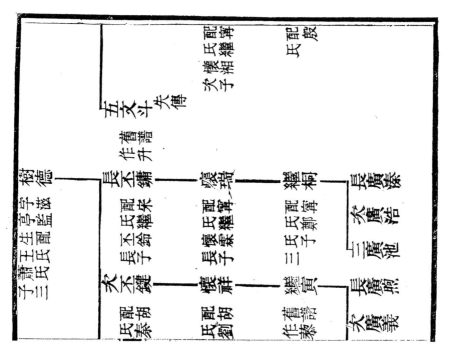

- 長丕鏞 舊譜作升 配宋氏 繼丕鈴長子
  - 懷瑞 配甯氏 繼懷霖長子
    - 繼桐 配甯氏 鄭氏 子三
      - 長廣溱
      - 次廣浩
      - 三廣池
- 次丕鍵 配胡氏 秦氏
  - 懷祥 配胡氏 劉氏
    - 繼寅 舊譜作藜
      - 長廣煦
      - 次廣義
- 五文斗 失傳 配甯氏 繼懷湘次子 配殷氏

氏子一

氏子一

配汪氏子五

三廣元

四廣魁

五出嗣

三丕鈴 配魏氏子三

長出嗣

次懷泗 配樊氏子一 —— 繼崗 配陳氏高氏

三懷霖 —— 長出嗣

配谷氏子二

次繼汾 配郭氏繼氏繼寅子五 —— 嗣子廣成 配鄭氏

廣漆 配王氏子一 —— 伯禹

廣義 配林氏子一 —— 伯符

廣魁——伯印
配倪氏子一

樹綱——丕欽——長懷立——繼遂——長廣盈
字畢亭配吳氏子一
字若文配程氏子四
字鴒堂配鄭氏楊氏張氏繼懷鈔長子
字謙菴配張氏子三
次廣茂
三廣璽

次懷卓——繼田——長廣明

配陳氏繼懷鈔次子
舊譜作庋配胡氏婁氏子三
次廣輝
三廣耀

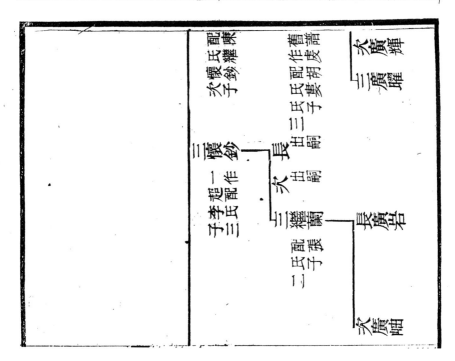

三懷鈔——長 出嗣
一作起配李氏子三
次 出嗣
三繼蘭——長廣岩
配張氏子二
次廣畼

配程氏

四懷霑
配韓氏
樊氏

廣盈
配林氏
三子

長伯科
配朱氏

次伯溪
配楊氏
一子

啟高

三伯渠
配甯氏

廣茂
配辛氏
一子

伯澎

廣璽
字寶卿
配尚氏
侯氏
二子

長伯汶

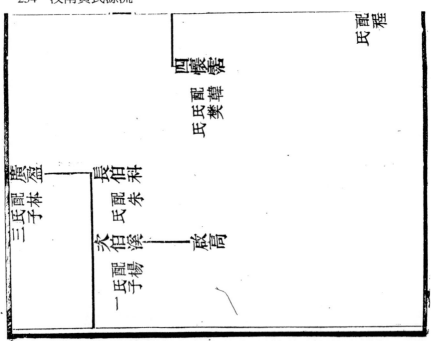

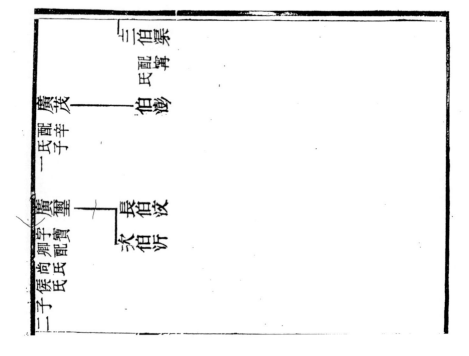

次伯沂

- 廣明 配王氏 張氏 子二
  - 長伯澤
  - 次伯潔
- 廣岩 配趙氏 陳氏 子一
  - 伯澄
- 樹紀 字肇修 配陳氏 子四
  - 長丕鈞 配汪氏 子一
    - 懷仁 配李氏 子二
      - 長繼誠 配甯氏 子三
        - 長廣海 早卒
        - 次廣策
        - 三廣殿
      - 次繼信 配孫氏 子三
        - 長廣仲
        - 次廣有
        - 三廣收
  - 次丕修 配秦氏 子一
    - 懷斌
  - 三丕敏 配李氏 子二
    - 長懷存 配谷氏 子二
      - 長繼雩 配盧氏 子二
        - 長廣俊
        - 次廣倫

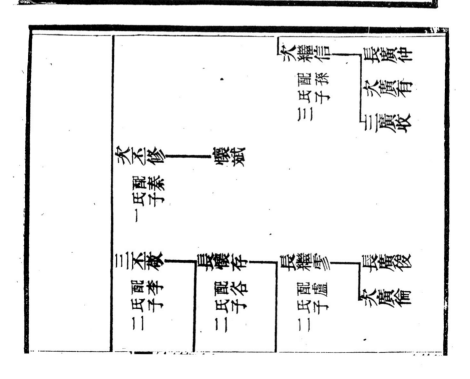

- 四丕冬 配柳氏 子一
  - 懷曾 配辛氏 李氏 子二
    - 長繼庚
    - 次繼甲
  - 次懷東 舊譜作汲 配王氏 子一
    - 繼成 早卒
  - 次繼囊 配馬氏

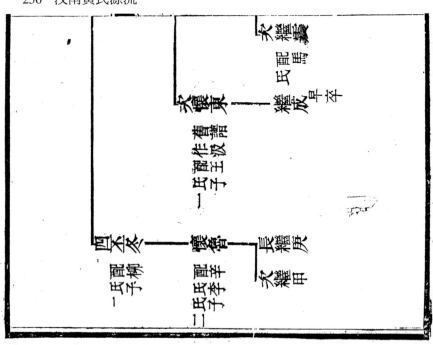

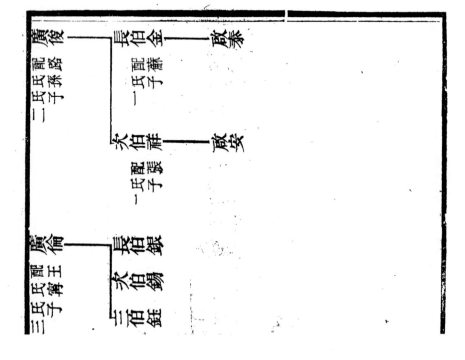

- 廣俊 配路氏 孫氏 子二
  - 長伯金 配蘇氏 子一
    - 啟泰
  - 次伯祥 配張氏 子一
    - 啟安
- 廣倫 配王氏 寗氏 子三
  - 長伯銀
  - 次伯錫
  - 三伯鈺

- 樹常　字徽五　配胡氏　子二
  - 長不鑾　配孫氏　子三
    - 長懷祿　舊譜作瑾　配朱氏　子一
      - 繼瀚　配趙氏　子三
        - 長廣乾
        - 次廣玉　早卒
        - 三廣存
    - 次懷珠　配劉氏　子五
      - 長繼標　舊譜作掄　配張氏　子二
        - 長廣坤
        - 次廣還　外出
      - 次繼憲
        - 長廣朗　早卒
      - （繼□）　舊譜作流　配蔡氏　子二
        - （長廣□）
        - 次廣亨　配尹氏
      - 三繼矩　舊譜作泳　配薛氏　子三
        - 長廣江
        - 次廣松
        - 三出嗣
      - 四繼善　舊譜作游
        - 廣海

配樊氏繼
繼矩
三子

五繼沚 配張氏 二子
長廣利 配孫氏
次廣渭

三懷琚 配孫氏 侯氏 張氏 三子
長繼方 配高氏 二子
長廣盛
次廣進

次繼棟
長廣福

次丕銓 配李氏 李氏 二子
長懷瑢 配董氏 一子
繼椿 配李氏 張氏 三子
長廣錫 配蕭氏
次廣厚
三廣倉

三繼殿 早卒 配辛氏 三子
次廣署 配朱氏
三廣蘊

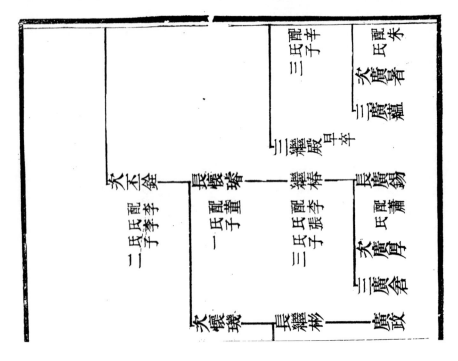

次懷璣
長繼彬
廣政

配楊氏子二

配甯氏繼繼汝長子

次繼汝——長 出嗣
　　　　　次廣端

配尚氏子二

廣乾——長伯慈
　　　　次伯忠
　　　　三伯孝

配張氏子三

廣存——伯和

配王氏子一

廣坤——長伯勤
　　　　次伯儉

配薛氏子二

廣亨——伯泉

配孫氏子一

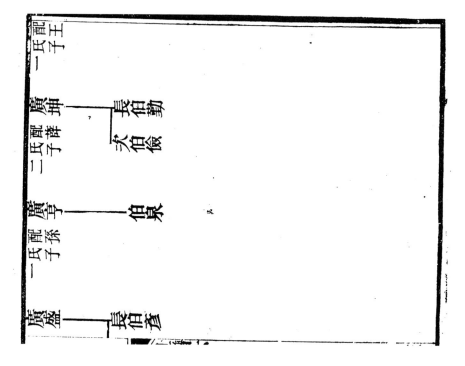

廣盛——長伯彥

配石氏子三
次伯商
三伯湯

廣進 配寗氏子一
伯舜

宗伊 配張氏子一繼宗載次子
丕臨 外出卒
嗣子 丕運 一作謙配張氏初繼
懷儉 舊譜作紀配何氏子
長繼秋
次繼春 配張氏

宗戴 配趙氏繼宗載長子
丕湘 一作豫

宗載
長 出嗣

丕復 長子後歸宗復繼其次子
五
三繼夏
四繼冬 配耿氏
五繼年 配李氏

配施氏子二

次 出嗣

宗孚 配丁氏子一

不復 配孫氏子二

長懷勤 舊譜作藻配韓氏劉氏子一

次 出嗣

繼穩 配馬氏子二

長廣成 配孫氏

次廣生 配朱氏

宗雲 配樊氏子

長丕豐 失傳

次丕壯 早卒

二

宗朱 字滄畏監生配張氏子一

丕興 字詩可早卒配李氏殉難旌表節烈縣志有傳繼丕協長子

執玉 配劉氏旌表節孝子一繼輯玉三子

繼蕃 早卒

嗣繼棨 子

五品銜配甯氏子一

潤棠

潤棠

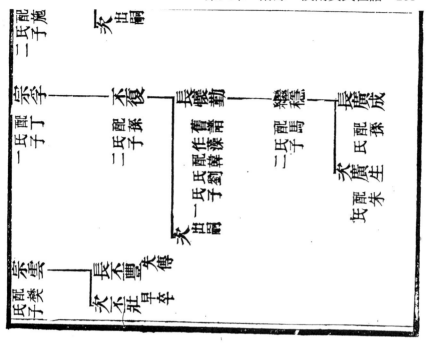

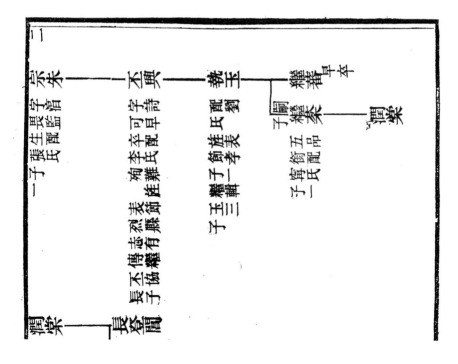

長登閭

配樊氏子二

次登榜

宗獻　早卒繼宗皋長子以嗣子恩壽貴例贈文林郎如其官配朱氏旌表節孝縣志有傳例贈太孺人晉太宜人

恩壽　原名丕節字彥時別字竹泉優廩生道光甲午舉人乙巳進士分發四川即用知縣議敘同知銜以姪師閭翰林院編修貤贈文林郎縣志文學有傳配柳氏

寶書　字東倩別字珠舡優廩生咸豐壬子舉人大挑二等候選教諭署臨清州學正縣志文學有傳配甯氏例贈孺人繼配甯氏例封孺人子一繼瑞玉長子

稽田　早卒

嗣子傳宗　字翰圜監生配甯氏

- 宗龍　字雲從監生配武氏李氏朱氏繼宗鳳長子
  - 例封孺人晉宜人子一
  - 丕勲　字麟閣七品銜配林氏子二
    - 長秉玉　字文德七品銜配張氏子一
      - 繼和　配林氏子二
        - 長福棠　早卒
        - 次秀棠
    - 次輯玉　字瑞五介賓配秦氏子四
      - 長繼廉　字品清者賓配張氏潘氏子三
        - 長敬棠
        - 次禮棠
        - 三萼棠
      - 次繼禧　字祥甫亦字習菴從九品銜配甯氏子三
        - 長召棠
        - 次早卒
        - 三申棠　配朱氏
      - 三出嗣
      - 四繼銘
        - 長學棠

秀棠 字松嶺配孫氏子二
- 長登墀
- 次登堦

敬棠 配薛氏子一
- 登瀛

召棠
- 長登賢

一作馥配劉氏子二
- 次敏棠

一作樹配朱氏子二
- 次登杰

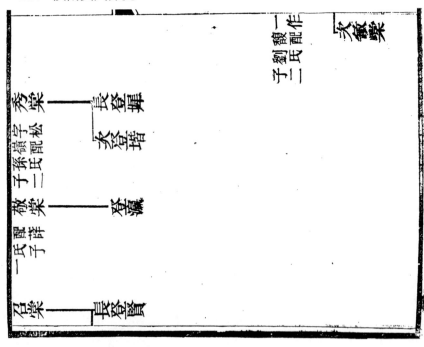

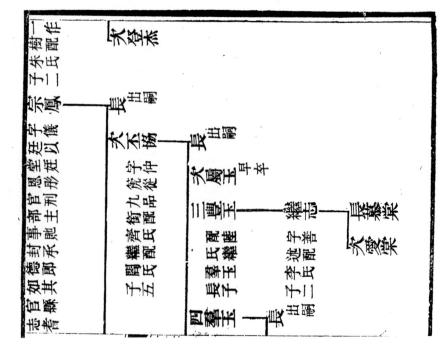

宗鳳 字儀廷以堂廷恩彤官刑部主事貤封承德郎如其官縣志者
- 長 出嗣
- 次丕協 字仲篪從九品銜配齊氏繼配閻氏子五
  - 長 出嗣
  - 次屬玉 早卒
  - 三豐玉 配睦氏繼羣玉長子
    - 繼志 字善述配李氏子二
      - 長慕棠
      - 次愛棠
  - 四羣玉
    - 長 出嗣

德有傳配程氏封安人子三

宗臯 字翹元監

長 出嗣

次 恩彤

三 丕懋 早卒

配朱氏子二

五 瑞玉 配楊氏子四

次 繼讓 配馬氏

長 出嗣

次 繼惠

三 繼慈

四 繼珂

長 師誾

長 力田

長 彥忱

生以子恩彤貴誥封奉直大夫晉資政大夫弁如其官縣志篤行有傳配劉氏繼配劉氏俱

原名丕範字綺江別字石琴優廩生道光壬午舉人丙戌進士刑部主事洊升員外郎郎中京

字誾如號慕蹇別號小琴附監生道光癸卯舉人咸豐壬子進士翰林院庶吉士授職編修奏

字春農別字井生增貢生候選通判鹽提舉銜賞戴藍翎配孫氏繼配周氏例贈安人晉宜

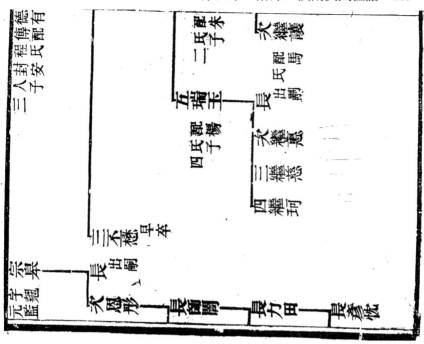

次 彥怡

封太宜人晉二品太夫人子二

察一等江南鹽巡道江蘇按察使調廣東按察使廣東布政使軍功賞戴花翎兵部侍郎都察

辦院事加五品銜軍功賞戴花翎記名御史詹事府右春坊右贊善京察一等廣西思恩

人繼配尹氏例封安人子二

大福田 字心農別字鈞垓附貢生由訓導議敘教諭配鄭氏

彥恪

院右副都御史廣東巡撫兼署學政已亥科順天鄉試同考官庚子科廣西鄉試正考官丙午

府知府調補桂林府知府廣西盡先補用道編修任內以記名御史加級請封通議大夫配

例封孺人子一

科廣東武鄉試主考官光緒壬午科恩准重赴鹿鳴宴賞加二品銜國史縣志俱有列

寳氏 封恭人晉淑人

二子

次師侃 字侃如監生候補內府中書科中書舍人議敘員

長守田 字墨農監生五品頂戴議敘州同配張氏林氏例封

　彥誠

傳配齊氏繼配孫氏俱贈二品夫人繼配袁氏封二品夫人子二

外郎銜賞戴花翎配劉氏例封孺人晉宜人子三

安人子一

次開田 字杏農廩貢生議敘訓導配周氏例封孺人子二

　長彥忠 字子雋號蓋臣監生配鄭氏

　次彥威

三稔田

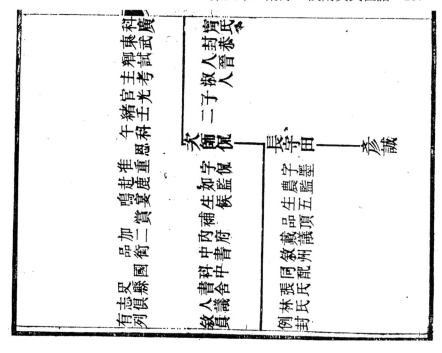

　長彥榮

字秋農監生議敘布政司照磨配孔氏例封孺人子四

字子仁監生配周氏

次彥琪

三彥珍 字聘卿配穆氏

四彥瑜

彥忱 字迪之邑庠生配楊氏子一 —— 文麟

彥怡 字悅之監生議敘按察司照磨配孔氏例封孺人子一 —— 禧麟

彥惛字慎之邑庠生配鄭氏孔氏子一
- 振麟

彥誠字子實監生議敘按察司照磨配沈氏例封孺人子五
- 長祚麟
- 次禎麟
- 三祿麟
- 四祉麟
- 五祜麟

彥威字子固號董臣監生配王氏子一
- 德麟

彥琪
- 長芝麟

次錫麟 字瑶峯監生配蒋氏周氏子二

宗熹 配顧氏子三
- 長 出嗣
- 次丕安 繼丕榮長子
  - 懷山
- 三 出嗣

宗先 配張氏子二
- 長丕性
- 次丕臣 配孫氏子一
  - 懷清 舊譜作能配陳氏

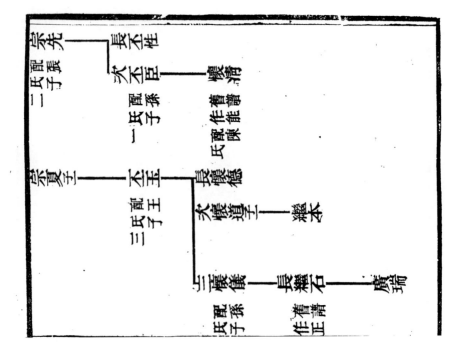

宗夏子一
- 丕玉 配王氏子三
  - 長懷德
  - 次懷道子一
    - 繼本
  - 三懷儀 配孫氏子
    - 長繼石 舊譜作正
      - 廣瑞

四

配田氏繼山次子繼山
次繼山　配張氏子三
長廣祥
次出嗣
三廣田

三繼泉　配甯氏子二
長廣禎
次廣祿

四繼水
長廣乾

配張氏子三
次廣坤
三廣麟

長繼來　舊譜作强
長廣甫
次出嗣

次懷玉　配楊氏子
長出嗣

丕榮　嗣子　配侯氏子三

宗武子　繼宗熹三子
丕和　早卒

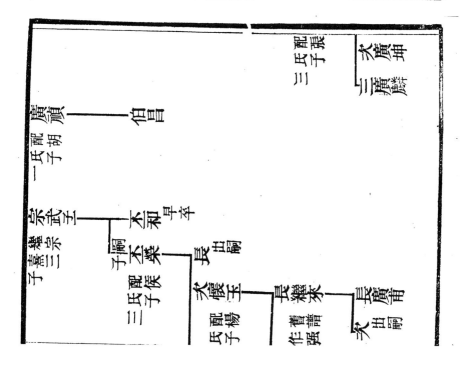

廣禎　配胡氏子一
伯昌

三

配孫氏子二

次繼興 — 廣曾

舊譜作齋配于氏繼繼來次子

三繼立

三懷嶺 — 繼發 早卒

配孫氏子

廣甫 字仲山配王氏子四

長伯熙 配陳氏子一 — 啟華

次伯勳 配王氏

三伯煐

四伯炬

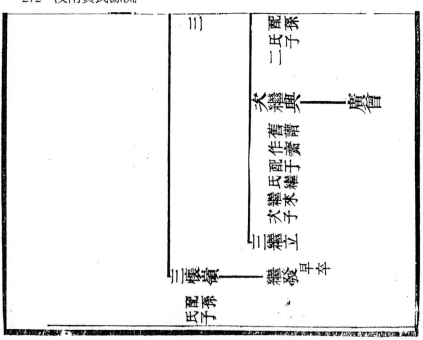

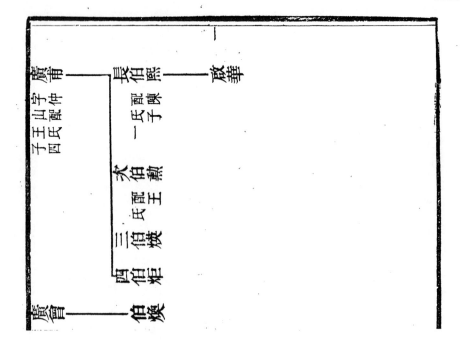

廣曾 — 伯煥

宗文（繼宗熹長子）配胡氏子一
- 丕明子二
  - 懷亮

右自朝允至懷亮爲廷弼一支，合二支統歸崇化一支，乃本支之二支也

崇善 配葛氏子二
- 長廷憲子三（一作現）
  - 長朝印子二
    - 長宏覺 俟考
    - 次宏聖 俟考
  - 次朝貴子一
    - 宏能 俟考
  - 三朝興子三
    - 長宏謀 俟考
    - 次宏巢子二
      - 長尚雨
      - 次尚起 俟考
    - 三宏莽 俟考
- 次廷茂 俟考

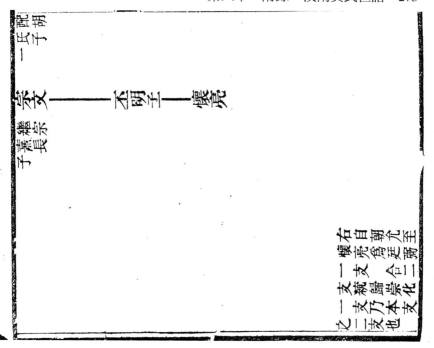

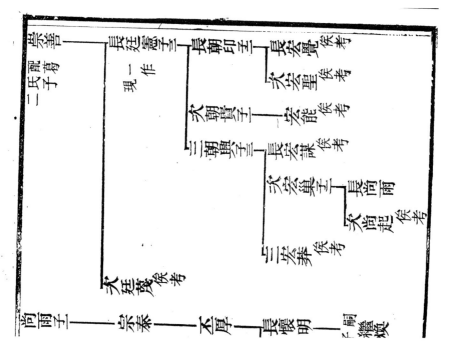

尚雨子一
- 宗泰
  - 丕厚
    - 長懷明
      - 嗣子繼煥

配胡氏繼宗聖次子

配朱氏王氏子二

配樊氏繼懷隆長子

次懷隆子二

長出嗣

次繼傑

繼煥子二

廣環

右自廷憲至廣環爲崇善一支乃本支之三支也　謹按康熙二十七年本支譜碑朝印子有宏覺宏聖朝貴子有宏能朝興子有宏謀而大譜碑俱不載今補入又大譜碑崇善有次子廷蔑朝興子有宏巢宏莽而本支譜碑俱不載大譜碑應別有所據今仍之

謹按以上各世譜共分五支一長支二次長支三次長二支四次二支五次三支但按嘉靖十一年石幢舊譜長支邦瑞祖下有曰梅曰棣二支迨三十年三官祠譜碑則止有曰棣一支又石幢次長支邦臣祖下有曰檻曰松曰柏三支三十年譜碑則仍列曰檻曰柏并無曰松又增入曰棟曰梃二支又石幢次二支邦治祖下有曰桐一支三十年譜碑則增入曰榛一支蓋三十年上距十一年已閱二十年之久中間不無變更或曰梅曰松俱已傷亡未爲立後故不更書而曰棟曰梃曰榛皆降生於十一年後故昔闕而今增也但乾隆十一年刊修大譜碑時止

列長支曰椽次長支曰檻曰相次二支曰桐次三支曰樁而於
曰棟曰梃曰榛三支則均未登載別有次子邦相一支與嘉靖
一譜門碑不合是以當時另有所據又有曰鄰一支崇修一支今併
列後譜門

世譜七

諸支合譜

諸支者三世祖邦相四世祖日鄰六世祖崇修之後也大譜碑以邦相爲二世祖九雲次子與嘉靖二譜碑不合日鄰崇修二支則不詳所自出但自始祖至邦字輩爲三世至日字輩爲四世至崇字輩爲六世雖以前舊譜失傳其爲各支之祖則無疑也今按大譜碑增入并訪其後裔依世次序列如各譜例其不敢遽將邦相系諸次支二世祖九雲之次者疑以傳疑志慎也（茲循前例於舊譜各支下至宣統三年以前後裔詳覈續增）

邦相子三 —— 日乾子二
- 長正伍子五
  - 長加珍子一 —— 琊
  - 次加戴子四
    - 長瑄
    - 次璲
    - 三昌
    - 四琰
  - 三加世子五
    - 長都
    - 次臻 俟考
    - 三瑨
    - 四珮
    - 五瓚
  - 四加釆子一 —— 文蔚
  - 五加琦子二
    - 長瑜
    - 次琮
- 次偶伍

琊子四 —— 長三爪子一 —— 宏照子三
- 長尚文 配陳氏子二
  - 長宗亩
  - 次宗雨
- 次尚論子一 —— 宗現
- 三尚詔 —— 宗路

次二貴子五

長宏在子一——尚坡——宗失諱

配王氏子一

配程氏子一

次宏柱子二——尚山子二——長宗秋失傳

次出嗣

三宏禹佚考

四宏龍佚考

五宏鳳子一——尚嶺佚考

三三發子一——宏進

配朱氏子四

長尚路佚考

次尚賓——宗厚

配高氏子一

三尚倫——宗節

配杜氏子一

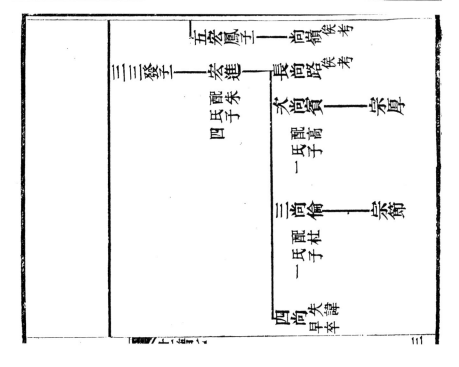

四尚早卒失諱

宗甫——丕忠——長懷敬

四三富 子四

- 長宏松 失傳
- 次宏淮 子一——尚隨（繼尚山次子）——宗春
- 三宏林 失傳
- 四宏江 配孫氏 子一——尚載 配韓氏 子二
  - 長宗乾
  - 次宗坤 舊譜作巽

宗雨 配劉氏 繼丕忠次子三子爲孫 配胡氏 子一 配張氏 子三

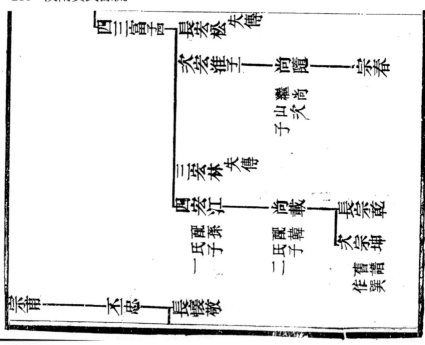

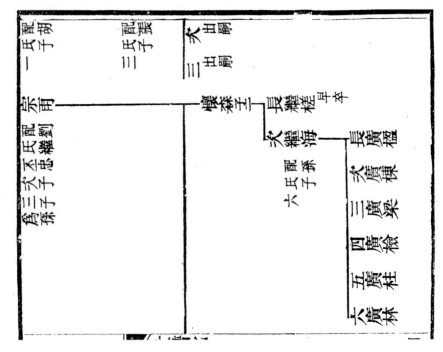

- 懷森 子二
  - 長繼槎 早卒
  - 次繼海 配孫氏 子六
    - 長廣楹
    - 次廣棟
    - 三廣梁
    - 四廣檢
    - 五廣柱
    - 六廣林
- 次 出嗣
- 三 出嗣

- 懷進
- 宗現　配朱氏　子一
  - 丕雨　配張氏　子一
    - 懷年　失傳
- 宗路　配孫氏　子二
  - 長丕吉　舊譜作雷　配朱氏　子一
    - 師欣　配杜氏　子四
      - 長繼坎　配曹氏　董氏
      - 次繼明
      - 三繼山
      - 四繼乾
  - 次丕利　配張氏　陳氏　子一
    - 懷春
- 宗　失諱
  - 丕恭
- 繼宗　春子
- 宗厚　配丁氏　子二
  - 長　出嗣
  - 次丕明　配林氏　子
    - 長懷儉　舊譜作卓

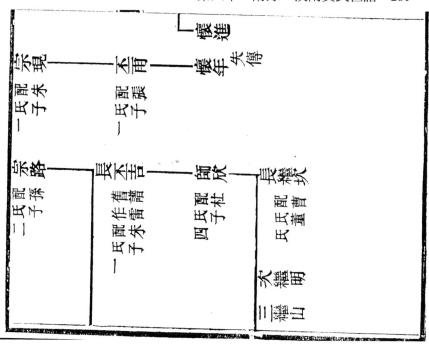

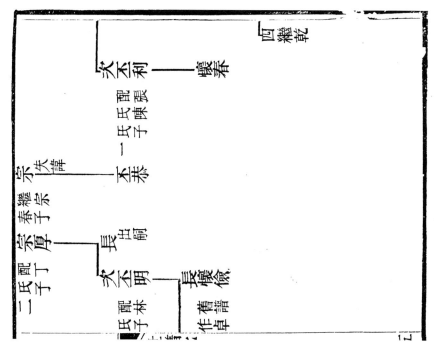

二

宗節 配王氏 繼宗厚長子
- 丕亮 配林氏 二子
  - 長懷勤 繼懷舉三子
  - 次懷常
    - 繼有 配王氏
  - 次懷舉 配樊氏 三子
    - 長繼富 配韓氏 一子
      - 廣金
    - 次繼玲 配張氏 二子
      - 長廣銀
      - 次廣銳

宗春 配劉氏 王氏 子一 嗣出

宗乾 配侯氏 一子
- 興恩 舊譜作丕貞 配徐氏
  - 懷峯 配楊氏 二子
    - 長繼良
    - 次繼善

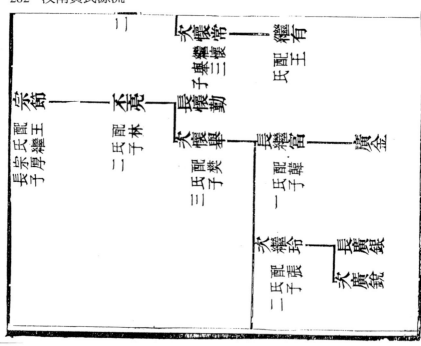

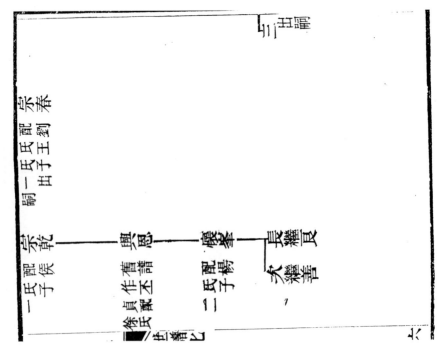

三 出嗣

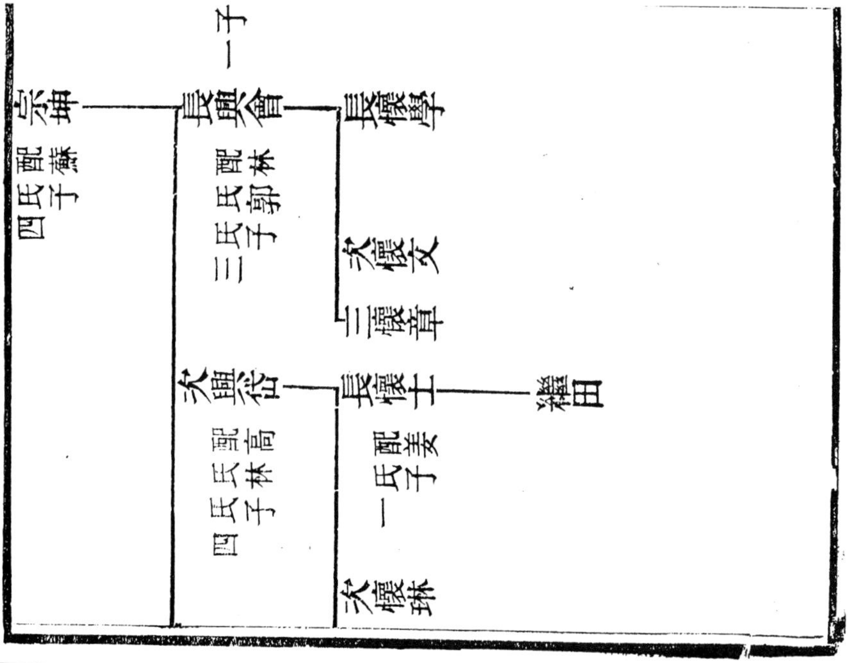

一子
宗坤
配蘇氏子四
長興會
配林氏郭氏子三
長懷學
次懷文
三懷章
次興岱
配高氏林氏子四
長懷士
配姜氏子一
繼田
次懷琳


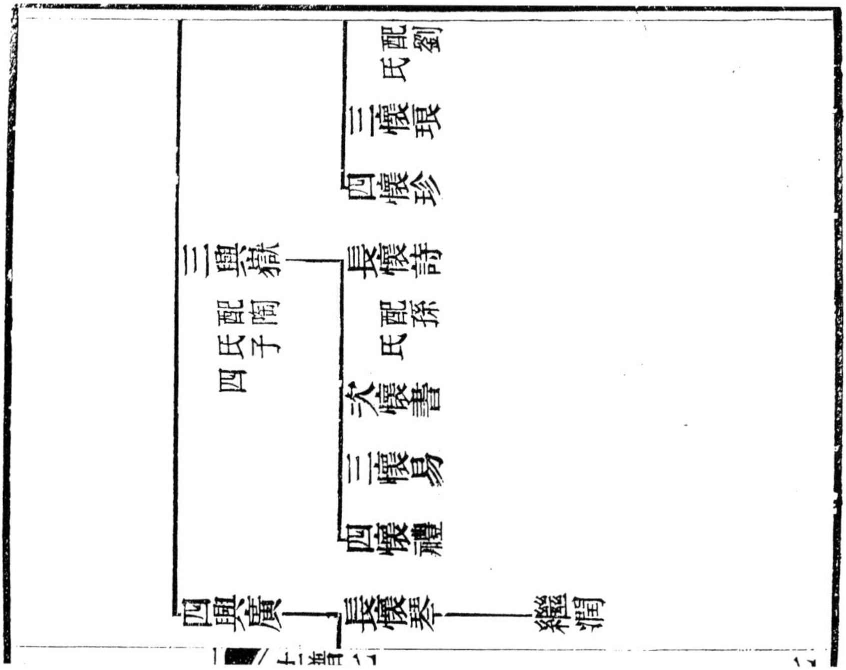

配劉氏
三懷琨
四懷珍
三興嶽
配閻氏子四
長懷詩
配孫氏
次懷書
三懷易
四懷禮
四興廣
長懷琴
繼潤

- 配劉氏子四
- 配鄭氏子一
  - 次懷瑟
  - 三懷慶
  - 四懷右
- 琯子二
  - 長舜民子四
    - 長宏明子二
      - 長尚會 失傳
      - 次尚興 —— 宗宣
      - 繼尚成次

右自琚至懷右爲加珍一支

- 子
  - 次宏濯 俟考
  - 三宏清 俟考
  - 四宏顯 俟考
- 璲子二
  - 長利民子三
    - 長宏香子一 —— 尚赤 俟考
    - 次宏愛 俟考
    - 三宏芳 配蘇氏子
      - 長尚寅 俟考
      - 次尚成 —— 長宗乾
  - 次三沼子一 —— 宏聚 俟考

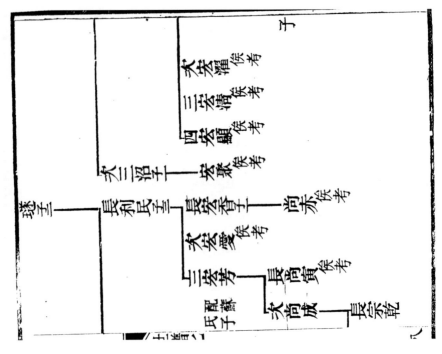

八

次 出嗣

配白氏子二

次愛民子二 — 長宏害子二 — 長尚長子一 — 宗昆 侯考

次尚志 外出

配甯氏

次宏康 — 尚利 — 長宗河

次宗山

配劉氏子一

配韓氏子二

昌子一 — 三義子一 — 長宏疆 侯考

次宏行 侯考

瑗子四 — 長得民子一 — 宏河 侯考

次得友 侯考

三得武子二 — 長宏經 侯考

次宏綸 侯考

四得時 侯考

宗宣 — 丕從

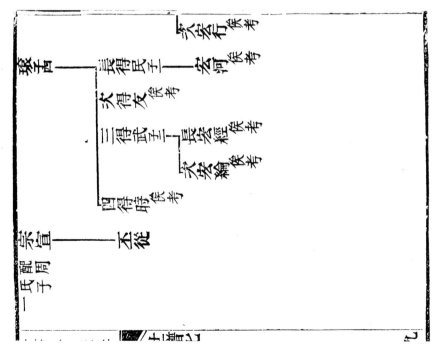

配周氏子一

宗乾（繼宗河次子）——丕更（舊譜作岱，配侯氏，子二）
- 長玉堂（配孫氏，子二）
  - 長繼剛
  - 次繼常
- 次玉秋（配翟氏）

宗河（配朱氏，子二）——長丕存（配孔氏，子四）
- 長玉秀（舊譜作懷柏，配孫氏，子二）
  - 長繼雲（子一）——廣才
  - 次繼奎
- 次玉桂（舊譜作懷松，配劉氏）
- 三玉璉（配陳氏）
- 四玉明（配賈氏，子二）
  - 長繼元
  - 次繼亨

- 宗山 — 丕仲 — 家出嗣
  - 配丁氏子一
- 廣才 — 伯祥
  - 配蕭氏子一
- 都子一 — 國民俟考

右自瑄至伯祥
爲加戴一支

- 瑎子一 — 國顯子一 — 積子二
  - 長尚雲俟考
  - 次尚雷俟考
- 珮子二
  - 長治民子一 — 宏度子一 — 尚嘉俟考
  - 次安民俟考
- 瓚子三
  - 長得祿子一 — 宏誥子一 — 尚瑞失傳
  - 次得安子二
    - 長宏訓俟考
    - 次宏熙俟考
  - 三得穩俟考

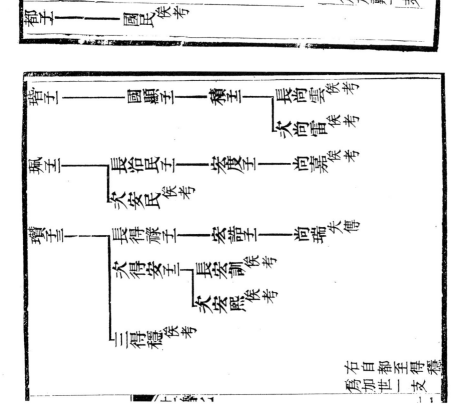

右自都至得穩
爲加世一支

文蔚子二 — 長朝泰子一 — 宏典 俟考
次朝樂 俟考

右加衆一支

瑜子一 — 長民子三 — 長宏欣子三 — 長尚澤子一 — 宗山
次尚起子一 一作洪 — 宗本 失傳 配孫氏
三尚林 失傳
次宏遠子一 — 尚君 配張氏子二 — 長宗江
次宗玉
三宏運 配孫氏子一 — 尚南 配楊氏子二 — 長宗還
次宗道

琮子一 — 玉民 俟考

宗山 配喬氏子一 — 丕信

宗江 — 丕騰子三 — 長懷實子三 — 長繼綱

配劉氏子一

宗還 配孫氏子一 — 丕猷子一 — 懷羣

次懷樸

次繼緒

右自瑚至懷羣爲加琦一支合五支統歸正色一支

側色子一 — 加用子四 — 長潤 俟考

次凱子二 — 長三才子一 — 宏富 俟考

次三聖子三 — 長宏利 俟考

次宏有 俟考

三宏實 俟考

三琅子一 — 三振子一 — 宏常 俟考

四珩子一 — 三樂　增福　來保

右二名大譜碑不著世次今仍之

右側色一支合上正色一支統歸邦相一支

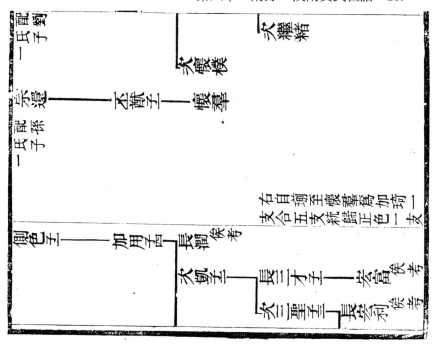

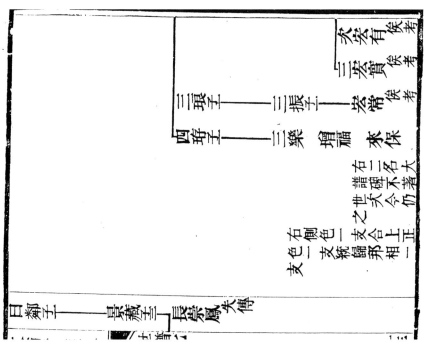

日鄰子一 — 景藏子三 — 長崇鳳 失傳

次崇祿 失傳

三崇甫子二
- 長廷瑞 配郭氏子二遷居枕河莊
  - 長朝愛
  - 次朝柏
- 次廷爵子四
  - 長朝範
  - 次朝纘 佚考
  - 三朝衡 佚考
  - 四朝需 佚考

配李氏

朝愛子一
- 宏傳 佚考 配劉氏

朝柏 配郭氏子一
- 宏河 舊譜作岱 配劉氏子二
  - 長尚安
  - 次尚太 配秦氏子二
    - 長宗崗
    - 次宗柱

朝範子一
- 宏海 佚考

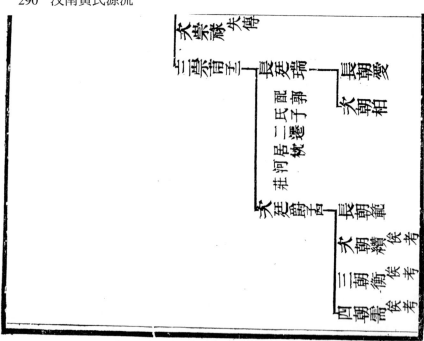

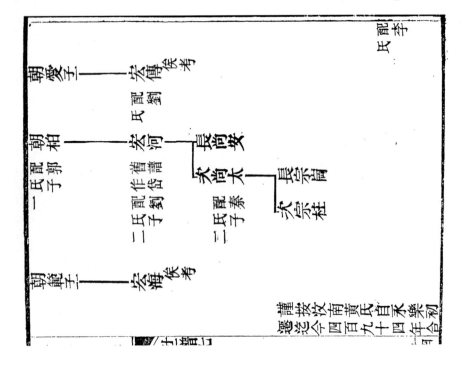

謹按汶南黃氏自永樂初遷迄今四百九十四年合

十五世數足相準惟日鄰一支由四世起合前三世至宏字輩止僅得九世較別支少得六世即累世上壽亦斷無以九世而歷四百九十四年之理舊譜失傳難以臆斷故附識於此

右日鄰一支

| | | | |
|---|---|---|---|
| 崇修子三 | 長廷緒 | 朝富 | 宏仁　小和俟考 |
| | 次廷隨 | 朝貴 | 宏禮俟考 |
| | 三廷顯 | 朝德 | 宏思俟考 |
| | | 朝有 | 宏吉俟考 |
| | | 朝祿 | 宏玉俟考 |

謹按崇修一支大譜碑僅以字輩臚列而世系不明今已無可考故仍之

右崇修一支

世譜八

採訪餘譜

餘譜者各譜碑所無而近村碑碣刊刻姓名可考由採訪而得者也黃氏遷汶南數百年族姓孔繁非譜碑所能備載但既無不宗之同姓又未遠徙於他鄉當時建寺造橋施捨功德得以勒貞珉而傳至今者固皆族中之古老尊宿也惜世系無考故不便附入以前各譜中而散列於左方

九成

九經 俱見照諸寺宏治十二年己未碑與九思同列按是年上距永樂二年始遷計七十三年

能

達

通　并見前碑

爽

富

艮振　以上俱見熙諸寺正德十年鐘與九思同列按是年上距宏治己未計二十八年

九皋　見三官廟嘉靖二十年碑陰

邦珏

邦琳

邦卿　以上俱見王家莊萬歷八年廟鐘與曰柏同列

曰武　見趙家堂萬歷三十八年廟碑

曰樓

曰賢　俱見西周村天啟七年廟碑并修廟會首

曰立

景周

景海　俱見韓家店崇禎二年廟碑與崇辦同列

崇美　見趙家堂崇禎九年廟碑與崇業同列　按黃氏見於前明諸碑刻者自景海以前皆刻任馮魚莊龍魚村至崇美崇業始刻任天祿莊天祿即天福也相傳國初始南遷於此蓋明末已有卜居者今矣

中岳

中律

文身

復先　以上俱見高橋村康熙二十六年廟碑　與宏業同列

崇教

廷蘭　俱見本村土地廟康熙二十七年碑　與廷弼同列

宏偉

才　俱見前碑

加王

林

文興

文連

士來　以上俱見本村元帝廟康熙二十七年碑　與宏猷同列

朝雋　見高橋村康熙二十六年廟碑　與宏業同列

廷要

廷法　以上俱見本村元帝廟康熙二十九年碑　與朝琦同列

朝明

朝融

宏起

貴明

加大

加樸

加德 以上俱見小胡家莊康熙五十年廟碑
與廷豪同列

鍾昆

宗泗 俱見照諸寺康熙五十年碑
與宗賜同列

璿

勤 俱見西周村康熙五十二年廟碑
與崇祿朝鼎瑞璸同列

三智 見照諸寺乾隆七年碑
與尙連同列

明玉 見班家堂乾隆七年廟碑

振清

振先 俱見樊家營廟碑

崇路 見小胡家莊乾隆九年廟碑
與宏健同列

繼先 見孫家灘乾隆十二年橋碑
與宏健同列

際平 見照諸寺乾隆四十四年碑
與尙鐸同列

德潤

德淵 見高橋村乾隆四十四年廟碑
與廷亮同列

世譜九

義支附譜

律禁乞養異姓未嘗不准收養孤兒且繼父著於三父養母列於八母定例義子過房區別十歲內外尤爲詳悉蓋禁乞養所以杜亂宗准收養所以憫無告義之盡仁之至也黃氏義子無多亦不容沒故附載於末 茲循前例於舊譜各支下至宣統三年以前後裔詳

聚續
增

次長支

宏秋義子

尚謙子二 ┘長宗清子一 ── 丕湘子一 ── 懷順 失傳

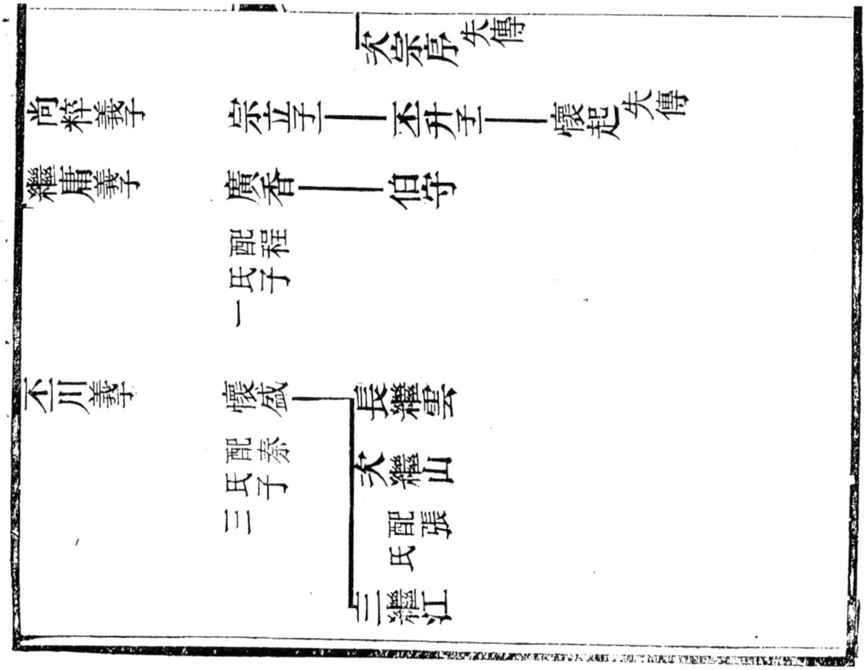
次宗序 失傳
尚梓義子　宗立子二—丕升子二—懷起 失傳
繼唐義子　廣香—伯守
配程氏一子
丕川義子　懷盛—長繼雲
配蔡氏三子
次繼山
配張氏
三繼江

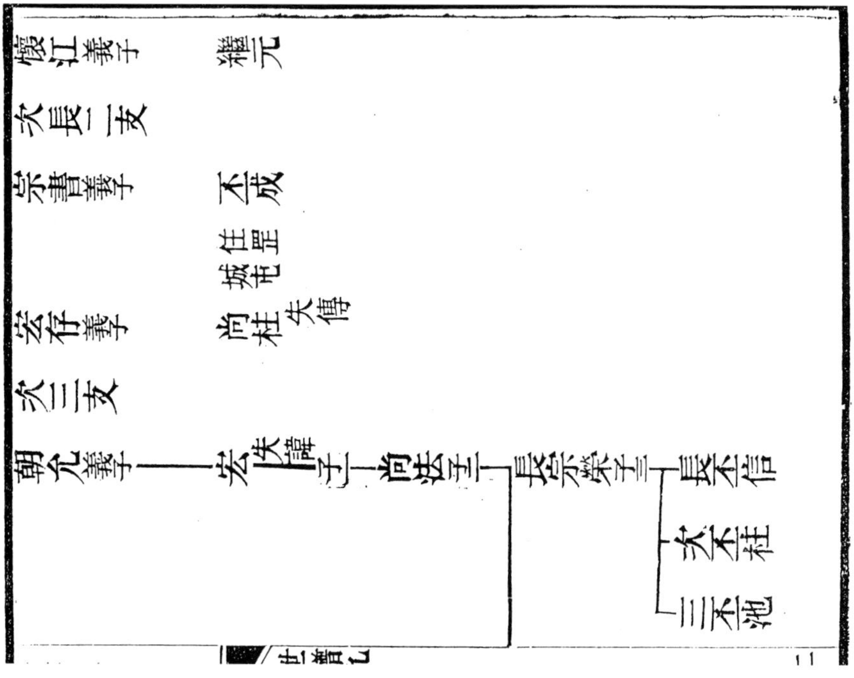
懷江義子　繼元
次長二支
宗書義子　丕成
任聖城屯
宏存義子　尚柱 失傳
次二支
朝允義子—宏天降子一—尚法子三—長宗榮子三—長丕信
次丕桂
三丕池

次宗孟 失傳

丕柱 配韓氏 子二
- 長懷田 配吳氏 子二
  - 長繼典 配陳氏
  - 次繼木
- 次懷堂

丕池 配尹氏 子二
- 長懷朋 配劉氏 子一
  - 繼森 配高氏
- 次懷遠 配劉氏

繼辰義子 廣根 配谷氏

三代義子 伯印

懷山義子 繼 失諱 子一 廣丹

宏模義子 尚路 子五 長宗爵

日鄭支

宏洞兼子

尚先子一——宗憲

原姓

寗再

次宗藤

三宗保

四宗 失諱

五宗揚 失傳

上三名大譜碑
誤列尚瑚名下
今依本支役人
興賢繼會改正
有任樓底村者
有外出山西者

泗水支譜

在公子六——長春山子二——君賢

次霽山子一——君藤

三岐山子五—長君佩

次君重

三君興子一——德著子一——國璽

四君誠

五君陳子二—長德先子一—國如
　　　　　　次德平
四岷山
五碧山子一—君錫子三—長德修子一—國菴
　　　　　　　　　　次德詮子一—國榮
　　　　　　　　　　三德敷子一—國失諱
六雪山

國璽子二—玉亮子四—長繼奎子二—廣現
　　　　　　　　　　　　　　　配王氏
　　　　　　　　　次繼仕—廣倫

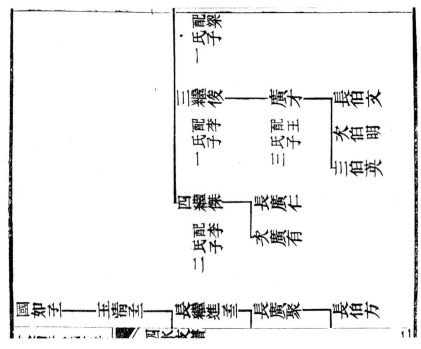

國如子一—玉清子二—長繼進子三—長廣聚—長伯方
配梁氏一子
三繼俊—廣才—長伯文
配李氏一子　配王氏三子　次伯明
　　　　　　　　　　　　三伯英
四繼傑—長廣仁
配李氏二子　次廣有

配劉氏子四

次 伯元

三 伯立

四 伯考

次 廣志 —— 長 伯堂

配陳氏子四

次 伯田

配吳氏

三 伯正

四 伯來

三 廣財 —— 伯揚

配李氏子一

配王氏

次 繼登 —— 長 廣貴 —— 伯謙

配張氏子三

配韓氏子一

次 廣彬

配沈氏

三 廣恩 —— 伯讓

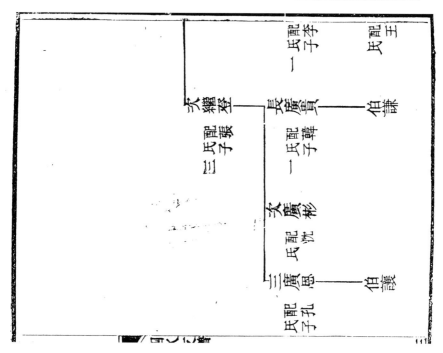

配孔氏子

- 國棨子二
  - 長玉成子二
    - 繼靈 配盧氏子一
      - 廣同
  - 次玉喜子三
    - 繼善 配張氏子一
      - 廣振
- 國諱失子一
  - 玉銘 配孫氏子
    - 長繼珠 配王氏
    - 次繼存 配丁氏子一
      - 廣銀 配蔡氏子一
        - 伯勤 配楊氏
    - 三繼法 配李氏子三
      - 長廣義 配馬氏子二
        - 長伯永
        - 次伯盛
      - 次廣智
      - 三廣信
    - 四繼珍
      - 廣忠
        - 長伯福

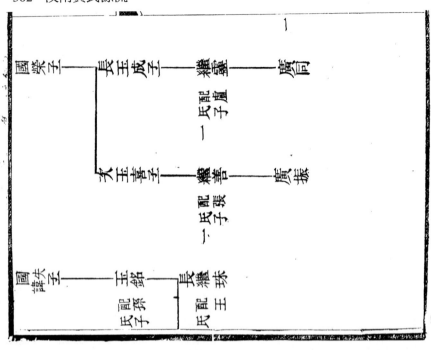

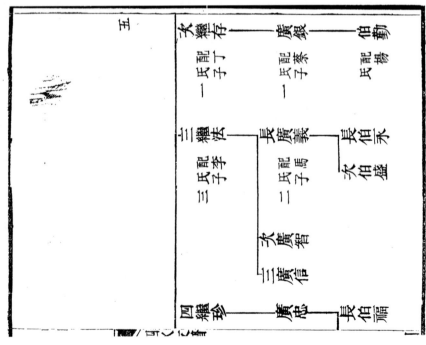

一

伯謙——長啟鑾

伯堂——啟功
配崔氏子一

五繼德——廣禮——伯祥
配劉氏子一
配張氏子一
配王氏子一
配楊氏子三
次伯滌
三伯壽

五氏子
配李
次啟鳳
三啟麟
四啟趾
五啟瑞

右自壽山至啟瑞為在公一支

在文三——長嶠山子一——君照
次曉山
三中山

右在文一支

自祖遷於泗水縣東下橋西北三里西泗源村復遷於荀家

嶺列於家譜以後以通宗族之情也

丁數表

| | |
|---|---|
| 一世 | 一丁 |
| 二世 | 二丁 |
| 三世 | 十四丁 |
| 四世 | 十二丁 |
| 五世 | 八丁 |
| 六世 | 二十六丁 |
| 七世 | 五十二丁 |
| 八世 | 九十八丁 |
| 九世 | 一百六十丁 |
| 十世 | 二百三丁 |
| 十一世 | 二百二十四丁 |
| 十二世 | 二百二十三丁 |
| 十三世 | 三百二丁 |
| 十四世 | 三百八十五丁 |
| 十五世 | 四百二十二丁 |
| 十六世 | 二百五十八丁 |
| 十七世 | 六十六丁 |
| 十八世 | 四丁 |

祖塋彙記

人之殁也魂升於天魄降於地遂初沕穆衣薪委壑而已中古始制爲棺椁以藏體魄乃崇以封樹表之碑碣於是墓祭興焉祀并重昨庶之家木主不設僅以麥飯紙錢展孝思於一抔之土所繫顧不鉅歟既自族葬禮廢（說詳後宗葬義）塋大夫之職不修民間兆域靡恒往往輾轉遷析間有末葉凋零闕於拜埽荒冢纍纍漸蕪沒於白楊衰草中者可勝歎哉因修世譜并訪祖塋之可考者各按支派世次臚記於篇俾後之人登邱冉壠愀然動惻隱怵惕之思於一本九族之誼亦未爲無補云

始祖塋　舊在汶南距龍魚泉西北二里許今幢上村西北里許

添福莊西北四里許土名五家灘一世至四世皆葬此後汨於

沙冢墓碑碣無考由五世景字輩始遷泉河南

長支祖塋　此支後裔宗信與宗邦相支後裔尙在宗江宗還同一

祖塋在添福莊東數武始葬無考續葬至丕字輩共五十冢

次長支祖塋　初由五家灘遷泉河南添福莊西北二里許土名

長長地東偏始葬景洪有碑續葬崇字至宗字輩七代三十二冢

自此分遷者列右

廷旨遷葬添福莊北數武續葬宏字至尙字輩四代五冢　宏福

再遷添福莊西南里許土名莊戶頂北偏續葬尙字至懷字輩

五代十二冢　尙紀再遷莊戶頂塋南偏一冢　宗邦再遷莊

戶頂塋東偏一冢

朝松遷葬添福莊東小莊南數武續葬宏字至丕字輩五代九冢

朝昇遷葬添福莊北數武續葬宏字至宗字輩四代五冢　尙建

再遷長長地東偏祖塋東北隅一冢　宗震再遷添福莊西南

距初遷塋西南里許一冢　宗可再遷添福莊西石橋西數武

路北一冢

朝仁遷葬祖塋西南隅續葬宏字至丕字輩五代十冢　宗喆再

遷添福莊西南半里許土名七畝地續葬丕字輩二代二冢

樂然遷葬班家堂村北數武續葬尙字至丕字輩四代四冢

安然遷葬班家堂村西北里許土名黃家井續葬尙字至宗字輩

三代三冢

宏周遷葬添福莊南土名南水溝石壩西偏續葬尙字至丕字輩

四代七冢　丕啟再遷塋南數武續葬懷字輩二代二冢

宏臣遷葬傅家廟村北數武續葬尙字至宗字輩三代三冢

宏令遷葬添福莊南續葬尙字輩一代三冢

尙樸 尙現遷葬祖塋東南隅續葬宗字至丕字輩三代五冢本支懷字輩一冢在

是塋南路北

尙來遷葬祖塋東南里許添福莊西北半里許土名望岡地東偏

續葬宗字輩二代二冢

尙銘遷葬添福莊南水溝石壩西北續葬宗字至丕字輩三代四

冢

尙惠遷葬南水溝石壩東南數武續葬宗字輩二代二冢本房遊塋支布

在南寺北偏始葬尙字輩續葬宗字輩併失傳

尙龍 尙從遷葬南寺迤南二冢

尙雷遷葬添福莊西元帝廟西北隅一冢

尙行遷葬添福莊南數武續葬宗字輩二代二冢

宗珠遷葬班家堂村西南半里許土名班家林續葬丕字輩二代

二冢

宗孟嚴遷葬班家堂村北數武續葬丕字至懷字輩三代四冢

次長支祖塋二　初由五家灘遷葬泉河南添福莊西北三里許

土名上分地始葬景傳有碑續葬宗字至廷字輩三代六冢自此

分遷者列右

崇緒遷葬祖塋東南三里許添福莊西北半里許土名實惠窪西

偏續葬廷字至尙字輩五代十四冢　廷傑再遷添福莊東北

數武續葬朝字至宏字輩三代三冢　大成再遷小胡家莊東

北里許土名黃家林續葬尙字至丕字輩四代十三冢　宏淵

再遷添福莊西南二里許土名南寺西偏苗家河畔續葬尙字

至宗字輩三代三冢　尙信再遷彩石莊西偏數武土名小石

廟西偏續葬宗字輩二代二冢　尙俊再遷添福莊土地廟東

南數武續葬宗字至丕字輩三代四冢　尙本再遷添福莊西

南數武一冢　宗成再遷彩石莊北半里許續葬丕字至廷字

輩三代三冢　宗失諱再遷泗水縣柘溝村北偏數武一冢本房近支

宗字輩一冢有葬是村西偏者　興旺再遷泗水城西南隅土名韓家莊南二

里許續葬五字輩二代四冢　丕發由小胡家莊遷班家堂村

北數武續葬懷字輩二代二冢

朝舉遷葬添福莊西南里許土名西南林北偏續葬宏字至宗字

輩四代八冢　宗亮再遷東小莊南偏數武一冢　東小莊西南係
數武一冢

本支人丕
炎母氏

朝紀遷葬添福莊北水池西偏數武續葬宏字至宗字輩四代十

冢　東偏有長支
宏貴二子墓　尚習再遷東小莊南數武續葬宗字輩二代二

冢　宗郘再遷東小莊東北數武一冢

朝羗遷葬添福莊北水池西偏數武續葬宏字至尚字輩三代三

冢

次長二支祖塋　初由五家灘遷泉河南添福莊西北三里許土

名上分地始葬吳珍一冢自此分遷者列右

崇善遷葬添福莊南水溝石壩東北數武續葬廷字至尚字輩五

代七冢　宏亮再遷祖塋西偏續葬尚字至丕字輩四代六冢

宏欽再遷祖塋北偏續葬尚字至宗字輩三代四冢　宏善

再遷添福莊西水池西偏數武續葬尚字至宗字輩三代三冢

尚言再遷平家莊東南隅續葬宗字輩二代二冢

崇諮遷葬東小莊東南里許土名小槐樹續葬廷字至丕字輩七

代十四冢　朝成再遷添福莊西北土名古路溝東偏續葬宗
字至尙字輩三代五冢　宏宣再遷南水溝東偏小石橋東南
數武續葬尙字輩二代二冢　宏勲再遷塔家集西南數武續
葬尙字至宗字輩三代三冢　宏賓再遷東小莊南數武續葬
尙字至宗字輩三代三冢　尙仲再遷東小莊東北數武續葬
宗字輩二代二冢
崇保遷塋無考帶村橋西北數武有續葬至尙字輩共六十一冢　崇訓支宗羲先塋始葬無考是塋西偏一冢係羲
子尙桂
次二支祖塋無考　此支現存三塋一在添福莊西北苗家河畔

有數冢現存明崇禎十年石土碑一在黃家墻東偏一在黃家
橋頭西偏所葬無考
次三支祖塋　初由五家灘遷泉河南臙上村西南半里許添福
莊北里許土名六畝地始葬昊洪有碑續葬崇字至繼字輩十代
八十三冢自此分遷者列右
宏興遷葬臙上村東數武尹家橋西南有碑續葬尙字至繼字輩六
代九冢
宏海遷葬唐家龍魚泉村東數武一冢有碑　尙進再遷唐家龍魚
泉村東微偏北有碑續葬宗字至玉字輩四代十冢

宏權遷葬祖塋東南隅續葬尙字至興字輩四代五冢

宏業遷葬祖塋西北數武續葬尙字至文字輩四代五冢　儉現

再遷祖塋西南半里許添福莊西北里許土名雙龍轆井西偏

續葬樹字至丕字輩三代七冢

宏圖遷葬祖塋西北隅有碑續葬尙字至丕字輩四代十冢

宏健遷葬添福莊西南二里許土名莊戶頂續葬尙字至丕字輩

四代七冢

尙敬遷葬尙家莊東北里許一冢　宗書再遷添福莊北路東一

冢本房近支有尙字宗字輩一冢距尙家莊里許

尙孝遷葬崦上村前路西續葬宗字至興字輩三代三冢

尙堯遷葬平家莊東南里許一冢　宗義再遷班家堂西南一里

許一冢

尙選遷葬崦上村前路東續葬宗字輩二代二冢

尙陞遷葬祖塋西南數武續葬宗字至興字輩三代五冢

尙禮遷葬東小莊東偏數武續葬宗字至丕字輩三代四冢

宗乙遷葬祖塋東半里許土名東石岡續葬興字至王字輩三代

三冢

宗祥遷葬祖塋東北隅續葬興字至繼字輩四代六冢

宗唐遷葬東小莊東偏數武續葬丕字至儀字輩三代六冢

宗泰遷葬東小莊南續葬至丕字輩始葬無考共八冢本房近支有尚字輩

一冢在添福莊西塲園遷者

丕顯遷葬添福莊西南一里許土名八畝地西偏續葬儀字至繼

字輩三代四冢

丕爾遷葬東小莊東南里許一冢

丕章遷葬東小莊南數武一冢

邦相一支祖塋無考後裔有塋可考者列右

加珍由祖塋此即塋六長支同一塋在添福莊東者祖遷葬嶺上村東南數武續葬至

丕字輩七代一十一冢　尚賓再遷沙岡村西南半里許續葬

宗字輩一代一冢　尚倫再遷沙岡村西北半里許續葬宗字

輩一代一冢

日都一支祖塋無考後裔有塋可考者列右

景葳始葬西周村西北半里許續葬崇字輩一代一冢　廷瑞再

遷桃河莊南一里許土名石山子續葬朝字輩一代一冢　朝

相再遷灘北一冢　朝鑑再遷西周村西偏數武續葬宏字輩

一代一冢

崇修一支祖塋俟考

祖塋彙記續增

謹按前彙記凡由　祖塋分遷可考者俱依支派世次列載如

右自其以後再遷各塋仍循前例依次續增於左

次長支一

丕智由添福莊西北二里許老林前先塋再遷添福莊東南里許

土名小槐樹續葬懷字輩二代三冢

繼聖由班家堂西南土名班家林先塋再遷王家閣老院北里許

土名北閣下續葬廣字輩二代五冢

繼舜由班家堂西南土名班家林先塋再遷鄭家龍魚泉南里許

土名馮家園壙葬庚字筆二代二冢

繼坤由班家堂北先塋再遷班家堂西里許土名西岡于壙葬庚

字筆二代二冢

繼全由班家堂北祖塋再遷程家花館東南二里許土名車翻地

一代一冢

懷湘由添福莊西北二里許祖塋再遷班家堂前土名長長地一

代一冢

丕景由添福莊南半里許水溝西偏先塋再遷是塋南數武續葬

懷字至繼字筆三代四冢　繼麟再遷添福莊西北里許土名

雙井北偏續葬庚字筆二代二冢

懷靈由添福莊西偏石橋西先塋再遷添福莊西北里許土名雙

井續葬繼字筆二代二冢

丕若由添福莊西北二里許長長地東偏祖塋再遷添福莊西南

土名西南場西偏續葬懷字筆二代二冢

懷秀由添福莊東南數武先塋再遷添福莊西里許土名雙井南

偏續葬繼字筆二代三冢　繼珣再遷添福莊西南二里許土

名西南林後一代一冢

次長支二

懷昂由添福莊東數武先塋再遷添福莊南里許土名八畝地續

葬繼字輩二代三冢

伯楷由班家堂北里許祖塋再遷趙家堂西北坡土名苗家園一

代一冢

次長二支

崇叓由添福莊西偏水池西先塋再遷添福莊西里許土名廟前

續葬懷字輩三代四冢

丕徇由添福莊西偏水池西先塋再遷添福莊西里許土名廟前

續葬懷字輩二代三冢

丕莊由添福莊西偏水池西先塋再遷添福莊西里許土名廟前

續葬懷字輩二代二冢

丕禮由添福莊南水溝東偏先塋再遷添福莊西一里許土名由

家地一代一冢

次二支

繼冬由添福莊北里許祖塋再遷添福莊西北一里許土名苗家

地續葬廣字輩二代三冢

懷連由添福莊北里許祖塋再遷添福莊東南里許土名東營地

續葬繼字至廣字輩三代五冢　繼祺再遷東塋地一代一冢

繼美再遷添福莊東南里許土名小槐樹一代一家
繼本由添福莊北里許祖塋再遷添福莊北半里許土名王瓜地
續葬廣字至伯字輩三代三家
廣文由添福莊北里許祖塋再遷添福莊東南里許土名小槐樹
一代一家
廣間由添福莊北里許祖塋再遷添福莊東南里許土名小槐樹
一代一家
興有由庵上村前路東先塋再遷庵上村西南里許祖塋東偏數
武續葬王字至廣字輩四代四家

繼恪由庵上村東數武尹家橋西南隅先塋再遷庵上村南里許
祖塋東偏續葬廣字輩一代一家
廣鎔由庵上村東數武尹家橋西南隅先塋再遷庵上村西南一
里許土名古路溝西偏一代一家
宗輝由庵上村西南一里許祖塋再遷祖塋西南隅續葬興字至
繼字輩四代四家
繼新由庵上村東數武尹家橋西南隅先塋再遷庵上村西路南
續葬廣字輩一代一家
懷莊由添福莊東偏數武先塋再遷添福莊南一里許土名南寺

一代一冢　繼朋再遷添福莊東一里許一代一冢

懷訓由添福東偏數武先塋再遷添福莊盛西南一里許土名莊

戶頂有碑積葬繼字輩一代二冢

繼文由添福莊南里許水溝東先塋再遷水溝西一代一冢

懷元由添福莊西南一里許土名八畝地先塋再遷添福莊西南

土名西南林東南隅積葬繼字輩一代二冢　繼訓再遷添福

莊南一里許一代一冢

懷璣由添福莊西北里許先塋再遷添福莊西南里許土名棉花

地積葬繼字輩一代一冢

繼憲由添福莊西北一里許先塋再遷添福莊西北一里許泉河

南蔡家林前路南土名包稀地一代一冢

繼遜由添福莊西北里許先塋再遷添福莊西南一里許苗家河

東偏一代一冢

繼田由添福莊西北里許先塋再遷添福莊西北里許土名蔣家

林一代一冢

懷勤由添福莊北里許祖塋再遷班家堂南土名南園下積葬繼

字輩一代一冢

繼昆由添福莊東偏數武先塋再遷添福莊南水溝西偏一代一

冢

丕敬由添福莊北里許祖塋再遷添福莊東南里許土名小槐樹

續葬懷字至廣字輩四代五冢

思讓由添福莊西南一里許土名莊戶頂先塋再遷添福莊西半

里許土名水車井有碑續葬貴字輩二代二冢

丕興由添福莊西南一里許土名莊戶頂先塋再遷旦足塋東南數

武有碑續葬王字輩二代二冢

秉玉由添福莊西南一里許土名莊戶頂先塋再遷近距旦足塋東

偏一代一冢

懷玉由添福莊北里許祖塋再遷添福莊東南里許土名小槐樹

續葬繼字輩二代二冢　繼來再遷添福莊北里許土名王瓜

地一代一冢

懷儀由添福莊北里許祖塋再遷添福莊東南里許土名小槐樹

續葬繼字輩二代二冢

加珍支

崇路由庵上村東南數武先塋再遷東孫家灘東南數武續葬丕

字輩二代四冢

## 宗葬議

古人重大宗以主祭明有統也重族葬亦不離也乃至今日而往往不能行者何哉勢使之然也古者大夫士多出公族大抵世官世祿下逮庶人各有所受之田墳墓亦有定地周禮公墓冢人掌之國民之墓墓大夫掌之既無甚貧甚富亦不敢輕去其鄉故宗法葬法人皆習而安之實與封建井田相維繫今或閥閱之家夷爲白屋孤兒之冑奮起青雲甚且一祖之孫留徙不一同父之子貧富頓殊儻嫡長之貧且徙者務假以長子主祀之文而支庶之富且留者轉限以支子不祭之例然乎否乎故今之大宗止可行諸宗室勳貴世爵之

家及曲阜孔氏不能概施之庶姓士大夫也即民間長孫承重猶
是宗法之遺亦第可行諸本支不能推之闔族也一本之親不免
析爨五服而降或處別村生則異廛而責以死必同葬已覺不情
況兆域每限於地畏葬既患難容昭穆必辨其方叢葬又嫌非禮
假令聚族十世計口千丁而必於此方隅之田分占一抔之土能
乎否乎故今之族葬止可行之五世以內不能推之五世以外也
鄉賢許襄敏公著族葬圖說以族葬爲宗法遺意其言良是但痛詆不族葬者比於徙尸沈骨委之烏鳶蓋許氏於明初目睹山遂兵始來寧邑至襄敏甫得三世故族葬之法可行襄敏慮其子孫圖吉別遷故重爲垂訓以杜其後嗜抑亦過矣假令許氏子孫千億曷能拘不別葬之說而並瘞否圖哉
且古人卜葬期不卜葬地今則堪輿之說盛

行無論惑於風水貪圖吉壤之愚夫比比皆是即間有明理信道
之人亦罔敢違衆而輕遷其祖考此尤與族葬之法相礙者也嗚
呼自宗法廢而各宗其祖有莫識遠祖者矣自葬法廢而各葬其
親有不拜祖墓者矣今欲復宗法葬法而不可得故建宗祠修世
譜以維宗法之窮并詳記各祖塋於世譜之末以明有分葬而無
分族則亦庶乎族葬之意也

世譜後序

思盼修世譜成不禁愴慨今昔喟然歎曰甚矣譜之不可不修也
黃氏之族舊矣其未遷於寧者勿論即遷寧而居汶南者亦必不
止我始祖一人也乃餘俱莫傳惟我始祖之子孫傳至今日而歷
歷不爽者固由累代以似以續益茂厥宗實我三世伯祖諱邦臣
公嘉靖間一譜碑之效也即三世以降共分十支乃餘多失傳惟次
長支及我三世祖諱邦秉公之子孫傳至今日而歷歷不爽者固
由累代敦本力田誦詩讀書有以守其宗祧而啟其後嗣實我五
世祖諱景洪公萬曆間譜碑及我曾祖諱貴政公創修闔族大譜碑之

效也噫人生百年直旦暮間耳生時勤苦立門戶沿生歷賜子孫
乃曾不數傳名字湮沒與草同盡以致與叢雲初發明白譜第付
之春宗感喟良足悲矣然則譜之修烏可緩哉自茲以後世世子
孫歷數十年必將世譜增修一次斯則世近人習支直派確既不
至紊其次序亦不虞謬於傳聞由十五世以至百世均得以按譜
而稽垂之久遠庶不負祖宗明禋之靈及我黃氏尊祖敬宗收族
之家法也有經理宗祠之責者尚勉之哉

國史列傳

黃恩彤原名丕範山東寧陽人道光六年進士籤分刑部主事八
年讞提督衙門奏交宛平民朱老兒刦財殺人獄疑贓證未確研
究得刑求誣枉狀立予平反九年充秋審處行走十年調戶部書
吏蔡繩祖等假印假照訛騙踞破其奸分別治罪十一年充秋審處
坐辦尋充律例館提調訊出直隸奸民傳習白蓮教之王法中離
卦教之尹資源汶子大成教之吉三日紅陽教之孟沿藏等首從
治罪如律又審藏庫丁戴雲峯與各官吏侵蝕庫款解部鞘片變
價銀四萬兩置諸法十三年十二月充提牢官七月失察已革侍衛

李湘清越獄降二級調用尋捐復原官十四年充熱河都統衙門
理刑司員奏定清查州縣交代巡守圍場條約及嚴禁偷挖金礦
各章程均下部議行十六年佮翁牛特旗公桑嘎巴拉誣訐扎薩
克王不法獄卻其賄白都統奏參革桑嘎巴拉公爵十七年差竣
尋補直隸司主事仍充律例館提調總辦秋審處十八年升本司
員外郎隨大學士湯金釗侍郎吳文鎔馳赴安徽查辦旌德民金
姓挾封章自刎刑部門外爲其子金有應鳴冤事嚴捕得寧員按律
懲訟師呂九生等釋株連數十人十九年遷四川司郎中平反蘄
州解部旗丁孫二趙四等死罪

俞旨賞加一級旋因承審內庫被竊銀兩之值班章京兵丁以案
無左證均予保釋自請議處罰俸一年八月充順天鄉試同考官
二十年
京察一等引
見記名以道府用五月充廣西鄉試正考官八月奉
旨發往江蘇以道員用十一月
特簡江南鹽法道淮綱積弊私梟充斥奸商亦藉夾帶爲利藪恩
彤之任清理江面嚴覈水程遴員捕查出江過境鹽船起獲商私
數十萬觔時楚兵調防東下向於金陵舍舟陸行至丹陽仍乘舟

屐轉吏換州縣疲供應恩彤請改爲長部直下巡撫粱章鉅使之
又禀吏金陵駐防兵米章程會
詔舉賢良粱章鉅首薦恩彤七月署按察使尋署江蘇布政使兼
攝臬篆奕經以揚威將軍防海奏調恩彤赴軍
諭候交卸藩篆往候差委適總督牛鑑奏委署江寧布政使不果
行二十二年六月升授江蘇按察使仍留江寧布政使署任時英
夷輪艘駛至寶山官軍失利牛鑑退至江寧夷艘連檣泊江寧城
外草鞋夾城內駐湖北徐州江西兵千餘名不敷守禦恩彤率守
令清查保甲遣老幼婦女出城選丁壯分守禦巷以靖內奸會

英酋就欽將軍耆英副都統伊里布至令恩彤偕侍衛咸齡出與
定議互換和約九月
上命隨廣州將軍伊里布赴粵辦通商善後事宜諸國番船來粵
互市向由洋行經理至是改歸官辦其增減稅則稽察偷漏欽目
悉恩彤與粵海關監督文豐商定二十三年三月伊里布卒
朝廷授兩江總督耆英爲
欽差大臣繼其任並以恩彤調補廣東按察使比耆英至粵酌定
善後章程恩彤已先偕咸齡赴香港見夷酋羅伯聃議稅則有成
說矣耆英條列以

聞部議如所請新章自七月爲始稅課歲增舊額百餘萬閏七月
擢廣東布政使陳謝
硃批一切交爲辦理撫綏事宜尤當不辭勞瘁詳愼認眞勉益加
勉粵東俗浮民悍自夷變後盜賊刦殺公行而不逞之徒又往往
假攻夷復仇爲名聚衆抗官斂錢恩彤偕按察使徐繼畬嚴懲游
棍錢江及何大庚以戢刁風二十四年正月英夷顚地盛呈請進京
恩彤隨耆英赴澳門往復折辨止其行耆英疏陳并以恩彤襄理
夷務頗著微勞請敘勵得
旨黃恩彤辦事認眞不辭勞勩

賞戴花翎並加隨帶一級八月恩彤撥桑梓林礦廠成案請奏開
採永安長甯山礦砂歲羨一萬有奇時河工經費絀恩彤捐銀五
千兩
予議敘二十五年正月升授廣東巡撫粵東盜案疊出恩彤釐飭
捕務先後獲巨盜梁亞辰逸犯黃梧堂等百數十人抵罪以舊存
捕費支絀與各官公捐廉銀一萬九百餘兩並提墊辦未領之軍
需銀八萬發商生息備緝又嚴窩主之罪廣虜贖之條增建社學
以息械鬭又陳防夷之策略曰欲靖外侮先防內變粵民性情剽
悍難與爭鋒亦難與持久儻因三元里一戰遂信爲民足禦侮恐

亦未可深恃該夷現雖𦗟然就撫而一切駕馭之方與防備之具均不可一日不講但當示以恩信妥為羈縻一面慎固海防簡練軍實先必撫柔我民所欲與聚所惡勿施以固人心而維邦本庶在我有隱然之威因以折彼囂然之氣

上題之九月恩形以雷瓊道潮州府二缺例歸簡放而雷瓊道駐劄瓊州撫馭番黎事關重要全在道員諳習情形潮州府民情獷悍必須素爲民隱之員方堪勝任援案請改爲題缺又於水師各營額設正副舵兵外每船選備熟知礁脈沙綫一二人令隨出洋試用以備拔官又議裁虎門屯丁即歲征官圍

沙田萬餘畝之租募兵駐守作定額又查出沿海私墾沙田二十萬畝令墾戶歸屯升科計租銀八萬有奇撥充戰船礮臺歲修經費又新設戰船十一隻按其大小酌給歲修經費及配裝弁兵口糧大船九隻平時分撥獅子洋等處扼要巡防有事調赴虎門與各臺犄角聯絡互為聲援小船二隻仍歸各營爲捕盜之用又因英夷寄居香港已在裙帶路創建洋樓新安所屬九龍地方與香港東西對峙中隔海峽聲息相聞先經移駐副將一員帶兵駐防並無衙署兵房亦無城垣礮臺遂勸官紳捐貲建立石城並衙署營房礮臺以壯聲威均

從之二十六年正月舉行詩典
硃諭廣東巡撫黃恩彤協力籌辦共成敉定著交部議敘八月監
臨廣東鄉試尋主試武闈請仿耆民
恩例給予年逾八十之武生俗成補千把總虛銜下部嚴議部議
以降三級留任奉
旨褫職仍留廣東交耆英差遣委用二十七年二月
賞給六品頂戴二十八年耆英去粵恩彤留粵交總督徐廣縉差
委並傳
旨策勉以平日辦理夷務尚能圓通如果始終奮勉再行奏請施

恩七月奉
上諭加恩以同知歸部銓選二十九年二月引老親年逾七十獨
子准終養例請告回籍咸豐二年廣西賊竄襲踞金陵恩彤捐輸軍
需
予交部優敘會
朝議仿照嘉慶初年川楚堅壁清野法飭各省舉行團練恩彤以
尚書孫瑞珍薦
命會同地方官督辦團練捐輸事宜七年十二月丁父憂八年四
月奉

旨馳赴天津交益即大學士耆英差左委是時英法美俄四國番舶集

津門要求無厭

上念耆英在粵久熟悉夷情

賞部綂銜會同大學士桂良等籌辦恩彤至津款議已成遂乞終

制並以母年七十九申終養即請同治元年因辦團出力

諭部議敘六年十一月丁母憂八年以團練捐輸下部議敘十一

年以子師誾官

覃恩給二品封光緒七年重屆鄉舉奉

旨賞加二品銜重預鹿鳴筵宴九年五月卒於家子師誾咸豐二

年進士翰林院編修廣西桂林府知府補用道師侃監生議敘中

書科中書

縣志篤行傳

黃尚璨字繡琳賦性純篤早失怙恃與兄尚玨尚玫友愛甚敦爲
里閈所式嘗讀書爲文典雅有體裁乾隆初應童科郡試第一旋
入庠補增廣生有名黌序時泰安名儒于瑨方假館南泉精舍聚
徒講授尚璨負笈往從之遊覃精三載悉傳其學爲督講生總檢
儕輩動合榘則瑨重其德器嘗曰子吾友也不當在弟子之列所
以期許之良厚生平慷慨樂施周人之急嘗遊泰山值學使按試
有貧士某已列圓榜校官索贄弗能得沮其覆試行且黜之假無
應者尚璨聞之立傾橐中貲以贈某感甚問姓名寓邸不答閱日

前忝趨任謝則已命駕歸矣某望廬惆悵而去其施不望報類如
此中年遘卒士論惜之子宗杲監生孫恩竈恩彤俱成進士恩竈
自有傳

縣志篤行傳

黃宗杲字翹元尚璪子早失怙恃依仲父以成立天姿英敏仲父
奇而愛之束髮就外傅受章句尋赴南泉就于孝廉瑨指授文法孜
孜向學師亦器之許其文以爲議論筆格雅近陶菴出應童科縣
府試屢擢前茅名譽日起旋以單丁持戶輟舉業治生計早作晏
息辛勤力作以勤儉阜其家二子稍長延師授讀躬自督課皆以
文行有聲於時相繼登甲榜二孫亦由科目並列仕籍宗杲皆親
見之齊魯間咸推其義方生平敦內行睦宗族慎交游重然諾周
邮貧困待以舉火者恒數十家勸息爭競鄉人鬬訟得片言立解

晚膺崇封而欲然不以自尊布素不飾折節下交見者亦忘其爲
二品太翁也嘗語後生曰我讓人毋使人讓我我容人毋使人容
我椒山銘錚錚鐵漢而訓子若是吾儕何所用其褊心乎年八十四
以壽終鄉人至今思之子恩爵自有傳恩彤累官廣東巡撫孫寶
書舉人自有傳師誾現任桂林府知府師侃中書科中書曾孫力
田即選通判守田州同銜軍功五品銜福田附貢生開田廩生

縣志耆德傳

黃宗鳳字儀廷性伉爽有機略幼從甯世基受經學有師法內行
敦篤人無間言出應童科輒屈其耦旋以持門廢業乃更倜儻自
喜重然諾廣交游尤好爲人排難解紛每遇鄉鄰鬭訟紛紜莫決
居間平亭往往釋怨修好里有喪勿論大小皆倚以辦酌宜隨俗
豐儉適中繇是輿論翕然歸之以從姪恩彤官刑部主事貤封六
品一方推爲祭酒年逾七旬以疾卒鄉人環哭皆失聲子丕勳軍
功七品銜丕協從九品銜

縣志文學傳

黃思靄初名丕節別字竹泉尚璪孫嗣父崇獻早卒母朱年十六
茹荼守志承繼思靄爲嗣時祖母王猶在堂思靄賦性醇篤事重
慈以孝稱始終無間高才嗜學早露頭角與弟思彤並應童科已
令陳公澄一見許爲國器拔置前茅旋以郡試第一補諸生擢異
等食餼文名大起顧不自許可益潛心經史之學鍵戶下帷博覽
約取確有心得詩文以獨造爲奇不肯蹈襲前人片語歲科試四
冠其曹學使吳公慈鶴尤加獎譽至榜其詩句以式多士道光甲
午舉於鄉乙巳以第五人售禮闈遂成進士釋褐以知縣發往四

川大府素悉其才甫抵省郎委讞疑獄多所平反嘗有讞局呈友詩云忍將粹手誇明鏡怕有沈寃墮覆盆又云殺戒已開防手滑限期難緩怕心忙其矜慎如此會有大憝潛踞山中吏莫敢訶恩霨奉檄往捕傾其巢穴而俘其妻息時隆冬夜走窮谷遂感寒疾遽卒聞者靡弗悼惜以爲未竟其用云生平慷慨喜交遊投贈遍山左意氣傾注輒以肝膽照人皝皝自持尤愼取與苟非其義一介不以自累所著有澹如菊齋文稿行世詩若干首淡如菊齋及片雲小草詩稿各一卷藏於家子寶書舉人

縣志列傳

黃恩彤原名丕範字綺江號石琴別號南雪尚琛孫宗皋子生而岐嶷穎悟性成五歲偕胞兄恩霨入家塾讀書寓目不忘有神童之稱年十五縣試第一學使者考古復列首選補邑諸生益肆力於學歲科試輒冠其曹旋以優等食餼道光壬午舉於鄉丙戌成進士以部屬用籤分刑部潛心律例之學大司寇閩縣陳公若霖一見許爲國器時則有戶部僞照銀庫截餉邪匪傳教三案案各連逮數百人承審者每至束手大司寇特派恩彤讞其獄獨能搜抉弊端指擿首惡窮治黨與次第論如法其株連亡辜悉縱遣之

一時翕然稱平允尋充律例館提調總辦秋審減等贖鍰等處先後十餘年治疑獄不可以數計曾以刑曹奉使出塞充熱河都統幕僚佐理三載蒙民悅服代歸送者絡繹過廣仁嶺謝遣始去屢隨大臣之保陽之清江之吳之皖之浙查辦事件具得要領以
聞罪其吏不職者己亥充順天鄉試同考官得士劉祝庚等十四人庚子充廣西鄉試正考官得士唐啟華等如額旋奉江南鹽法道之
命鹽道以督銷爲職所轄大半在安徽境內蘇省惟江甯一府兼有分巡之責淮綱積弊尤在走私不惟梟匪充斥奸商亦以夾帶爲利藪恩彤乃詳稽成法清理江面嚴覈水程遴委幹員於出江過境鹽船不時抽查起獲商私數十萬觔稟請嚴辦其風頓戢升授江蘇按察使攝理江甯藩篆時暎咭唎因違禁絕市輒以兵船數百艘騷於沿海入江抵金陵敂關求撫賞大臣雖允其請相持未決恩彤親見其酋曉以利害結以恩信遂歛船去又隨大臣赴粵增減稅則酌定善後事宜且載條約復市如初會咈囒哂咪唎堅諸國續有使臣至撫之如暎均奉約惟謹調廣東按察使升布政使奉
旨辦事認真不辭勞勩賞戴花翎并加隨帶二級旋授廣東巡撫

因俗施治擇要興除粵省地處海疆民風頑悍盜刦拜會打單搶
擄等案層見疊出思彤通籌全局寬其備緝捕經費嚴定賞罰章程
選派文武設法督同地方官廣購線目兜截堵拏陸續擒獲林大
眉黃悟空陳日基劉亞勝盧亞益等巨盜數百名盡法懲治匪徒
震懾農商獲安弊革而吏不驚事集而民不擾猜而不激嚴而不
刻政績不著者恭逢察典奉
硃諭協力籌辦共成敉定著交部議敘蓋異數也尋以主試武闈
爲老生之思有違定例部議銷職留粵差委未及一年以同知起
用

上意眷注未衰而思彤以親老遵例歸養家食二十年迨養親事
畢年且七十矣遂不復出咸豐中淮匪北擾兩次奉
命督辦團練首建分路分局之議倡率聯村築堡人共爲守俾賊
無所掠久而自困卒如其策光緒壬午重逢鄉舉之年奉
旨賞還一品銜准與鹿鳴宴年八十二卒思彤爲人玉色鶴立眉
目如畫嗜學若飢渴敭歷中外廿餘年未嘗一日廢讀詩文兼工
諸體靈滂霈恭尤能擺脫庸近力追古作者歸田後定省餘暇爲學益
勤著書甚豐貫串陶冶百家弟子從遊者衆經其嘘呵皆知名當時本
邑重修志乘兩次總司筆削無不欽其精核所編文集及雜著百

餘卷累數百萬言皆手繕清册藏於家塾梓行者百不逮一 兄恩
霨進士四川即用知縣子二人師閭進士翰林院編修累官廣西
桂林府知府儘先補用道師侃貢生中書科中書舍人加員外郎
銜俱以團練 賞戴花翎孫五人力田增貢生即選通判加鹽提
舉銜守田州同銜福田附貢生開田廩生稔田監生

贊曰岱峯屹業汶派瀹淪山川鍾毓篤生偉人郎官應宿粉署
策勳三吳百粵征蠻虢虢陸讋水慄向化歸仁循陔念切拜表
情陳鹿筵周甲
鳳詔重申文章經濟超越羣倫

縣志文學傳

黃寶書字東倩恩霨子少承家學十歲能讀七經詩文皆有程式
弱冠入邑庠以優等食餼會叔父恩彤解組歸指授文法筆格頓
進遂領鄉薦並有名再上公車不第咸豐初恩彤奉
命督辦團練嗣復倡衆築堡寶書實左右之堡成寇屢過窺覘復
偕諸弟率衆登陴晝夜防守開礮擊近壕悍賊落馬賊不敢犯一
方恃以無恐每勢棘鄰村避寇入堡衆不能容爲之畫地編茅俾
免露處人尤感之事平口不言功尋以挑入二等例得校官攝臨
清州學正甫抵任遽以寒疾卒寶書學富才敏爲文下筆千言風

發泉溥略似其父叔言見以鄉舉終執友皆嗟惜之著有太德堂古近體詩上下二卷藏於家

縣志列女傳見節婦

朱氏黃宗獻妻年十六夫故無子時姑在堂姪婦李又以殉夫盡節氏乃忍死守志奉姑以孝聞始終無間後承繼夫從姪思靄為嗣教養兼至不異所生年七十餘卒卒後數年思靄成進士道光十五年請旌

縣志列女傳見烈婦

李氏黃孚興妻年十八夫故時翁姑早歿又無子女惟祖姑在堂
氏乃泣囑叔姑朱氏善事祖姑洪氏遂不食九日死道光十五年請旌

家傳

公諱師誾字誾如別號小琴黃中丞諱思彤之長子也幼失恃稍
長就外傅潛心嗜學博聞强記下筆千言立就道光丁酉補縣學
生癸卯舉於鄉咸豐壬子成進士改庶吉士癸丑散館授職編修
是時大父母尚在堂年高多病父石琴中丞告養家居公以英年
膺館選爲大父母所鍾愛不忍遠離遂請假歸里奉養重闈十餘
年如一日戚友諄諄勸駕以時光可惜爲言而公內行惇篤謂報
國日長報親日短視功名富貴泊如也庚申秋捻逆犯睢寧城
失守公首先捐貲竭力築圍爲衆倡於是縉紳以義旨諾者與堅

壁淸野賊無所掠官軍易以成功事平大府入奏旡捐鉅貲修城
築圍者加虞學額並擇優獎敘公加官贊銜尋陞案加五品升銜
賞戴花翎迨同治己巳大父母暨繼母先後即世石琴中丞謂
之曰既讀書成名不應矯情自甘廢棄如入都銷假歷充　國史
館協修功臣館提調奏辦院事本衙門撰文教習庶吉士各差均
能稱職尋　記名御史　京察一等以道府用升右春坊右贊善
銜放廣西思恩府知府到任數月未及大有設施而民皆悅服
調署桂林府事適值鄉試充內簾監試官撤闈實授是缺自郊辛
繁任鉅公戴星出入昕夕不遑實足爲羣僚表率光緒己卯春全

州已革武生蔣朋飛倡亂粵西自楷匪亂後伏莽未靖且山深箐
密最易藏奸揭竿嘯聚不旬日衆至數千全州界連楚湘興安灌
陽靈川一帶州縣同時震驚省城戒嚴公慷慨請行剿撫兼施沿
途貼簡明告示布　朝廷威德若捆獻首惡許其自新旬日間渠
魁授首脅從者酌量懲創保釋未及匝月而賊平是役也風馳電
迅故能拉枯摧朽僅稍延緩勢必燎原矣論功以儘先道員補用
加三品銜當是時上下引重倚如長城焉未幾以石琴中丞年近
八旬請假終養瀕行觸撫楊慶伯中丞贈以詩云三徑秋深陶令
酒一庭春永老萊衣一時傳誦焉公天性孝謹事大父母父母暨

繼母咸獲其歡心其初從第也正當壯歲在他人莫不及時進取
奮志功名而乃聽耕不仕李令伯拜表陳情尹和靖不願祿養何
以加茲迨其解組也又值大功初建合司倚畀陳臬開藩指顧事
耳乃竟見引例歸養以祖但有遂志而無當歸及絕祿竟去若其賢
不肖何如耶既而養親事畢讀書教子不預外事優游林下優十
餘年至光緒二十三年十一月十八日以疾卒於里第享年七十
有七配甯淑人內政修舉遂事畢里閭族黨稱述焉子二力田增貢
生臨提舉銜候選通判祖田附貢生候選訓導孫二苾悌苾倚力
田出苾修祖田出據陳秉邦撰墓表

續修世譜序

維我黃氏世譜創修於 先祖中丞公蓋據 二世伯祖諱邦臣
公嘉靖二譜碑及 五世祖諱景涔公墓前譜碑我 太高祖資
政公創修閤族大譜碑乃得揭其綱領而稽其世緒又賴當時族
中諸尊長同心採訪參互審訂之力始臻成書亦綦難矣自 始
祖至十五世而止前譜具載恭繹可詳也光緒初紀 先大夫通
議公與耆民居與 族叔祖臨之公諱莊丕同志重修續譜會邀闔
族諸尊長會議於宗祠即兆族姪坦儒司採訪秉司纂錄悉循前
例稿甫脫定適值 通議公遭 中丞公大故以後累年臥病日

事醫藥其間伏莽不靖風鶴頻驚昕夕焦慮弗遑顧及力田每念
先志未遂撫膺滋愧端賴坦衢誼重親親銳意自任博訪詳覈乃
底於成恭繕清冊倏忽已逾十稔追憶在昔　臨之公舉意籌維
志雖未竟詎可湮沒　通義公繼述前徽因病不果成書尤未可
廢然終輟者矣閔予小子敢不黽勉策勵乃謀於族衆諸尊長與
弟姪輩同坦衢重事釐訂錯者補之間有昔或傳述錯訛者從而
更正之按譜自十五世以降增續至十八世爲止復舉　國史與
縣志凡我黃氏先代本傳恭錄載於譜後以垂永世俾光　宗祏
嗚呼此次續譜中更變故致遷延數載而始克成誠非易易矣維
坦衢編輯之恆心始終不懈於尊祖敬宗之義報本追遠之思詎
非明發興感也哉
宣統二年歲次辛亥仲夏力田薰沐稽首頓首謹序

恭紀

光緒二十八年歲次庚寅二月吉日數同　闔族尊長文皇

黃氏宗祠大段地基一段計成地三分八厘二毫

南北橫同十二步五分　中長二十二步

又門前影壁下地基一段計成地一厘六毫二絲

南北橫同二步二分　中長五步三分

又宗祠東邊宅基一段計成地七厘五毫八絲

南橫三步六分四厘　北橫三步八分四厘　中長十四步六分

又東出路地基一段計成地六厘七毫二絲

北南橫闊三步五分　中長十三步八分

以上地基當時闔族公捐粮隨各戶完納

丕莊　秉玉　懷奎　懷洛　懷豐

繼敏　繼文　繼珣　繼曉　繼璽

裔孫力田謹誌泐石

# 後記

本書多承秀威資訊公司數位出版部協理李坤城先生大力而耐心地規劃，乃於短暫的期間推出。兩岸三地海天遼闊，要把一個家族的歷史變遷，尤其近世和現存親屬的支脈關係，逐一查證核實，在故鄉必須有人全力以赴，那就是堂侄黃漢昌，他風雨無阻，追根究底。筆者旅居歐洲，拜現代科技資訊之賜，兩岸三地通過網絡聯繫、密切配合，幸底於成。坤城先生處事嚴謹寬容，原稿一改再改，尤其是世系表一再變動，他都不厭其煩，在此也感謝配合製表改稿的秀威資訊同仁，衷心感謝。

黃三謹誌　2005 年 12 月六日於比京布魯賽爾

國家圖書館出版品預行編目

汶南黃氏源流 / 黃三著. -- 一版. -- 臺北市
: 秀威資訊科技, 2005[民 94]
面 ; 公分

ISBN 978-986-7263-96-4 (平裝)

1. 黃氏 - 譜氏

789.2 94023975

史地傳記類 PC0003

# 汶南黃氏源流

作　　者 / 黃　三
發 行 人 / 宋政坤
執行編輯 / 林世玲
圖文排版 / 沈裕閔
封面設計 / 羅季芬
數位轉譯 / 徐真玉　沈裕閔
圖書銷售 / 林怡君
網路服務 / 徐國晉
出版印製 / 秀威資訊科技股份有限公司
台北市內湖區瑞光路 583 巷 25 號 1 樓
電話：02-2657-9211　　傳真：02-2657-9106
E-mail：service@showwe.com.tw
經 銷 商 / 紅螞蟻圖書有限公司
台北市內湖區舊宗路二段 121 巷 28、32 號 4 樓
電話：02-2795-3656　　傳真：02-2795-4100
http://www.e-redant.com

2005 年 12 月 BOD 一版
定價：400 元

# 讀　者　回　函　卡

感謝您購買本書，為提升服務品質，煩請填寫以下問卷，收到您的寶貴意見後，我們會仔細收藏記錄並回贈紀念品，謝謝！

1.您購買的書名：________________________

2.您從何得知本書的消息？

☐網路書店　☐部落格　☐資料庫搜尋　☐書訊　☐電子報　☐書店

☐平面媒體　☐ 朋友推薦　☐網站推薦　☐其他__________

3.您對本書的評價：(請填代號　1.非常滿意 2.滿意 3.尚可 4.再改進)

封面設計____　版面編排____　內容____　文/譯筆____　價格____

4.讀完書後您覺得：

☐很有收獲　☐有收獲　☐收獲不多　☐沒收獲

5.您會推薦本書給朋友嗎？

☐會　☐不會，為什麼？________________________________

6.其他寶貴的意見：________________________________

________________________________________

________________________________________

________________________________________

## 讀者基本資料

姓名：____________________　年齡：______　性別：☐女　☐男

聯絡電話：________________　E-mail：____________________

地址：________________________________________

學歷：☐高中(含)以下　☐高中　☐專科學校　☐大學

☐研究所(含)以上　☐其他______________

職業：☐製造業　☐金融業　☐資訊業　☐軍警　☐傳播業　☐自由業

☐服務業　☐公務員　☐教職　☐學生　☐其他__________

| 請 | 貼 |
| --- | --- |
| 郵 | 票 |

To：114

台北市內湖區瑞光路 583 巷 25 號 1 樓

秀威資訊科技股份有限公司　　　收

寄件人姓名：

寄件人地址：□□□

---

(請沿線對摺寄回,謝謝!)

秀威與 BOD

BOD（Books On Demand）是數位出版的大趨勢，秀威資訊率先運用 POD 數位印刷設備來生產書籍，並提供作者全程數位出版服務，致使書籍產銷零庫存，知識傳承不絕版，目前已開闢以下書系：

一、BOD 學術著作—專業論述的閱讀延伸
二、BOD 個人著作—分享生命的心路歷程
三、BOD 旅遊著作—個人深度旅遊文學創作
四、BOD 大陸學者—大陸專業學者學術出版
五、POD 獨家經銷—數位產製的代發行書籍

BOD 秀威網路書店：www.showwe.com.tw
政府出版品網路書店：www.govbooks.com.tw

永不絕版的故事・自己寫・永不休止的音符・自己唱